浙江师范大学“多重组合”教学模式构建研究成果

精思·好课·妙评

蔡伟　陈智峰　主编

华龄出版社
HUALING PRESS

责任编辑：李梦娇
责任印刷：李未圻

图书在版编目（CIP）数据

精思·好课·妙评 / 蔡伟，陈智峰主编 . -- 北京：华龄出版社，2018.11
ISBN 978-7-5169-1318-5

Ⅰ . ①精… Ⅱ . ①蔡… ②陈… Ⅲ . ①中学语文课—课堂教学—教学研究 Ⅳ . ① G633.302

中国版本图书馆 CIP 数据核字（2018）第 260748 号

书　　名：精思·好课·妙评
作　　者：蔡伟　陈智峰 主编

出 版 人：胡福君
出版发行：华龄出版社
地　　址：北京市东城区安定门外大街甲 57 号　　**邮　　编：**100011
电　　话：58122246（发行部）　　**传　　真：**58122264
网　　址：http://www.hualingpress.com

印　　刷：北京虎彩文化传播有限公司
版　　次：2018 年 11 月第 1 版　　2018 年 11 月第 1 次印刷
开　　本：710 毫米 ×1000 毫米　1/16　　**印　　张：**12
字　　数：276 千字
定　　价：48.00 元

编委会

目　录

名家名师讲座

“真”欲何为？……1
破解高考语文中的“任务驱动型作文”题……6
写下来，就是脚印；连起来，便是人生……10
在写作中实现教学成长……12
固本木长　浚源流远……16
语文应该教些什么……19
倡导作文聊天，彰显语文魅力……21

名师教学（上）

《说木叶》课堂实录及教学构想……24
《文与可画筼筜谷偃竹记》课堂实录及教学构想……29
《规避论述不严密例举》……36
《写为媒，读为胚》课堂实录及教学构想……42
《走出感性思维的泥潭》课堂实录及教学构想……46
“微”言大义……51
论述文写作的起承转合……59
喜欢她，就让她感受到……65
《记梁任公先生的一次演讲》课堂实录及教学构想……71
《让古典诗词真正姓“古”名“诗”》课堂实录及教学构想……75
回归语辞　体察情思——《荷塘月色》……84
《在桥边》教学设计……90
《用文学形象帮助学生思维》写作教学设计……95
如何让你的语言更辩证……99

师生评课

“懂你式”评课……105
立于“情”，思于“文”……108

秋日最美的风景 110
优秀与伟大的结合 112
语文专硕评课 114

名师教学（下）

半张纸 135
基于逻辑思维力提升的高中议论文教学初探 139
《边城》教学预案 143
诗化表达 诗性思考 诗意情怀 145
按作者“怎么写”来指导学生“怎么读” 156
《鸿门宴》教学设计 160
文本解读中的细节挖掘 163

名师评课

关于生成与预设的感想 165
情意与理趣 167
精彩的语文课堂是师生共同的庆典 169

专硕课程

主编按 172
教学设计：《用 PowerPoint 做数字故事》 173
教学感悟：感受信息技术与语文课程糅合之美 177
语文专硕评课 178

名家名师讲座

“真”欲何为？

——关于学生写作真实性的思考

华东师范大学语文教育研究中心　王意如

各位同学、老师：

受蔡伟教授之邀在这里为大家做30分钟演讲，我感到很荣幸。我演讲的题目是“‘真’欲何为？——关于学生写作真实性的思考”。

北京大学的陈平原教授专门做过关于演讲的研究，他认为，30分钟的演讲是最容易讲好的。感谢主办方把最好的时间给了我，只是我大概要辜负他们的美意了，因为我能讲好的，一般不是30分钟，而是3小时。

2016年，在第29届上海市中学生作文竞赛的颁奖典礼上，上海建平中学和交大附中的辩论队进行了一场微辩论，辩题是：写作文是否能够虚构。主张可以虚构的一方，以压倒性优势获胜。可是，很多时候，事实就是这样：能说得赢别人，并不等于赢的一方就一定对。这里面还涉及很多因素。比如说，在这一次的辩论中，辩输了的一方就疏略了一个非常重要的问题，那就是：对方辩友用来作为论据的，都是文学作品。他们最喜欢的例子是《聊斋》，一个读书人（男性），读书读到深更半夜，身心俱疲，昏昏欲睡，这个时候，除了想睡觉还能想什么呢？当然是美女。但又不能是良家妇女，这不可能，也不可以，于是就有了狐仙这一虚构的角色。但是，在我看来，文学作品和学生的写作是有本质区别的。这一点，即便是有些大咖也没有搞清楚，或者说，也不认同。比如，《××文学》的主编就曾经写过一篇文章，叫《用文学来唤醒作文》。其实，把文学和学生写作搅和到一起，从教学的角度来说，未必是好事。

从性质来说，文学是用以抒发个人情感、表达对社会人生的看法的一种手段，而作文是语文学习过程中的一种特殊形式的作业。我曾说过，作文是一种特殊的文体，它最大的特殊性就在于：走出校门后百无一用。没有哪个领导会要求说，你去写篇作文吧；也没有谁会在兴致高时写篇作文玩玩。但是，作文在我们学习语言的过程中所起的作用是永远存在的，而且，这不仅对书面表达的训练有作用，还在其他很多方面都奏效——这也就是我今天要讲的主要内容。

从内容（也就是“写什么”）来说，文学作品是没有要求的，作家有他个人的权利，而作文是有要求的。不管是命题、半命题或者话题作文、材料作文、任务驱动型作文，总之，对“写什么”都是有要求的。我们评判作文，很重要的一条标准就是：跑题了没有？你跑题了，写得再好也不能得高分。为什么要这样？这不仅是为了让检测有更高的信效度。不同质的东西很难做出比较和评判。有媒体问过我：为什么作文常常要求“诗歌除外”？我想这不是文体歧视，而是因为诗歌和一般作文太不同质了。然而，命题作文的训练，不仅是为了方便评判，它本身就是一种交际训练。巴赫金的对话理论说，一个人的“言谈”总是带有某种观点和价值观的表达，但这种表达不是固定的立场而是一个过程，是在和潜在对象的对话中完成其功能的，并且和其他“言谈”一起构建了话语的公共空间——说命题作文就是在构建这样的“公共空间”，可以说是非常准确的。题干的“言谈”在与写作者的对话中完成其功能。这个“公共空间”构建得好不好，就是一种人际交往的能力，一种思维的能力。一个不会审题的人，审时度势的能力一定是缺陷的。

从地位来说，文学作品处于语言运用的顶端，是语言的艺术；而作文则处于学习书面语言的起点，是在学习语言表达。

因为文学作品和学生作文的性质、内容、地位都不同，其写作的形式也必然不同。对文学来说，虚构是它的灵魂。上海的福州路文化街上有一家外文书店，进门卖小说的柜台，放着的牌子并不是我们想的 novel（小说），而是 fiction（虚构）。作文则应该是真实的。可惜的是，我们往往对文学的虚构性认识不足，而同时又对学生写作的真实性强调不够。

为什么要强调学生写作的“真”？就是我标题所说：“真”欲何为？

首先，强调的“真”，重要的不是指向“非虚构”，而是和“假”相对。我在上海的高考阅卷中心组呆过，读过不少考试作文；我担任上海市中学生作文竞赛组委会的主席，看过很多竞赛作文；也因为是《中文自修》的主编，审过大量学生稿件，我发现，学生作文存在着“三假”。

第一是假生活。

我这里有一篇作文，写的是放学回家到厨房看妈妈烧饭的场景：

“妈妈，你在烧什么呀？真好闻！”

“呵呵，小馋猫，一会儿你就知道了。”妈妈兴致勃勃又神秘兮兮地回答。

“让我瞧一眼吧，就一眼！”我不等妈妈批准，就“嗞溜”一下钻进了厨房，跑到灶台前掀开锅盖一看，呀！是铜锣烧！（铜锣烧是一种甜点，不用放锅里烧的）

有人会说，不就是那么一个小细节嘛。其实这个细节的背后是有文章的。细节上的破绽不仅会把整个文章的真实感破坏殆尽，而且也表现出学生心性的虚浮，对于学生健全人格的养成是有大妨碍的。

假生活的背后是什么？是疏于对生活的观察。放学回家，进厨房看看妈妈烧了什么好吃的，应该是大部分学生都有过的经历，为什么连这也要造假？这分明不是客观上的原因，而是主观上的。前段日子，我在路上听到一对母女的对话，母亲说，你还要写随笔呢；女孩说，我随笔都是瞎编的，老师不知道的，都说好。养成了这样的风气是贻害无穷的。

引导学生仔细观察生活，这是我们作文教学应该做的。观察生活不仅是为了写作文，而是培养学生对身外之物的体察之心。什么叫设身处地？什么叫将心比心？有了细致的体察才能做到。真正有体察之心的人，应该不会去随意践踏花草绿地，因为他体察过小草的生长；不会去残忍伤害小动物，因为他体察过小动物的可爱；更不会去侵害别人的权益，因为他体察过同样的人心。陈平原教授在讨论小说叙事模式的变化时说：“这不仅只是引进一种叙事技巧，而且是一种观察人物、思考问题乃至体味世界的特殊视角[①]。”道理是一样。

第二假，是假感情。

我这里也同样有一篇作文：

回家的路上总会遇见一位老妇人，她照看着杂货铺，淡黄的路灯下，老妇人将锅里的红豆饼递给我，在手里感到暖意洋溢，我深知手中攥着的是人情的温暖……而我为自己拥有而感激涕零。

放学回家的路上买个饼吃，至于感激涕零吗？我们的感情太不值钱了，可以随意挥洒。我一直很担心，一个可付出无理性之爱的人，也同样可以付出无理性之恨。纳粹的残忍，文革的疯狂，都是例证。这是非常可怕的。我们应该培养学生尊重自己的感情，而尊重感情的前提，就是学会审视自己的感情：这个人、这件事或者这个场景，到底有没有触动我的感情？怎么触动的？到什么程度？杜绝了虚夸浮躁，也就杜绝了乖戾之气。

第三，是假思想。

学校里经常会有些同事向我推荐他孩子的作文，但有时拿来的作文并不理想。有一次，我让一个女孩试着写一篇命题作文，题目叫《镜》，是我们杂志上一个叫“六人行”的栏目。结果，满篇都是黑格尔怎么说，伽达默尔怎么说。我就不信了，一个十几岁的花季少女，每天照镜子的时候，想到的竟然是黑格尔？这些引用了很多警句格言的作文，往往是用名人名言代替自己的思想。用叔本华的话来说，他自己是停止思考的，而把头脑贡献出来做了别人的运动场。所以，我们要求学生有真的思想，其实就是逼着他去思想。对一个现代人来说，有自己独立的思想，难道不是最重要的吗？

没有真实的生活，没有真挚的情感，没有真切的思想，作文就完全变成文字的游戏了。如果是一个满腹经纶的人，这种游戏可能有效，古今中外的文学作品中，不难找出这种成功的游戏，比如汉代的大赋，现在大学中文系的学生都不怎么学了，那就是玩文字玩到了极致。但换了中小学生，在学习语言文字的起步阶段就做这种游戏就不仅无效而且有害了。

我们之所以强调反对假生活、假感情、假思想，提倡体验真实的生活、抒发真实的情感、表达真实的思想不仅是为了写作，更是为了引导学生走做人的正道。

有人说，我也知道要有真实的生活，可是学生整天两点一线，不是家里就是学校，哪有生活呀。

这就是我想讲的第二个问题。什么叫没有生活？我们的每一次呼吸都是在生活，问题在于对待生活的态度。我们说没有生活的时候，其实是把“生活”窄化了，我们认定只有不寻常的事件才是生活，只有这样的“生活”才能写成文章。这个认识是我不能赞同的。从文学史发展的过程来说，刚开始似乎也是这样的。你看我们的古典小说，《三国演义》写改朝换代，《水浒传》写杀人放火，《西游记》写上天入地，都不是寻常生活，却都符合我们所谓的“生活”的标准。但是，随着小说的发展、成熟，这种“生活”反而渐渐淡出了，代之而起的《金瓶梅》《红楼梦》，就没“生活”了，就是些吃喝拉撒、鸡毛蒜皮的琐事，而我们却从这里面读出了生活的真髓。学生写作也是如此。对一个孩子来说，他也许无法提供很深刻、很高大上的东西，

① 陈平原．讲台上的学问 [M]．上海：华东师范大学出版社，2016.

但只要是健康的，哪怕是一点点小情趣也好啊。我们曾经发表过一个男孩的作文，叫《痘痘恒久远，N颗永流传》，写的是自己发青春痘的事，很真实，也很有趣。后来被《读者》选用了。最近网上爆红的小学生写的《我的妈妈》，说妈妈的双眼皮是人工割的，妈妈老是嚷嚷着要减肥，不仅有趣，也让我们读出了很多东西。比如，现代女性普遍性的爱美心态和肥胖恐惧，还有，当我们发现自己的一举一动都在孩子审视的目光中时，是不是应该进一步反思自己的言谈举止？

在这里，我想和大家分享一则发生在两点一线中的故事。那是2016年1月30日，上海出奇冷的一天，忽然下起了大雪，这在上海是罕见的。上海大学附属中学（后文简称上大附中）附近的一个公交车站上，有10个人在候车。其中，9个人有伞。上大附中的谈珺同学也在这9人之中，她发现有一位老先生没伞，淋在雪中，就主动上前和他合撑一把伞。老先生很感动，拿出自己的名片给她，说你到家发个地址给我，我送你一本我写的书。女孩等的车先来了，她上了车。老先生到家后并没有马上收到女孩的短信，隔了很久，女孩才发短信过来，说自己上车后后悔死了：

为什么没想到把伞留给老先生呢？我家离下车时的车站近得很，伞不贵重很普通，我没有感冒发烧是个抵抗力很好的年轻人，我为什么不把伞留给站台上的老先生呢？就算这是我买的伞，可老先生要送我的书难道就是免费的了？为什么不把伞留下呢？这些想法在我的脑中爆炸开来。我觉得自己像个吝啬鬼——这是令我生厌的一种人。我将此归咎为潜意识的自私心作祟，可这不能使我的羞愧减少几分……

故事的结局当然还是老先生把书寄给了她。

我是最先听到这个故事的，因为那位老先生是我们系的一位退休教授。他在与我同行时讲述了他遇到的这件平常而又不平常的事。我瞬间就被感动了，当时就觉得这个女孩一定能写很好的作文。我让我们的编辑找到她，让她把这件事写下来。果然，她写得非常好，标题叫《下雪天也温暖》。我刚才读的就是她写的在车上发现自己手里拿着伞的时候的内心活动。

我们把这篇作文推出去的时候，反响非常热烈。有位同学跟帖说："这样的事我也做过啊，可是没人送我书啊。"其实，谈珺能写出这篇好作文，并不仅仅是由于她遇上了那样的事。我请大家注意的是：

车站上有伞的是9个人，而送伞的只有她一个；如果她也像其他人一样无动于衷的话，这2016年的1月30日就将是无数个两点一线的、没有故事的日子中的一天。可以说，不是她遇到了这样的事，而是她选择了去做这样的事。这固然和她善良的心性有关，但也和她观察生活有关。我开始是没来由地认为她应该是个会写作文的人，看了她的文章后，我发现我的猜想是有根据的。因为会写作的人才会有那么细腻的感觉，对物，对己，也对人。

她的作文是这样开的头：

灰暗的天空中飘起了一团团的雪，这无疑是一个寒冷的傍晚。我缩在半湿的羽绒服里，撑着刚从便利店买来的伞，在路边等着公交车。与其说等，倒不如说发呆更准确一些，毕竟我已经在这个站台乘了五年的车了，人行道上的梧桐、马路中央的高架桥、脚下的方石板，都和五年前没什么两样，没有什么引起我的注意。今天又会有什么不同呢？忽略掉扑在脸上的湿哒哒的冷风、溅在鞋面上的浑浊雪水和眼前夹杂着刺耳鸣笛声的车流，我几乎可以说是在悠闲地等车，噢不，发呆。

很显然，她对周围的景物是仔细观察的，就是这样的观察才让她发现了这位被雪花裹挟的老人。对物的观察，自然地过渡到了对人的体察，她觉得他会冷，他需要一把伞。而后，她又进一步体察到了自己的内心。

这个女孩不仅是善良的，而且是情感丰富的，她在做了好事以后，感到的不是沾沾自喜，而是深深自责。这种对内心情感的审视，形成了这个温馨故事的又一个跌宕。这不是人为的波澜，而是真情实感，所以就特别感人。

在作文的结尾，她是这样写的：

我想起语文老师在课上曾提出的一个问题："我们为什么要做好人?"做好人的目的是什么？仅因为人性本善吗？当时我和老师的答案一样：做好人很踏实。现在我还想补充一点：做好人很温暖。

这就是她的思考。没有高大上，但却真真实实。

谈珺的事例让我更加相信，当我们用心去细细体察身边的一切时，当我们把敏锐而又善意的目光投向世界（包括我们自己的内心）时，生活一定会给我们提供源源不断的可以写作的材料。

回过头来，再解释一下，我前面说：强调学生写作的“真”，重要的不是指向“非虚构”。为什么呢，因为即使虚构，也应该符合生活真实。

也就是说，即便作文所叙述的事情未必真发生过，但它也必须是“有可能发生的”，所叙述的事情至少必须“看上去是真实的”。

哈佛大学曾把一群得普利策奖的记者们召集到一起，讨论非虚构写作的问题，《华盛顿邮报》的著名记者罗伊·彼得·克拉克就指出，故事不能仅仅“是真实的”而已，他们还需要“听上去真实”。要考虑到，有时候，“事实可以比虚构更离谱”。因此不管你是虚构还是实写，都要慎重考虑它的“真实性”，也就是“看上去真实”和“听上去真实”，而要写得“看上去真实”“听上去真实”，关键还是对生活的体察。

在处理真实与虚构之间，有很多文学理论上的问题可以探讨，但学生写作重要的不是这些。我们强调学生写作的“真”，为的是让学生学会体察生活、学会尊重情感、学会独立思考——这些，都是学生的立身之本，是做人的正道，也是我们当教师的义不容辞的责任。

我讲完了，谢谢。

破解高考语文中的“任务驱动型作文”题

湖南师范大学文学院　张良田

2015 年开始，高考语文试卷中出现了一种新的题型，人称“任务驱动型作文”。当年的作文试题为：

阅读下面的材料，根据要求写一篇不少于 800 字的文章。

因父亲总是在高速路上开车时接电话，家人屡劝不改，女大学生小陈迫于无奈，更出于生命安全的考虑，通过微博私信向警方举报了自己的父亲；警方查实后，依法对老陈进行了教育和处罚，并将这起举报发在官方微博上。此事赢得众多网友点赞，也引发一些质疑，经媒体报道后，激起了更大范围、更多角度的讨论。

对于以上事情，你怎么看？请给小陈、老陈或其他相关方写一封信，表明你的态度，阐述你的看法。要求综合材料内容及含意，选好角度，确定立意，完成写作任务。明确收信人，统一以“明华”为写信人，不得泄露个人信息。

据高考语文命题组的张开同志介绍，这是我国首次采用任务驱动的方式来命制高考作文试题。该题的“任务”就是，让考生给材料中提到的小陈、老陈或其他相关方写一封信，表明自己的态度与看法。这个“任务驱动型作文”题，实质就是让考生在这个“任务”的“驱动”之下来写作文。也就是说，让学生带着任务来作文，便是“任务驱动型作文”。

它跟传统的“材料作文”有何不同呢？一般情况下，“材料作文”题，大致包含两个部分：一是材料，二是写作要求。而“任务驱动型作文”题，则包含三个部分：一是材料，二是写作任务，三是写作要求。即“任务驱动型作文”题比“材料作文”题多了一个“写作任务”。展开来看，上面的高考作文题中，第二自然段就属于“材料”，第一自然段和第三自然段的第二、三句话便属于“写作要求”，第三自然段的第一句话则属于“写作任务”。“材料作文”题，是要求考生根据材料、按照要求来作文；“任务驱动型作文”题，则是要求考生根据材料、带着任务、按照要求来作文。

由此可见，所谓“任务驱动型作文”试图达到的目的就是：在提供材料引发思考并激起写作欲望的基础上，通过增加任务型指令，着力发挥试题引导写作的功能，增强写作的针对性，使考生在真实的情境中辨析关键概念，在多维度的比较中说理论证。生活中，镇守边关的儿子给家乡的父母写信报平安，买方给卖方致信函要求适当降价购买其产品，学者写论文把自己的研究发现告知世人，记者写新闻报道对某件事情的深入调查，都是实实在在的“任务驱动型作文”。在这样的写作活动中，人们有鲜明的交际对象，知道自己是谁，对方又是谁，清楚自己写文章究竟要达到何种目的，明白需要写些什么、又以什么口吻来写，还懂得怎么措辞才能避免引起对方的反感，因而写出来的文章一般都文从字顺、像模像样，也足以顺利完成交际的任务。用“任务驱动型作文”题型来考试，说穿了，就是希望让考生像人们在生活中写文章那样来写作文。

在长期的摸索中，从呈现形式的角度看，高考作文已经产生了命题作文、话题作文与材料作文等三大基本题型；而从能力划分的角度看，高考作文则已经产生了阐释型作文与任务驱动型作文等两种基本题型。其中，命题作文与话题作文又可以明确归属于阐释型作文。材料作文则显得比较尴尬，似乎既不能归属于阐释型作文，也难以归属于任务驱动型作文。因此，给材料作文题增添一个“任务”，就让其远离了阐释型作文，而演变成了任务驱动型作文。

阐释型作文，实质是让考生从试题提供的标题或者话题出发，或者通过展开解释与阐述，时而引经据典，时而举例论证，表明自己的内心主张，或者通过讲述故事与描写人物，时而借景抒情，时而借事说理，表明自己的情感态度。阐释型作文题的好处是，有利于观点与故事的多向多样多层多元，有利于就事论事深入开掘，有利于评分操作提高区分度；弊端则是，给猜题押题提供了便利，也容易导致作文的模式化，还可能助长风花雪月、假大空套的文风。

任务驱动型作文则可以有效避免阐释型作文的这三大弊端。因为它是一种“真实的写作”，最接近生活中的文章写作。作文时，考生有明确的写作任务，有清晰的交际情境，也有明确的交际对象与交际目的。有了明确的交际对象，考生就知道自己是谁、对方又是谁了；有了鲜明的交际目的，考生也就知道自己需要说些什么、哪些能说哪些不能说了。这就使得考生没有了预设、宿构与套作的空间，失去了采用模式化、程式化或公式化的套路作文的机会，自然也就难以产生虚情假意、矫揉造作的文风。因此，改造材料作文题，使其变成任务驱动型作文题，是大势所趋。

回到 2015 年的作文题本身来看，题中，所有考生的作者身份都是：一个名叫“明华”的青年学生；交际对象则可以是：小陈、老陈、交警、媒体记者、媒体受众或者网友中的任意一个个体或者群体；考生写信的交际目的是：围绕女儿小陈向交警举报父亲老陈开车违法打电话这件事以及交警的处置、记者的报道、受众的反映和网友的讨论，选定其中的任意一个对象发表自己的看法，从而影响对方的想法。需要指出的是，作者选定的交际对象不同，看待同一件事情的角度就不一样，发表的看法也随之呈现出差异。常言道，“对什么人，说什么话”，“表什么情，就措什么辞”。于是，这样的任务驱动型作文就具有了生活作文的基本特征，成了一种名副其实的“生活情境作文”。

其实，2015 年高考语文 B 卷中的作文题也是一道典型的“任务驱动型作文”题，可以把它展示出来，与上面提到的 A 卷作文题结合起来看：

阅读下面的材料，根据要求写一篇不少于 800 字的文章。

当代风采人物评选活动已产生最后三名候选人：大李，笃学敏思，矢志创新，为破解生命科学之谜作出重大贡献，率领团队一举跻身国际学术最前沿。老王，爱岗敬业，练就一手绝活，变普通技术为完美艺术，走出一条从职高生到焊接大师的“大国工匠”之路。小刘，酷爱摄影，跋山涉水捕捉世间美景，他的博客赢得网友一片赞叹：“你带我们品味大千世界”“你帮我们留住美丽乡愁”。

这三人中，你认为谁更具风采？请综合材料内容及含意作文，体现你的思考、权衡与选择。要求选好角度，确定立意，明确文体，自拟标题；不要套作，不得抄袭。

这个题目里，第二自然段属于“作文材料”，第一自然段与第三自然段中的第三句话属于

“写作要求”，第三自然段的第一、二句话则属于“写作任务”。它的实质是，要求考生根据材料内容，按照题目要求，带着思考、权衡与选择的任务，从大李、老王和小刘这三者之中选出一个最具风采的人，并说明自己的选择理由。写这个题目的作文时，考生假定的交际对象是谁呢？粗略一看，似乎比较模糊，看不出谁是交际对象。仔细一想，交际对象就是与自己持不同选择主张的任何个人或群体。这篇文章的写作任务就是，考生既要说清楚自己认定谁是最具风采的人及其理由，还要与可能持不同选择主张的人辩论不能认定对方所选择候选人的原因。

将这两个题目综合起来看，“任务驱动型作文”题型的特征就变得清晰起来了。简要地看，一个任务驱动型作文题，大致包含以下6个要素：

（1）有简洁性的试题材料，即我们上面所说的“作文材料”；

（2）有思辨性的火热话题，材料内容有多维性与选择性，需要甄别与辩论；

（3）有开放性的多维题旨，可从不同角度阐述不同观点，且观点均可成立；

（4）有鲜明性的意向主张，需要考生明确表明态度，支持还是反对要鲜明；

（5）有参与性的动机激发，话题与任务足以引发思考与辩论的参与积极性；

（6）有征服性的读者目标，考生要想法打动与征服自己所选定的交际对象。

而一个任务驱动型作文题，又必不可少的具备以下4个基本特征：

（1）形式上，任务驱动型作文属于情境性的写作，有交际目的与对象；

（2）内容上，任务驱动型作文的产生源自且类似于生活中的讨论；

（3）实质上，任务驱动型作文带有论辩色彩，需要明确表明态度；

（4）形态上，任务驱动型作文与生活中的写作类似，追求真实表达。

这种任务驱动型作文命题方式，在国外，其实也一直在使用着。

先看新加坡2012年的高考作文题：

有人说：“中国的崛起是世界的机会。”

也有人说：“中国的崛起是世界的灾难。”

请站在新加坡的视角发表高见。

再看美国2016年的会考作文题：

父亲说：“希拉里体质差，欠诚实，不靠谱。”

母亲说：“特朗普太粗鲁，没经验，不靠谱。”

请围绕“理想中的总统候选人”发表你的意见，引导家长的投票。

然后来看看2014年的法国高中会考作文题：

文科考生试题（在三个题目中任选一题作文）：

1. 艺术作品能培养我们的感知力和领悟力吗？

2. 我们是否应该为获得幸福而穷尽一切手段？

3. 阐释哲学家卡尔·波普尔于1972年出版的著作《客观知识：一个进化论的研究》中的选段。

理科考生试题（在三个题目中任选一题作文）：

1. 人活着是为了幸福吗？

2. 艺术家是否是他个人作品的主宰者？

3. 阐释笛卡尔于1628年出版的著作《指导心智的规则》中的选段。

仔细分析，这些作文题全都属于任务驱动型作文题，并具备任务驱动型作文题的基本特征。这些作文题目中，均给考生安排了鲜明的交际对象，即辩论对手，也给考生选定了辩题与辩论对手的主张，考生只需要凭借自己的背景知识、围绕论题选定一个观点及其相应的角度、在表明自己主张的同时征服对手就行了。

回过头来看，我国2017年的高考作文题，也是典型的任务驱动型作文题：

据近期一项对来华留学生的调查，他们较为关注的“中国关键词”有：一带一路、大熊猫、广场舞、中华美食、长城、共享单车、京剧、空气污染、美丽乡村、食品安全、高铁、移动支付。

请从中选择两三个关键词来呈现你所认识的中国，写一篇文章帮助外国青年读懂中国。要求选好关键词，使之形成有机的关联；选好角度，明确文体，自拟标题；不要套作，不得抄袭；不少于800字。

总之，像成年人在生活中写文章一样，下笔之前就明白了自己是谁、文章又是写给谁看的、需要用自己的逻辑与主张来征服谁、哪些话能说哪些话不能说、怎么说就能让对手心服口服、如何遣词造句就能给人以真情实感而不是虚情假意或者矫揉造作的印象，学生们写出来的文章就变得情真意切起来了。能够实现这样的目标，也就成了任务驱动型作文的最基本价值。教学中，学生可以据此理解去应对任务驱动型作文题的写作，老师也可以据此解读来操作任务驱动型作文的教学训练。

写下来，就是脚印；连起来，便是人生

——教师写作与专业成长

江西省宜春市宜春中学　刘京平

（一）

要说清楚教师专业写作的好处，请允许我先从医生的医案开始说起。医案是什么？医生的看病记录。据说，敬业的医生一般都会这样记录：一个病人上门求医，我观察到他有什么症状？我认为这些症状符合哪种疾病的特征？我开了什么药给他？用了多大的剂量？疗效如何？如果对了，很好。记录下来，这就成为了我的经验。如果错了，就开始琢磨是哪个环节导致的差错？是误诊还是误判？是剂量不够还是给药方式不对？还可以通过哪些方式来辅助诊断？我还可以通过哪些方式来提高治疗效果？

这样的医案，非常有价值。在实践中得到反复检验的医案，更有价值。当事医生也将因这些优秀的医案倍受尊敬，赢得荣光。

（二）

我们的教师，如果也能像医生积累医案一般，对自己的教育教学工作进行反思、记录和积累，必将极大地推动自己的专业成长。

我这里借用医学术语，提出“临床教学研究”的概念。所谓“临床教学研究”，是指教师凭借扎根于教学实践而获得的实践性知识，采用观察、记录、描述、说明、阐述案例等办法，诊断自身专业发展遭遇的各种情境，分析案例，积累案例，推动自身专业发展的研究。

其表现形式，可以是教学反思、教学后记、教学案例、教学设计、教学随笔、教育叙事、课堂实录、综合活动方案、教学论文等。

其主要内容，可以是教学实践后的干后感，可以是阅读专业书报的读后感，可以是观察身边教育行为教育现象的观后感。

读后感，让我们教师有思想；观后感，让我们教师会分析；干后感，让我们教师能总结。这是教师专业成长的核心素养，专业写作只不过是其外在的表现形式而已。读后感、观后感、干后感，三感合一，日积月累，就可以积多个小胜为大胜，化多次偶然为必然，透过现象看本质，同中见异，异中求同。由果溯因能开药，深入浅出会表达。干得多了，读得深了，想得透了，眼睛里自然有阅历，脑袋里自然有思想，灵魂里自然有情怀，教师的素养就会蹭蹭地往上涨。那时，当事教师说什么都是名言，写什么都是论文，干什么都能出成绩。

（三）

也许有人说，教师要推进自己的专业成长，就非写不可吗？周围谁谁谁，不是也没写吗？还不是照样那么牛？

对此，我们承认：优秀的教师，未必人人都会写；会写的教师，未必个个都优秀。但是，还有但是：

其一，如果能写，教师的教育智慧就可以固化，可以推广，可以复制，可以让更多人受益，教师本人也将拥有更为广泛的知名度；如果不写，教师的教育智慧就像气体，看不见，摸不着，并且很容易消散殆尽，难以复制，难以推广，能够受益的人相对就比较有限，教师的知名度，就很可能局限在相对狭小一些的范围里。

其二，如果能写，教师的改课智慧便如《本草纲目》，在大家的借鉴实践中检验成色，所谓真金不怕火炼。如果不写，教师的智慧便如秘不示人的独门绝技，听说的人多，看见的少，难以服众，引发的非议就可能相对多一些。

其三，如果能写，且能服众，当事教师很可能成为大众眼里的西施，也就是大众情人，万众偶像，让人一见倾心，再见倾城。如果不写，即使真的很优秀，但当事教师也可能因为拿不出硬邦邦的“证据”，只能被某些对口、对味的人视为“情人”，也就是说，他们只是“情人眼里的西施”，难以拥有超越时空的魅力。

其四，如果能写，当事教师就可以如数家珍，把自己教育教学成果一项一项整理出来，运用出来，展示出来，这样就容易激发成就感、自豪感、满足感，进而享受教师职业的尊严。如果不写，教师就很可能在日复一日的单调重复中，产生职业倦怠感，进而严重降低自己的幸福指数。

其五，如果去写，当事教师要支付的成本，仅仅是一点时间，一点精力。因为教育教学工作其实都扎扎实实完成了，已经走完了九十九步，就差最后一步记录下来。如果不写，教育教学的每一项工作对当事教师来说，都好像是盘古开天辟地，需要从零起步。当事教师也会因此忙忙碌碌，丝毫看不出轻松在哪。

有鉴于此，大家还犹豫什么呢？赶快拿起笔，撰写属于自己的专业作品，整理自己的专业成果吧！

在写作中实现教学成长

台州一中　林卫飞

大家好，今天由我围绕“在写作中实现教学成长”这一话题谈自己如何通过写作得以成长的经历。我从以下两个方面来谈：为什么要写作、如何写作。

一、为什么要写作

让我意识到写作的重要性的是在2009年。那时我参加一个比赛，别人论文这一项都有分数，而我空白。我第一次意识到写作是件很务实的事情，它与利益直接挂钩。而最初发表文章也是因为功利主义的思想，无非为了在比赛的时候加点分。应该说，我最初写作的动机并不美好——只求事功，受使用价值的驱使。而随着时间的流逝，我领悟到了写作更丰富的意义。

（一）写作即证据

2011年的春天，我读到两本书——铁皮鼓的《冬去春又来》、王小妮的《上课记》。铁皮鼓老师记录了班主任生活的日常与语文教学的课堂情形；诗人王小妮记录了她在海南大学文学院开设影视写作班课程期间遇见的“90”后大学生们的迷茫、躁动但又纯真的生活。此后我关注董一菲、王君、李镇西等语文大咖们的博客，他们的每日一博令人共鸣，引人深思。我想，那些点滴就是他们教学生活的的证据吧。那时我生出一股冲动——我要写，我也要用笔捕捉课堂的点滴。我知道这些稍纵即逝的东西，唯有写下才会永久，这些文字会像琥珀一样，凝固住课前、课堂、课后的某个瞬间。我真的开始写了，博客的名字叫“流水十八章”，十八是虚指，表多。备课所得的小感想、小灵光，课堂上师生互动的机锋、学生争辩时的唇枪舌剑，课后反思时的小失落、小满足一一记录下来。我郑重如史官，记录属于自己的史诗。可惜，博客写了近两年还是停了。很多年过去了，偶尔会翻那些只言片语，就像一个跋涉的旅人回首检视自己的脚印，欣喜且庄重。

（二）写作即自省

2010年的初秋，因为搬家，整理到几张报纸，上面有几篇文章，那是我高中时代发表在本县报纸的副刊上的小散文，那一刻，我仿佛看到了十七八岁时的自己，即陌生又熟悉。多年后，看台湾音乐才女陈绮贞的访谈，她说，写作是深刻的自我探索。我深深认同这句话。认识自己是一件很难的事情，而文字会像镜子，映现彼时彼刻的自己——性情、品性、爱好、思想一览无余，能达到自我反省的作用。现在回头看自己教书多年写成的文字——教学论文、教学课例、教学反思、备课拾零等等，我可以清晰地连缀起自己的成长路径：2010年之前不思考、不动笔，几乎无文章，属写作荒芜期；在2010年的《从〈赤壁赋〉中的“水”“月”意象看苏轼的悟道》中，可以看出自己初写教学论文时的稚嫩、清浅及单薄；在2011年的《穿过一场雨，就是故乡——〈听听那冷雨〉教学设计》中，可以觉察出自己功力欠厚，对文本细读的力不从心；在2012年的《向思想更深处漫溯——议论文抵达深刻的途径》中，可以捕捉到自己渐趋理性的痕迹；在2014年主持的省精品课程《禅意诗品读》中，看到自己宏观架构的能力；在2015年参与编写的省精品课程的《古典诗歌中的人文情怀》中可见逻辑的漏洞；在2016年的论文《禅意诗教授三法》中见自己对行文缜密与精细的追求；在2016年的《打开一首词的正确方式》中，见自己对唯美与深刻的执着；在2016年的论文《浅谈选修课作业的创意性布置》中，见自己对创意的探索。通过文字我看到一个蜕变中的自己。以文章为镜，我观照自己的优点与不足，及时自省，少走弯路。

下面我讲讲如何写作。

二、如何写作

（一）有辽阔的精神疆域

一个人的阅读史，就是一个人的精神成长史。读得多，精神疆域就辽阔。能写的人，一定都爱阅读。看名师的成长之路，哪一个不是以书为云梯攀登至成功的高峰的？先锋语文人蔡朝阳老师在网上给学生开的书单共包含100多本，覆盖面极广，涉及文学、美学、史学、经济学等；“语文味”流派的开创人程少堂老师说自己为了开一堂《诗经·子衿》，购买了40多本书；“诗意语文”的掌门人董一菲老师，熟读古今中外名著，腹有诗书，文采斐然，文章飞花拈叶皆是书香；复旦附中的黄玉峰老师在给青年教师的建议中更是一针见血地指出我们永远要充电，要读书。

阅读有多重要只有在用的时候才知道。2014年，编精品课程《禅意诗品读》，内容涉及文学、美学、宗教、民俗、政治等多方面，用来作参考的书有50多本。我像蜜蜂采蜜从书中采集用得到的知识，许多东西要现学现用，那时才知道“书到用时方恨少”。做《扬州慢：一肩挑着河山，一肩挑着明月》这个课例时，为了寻求高度，需要系统地了解扬州的地理意义，南宋的政治文化，姜夔的人生履历。那段时间疯狂地看书，看了十几本才有一点点踏实感，觉得有底气触摸《扬州慢》了。

后来逐渐养成一个习惯，写文章之前，先购买这方面的书。先恶补，再着手去写。以前看到好文章会赞叹作者的才情，现在才明白，好文章的高度都是用书堆起来的，你的精神领域有多辽阔，你笔下的文字就有多辽阔。一个没有精神根据地的人不会写出文质兼美的文章来。要想使写作这活水长流，必须有阅读这一源头。每个学期，工作室的第一次会议第一件事情就发书，师父会给大家发放精心挑选的书，还要写读书笔记，交流心得，每次我都很认真地对待，因为我知道每一次的阅读都是在拓展精神疆域。

（二）做课堂的有心人

褚树荣老师说到教师专业成长时提到，教师拥有很宝贵的资源——课堂与学生，教师应关注课堂、教材、学生、教师之间的互动与生成，将这些内容记录、梳理、整合，就会产生一篇文章。我觉得教师对课堂应该怀有深情，就像父母对待孩子。父母对孩子的一举一动，一笑一颦，一言一行都会热切关注，记下他的每次换牙、长高、染病、尝试、成功、失败等，教师也应该怀有这样的心情对待课堂，记下课前、课中、课后所发生的值得记录的东西。

这些年，我陆陆续续地记下了一些听课手记、备课札记、课堂设计、课后反思，具体如下：

《诗歌，生命的别处——〈香菱学诗〉听课手记》

《永恒的宗教之光——〈我有一个梦想〉听课手记》

《把心安放在一朵荷里——〈荷塘月色〉听课手记》

《撩起黑夜的袍子——〈假如给我三天光明〉听课手记》

《一个诗人的身体里流淌着多少条河流——〈渔父〉听课手记》

《那条沉默的船告诉我们的——〈滁州西涧〉备课札记》

《我的孤独是座花园——晏殊的〈浣溪沙〉备课札记》

《居士的晚课——〈竹里馆〉备课札记》

《被鸟叫醒的春天——〈春晓〉备课札记》

《那些觉悟的花——〈辛夷坞〉备课札记》

《柳七在秋夜离开——〈雨霖铃〉备课札记》

《钟声带我回家——〈枫桥夜泊〉备课札记》

《听，帝国的秋天——〈秋声赋〉备课札记》

《螳臂的意义——〈于易水送人一绝〉备课札记》

《黛玉只能是瘦的——〈林黛玉进贾府〉备课札记》

《如何与自己相逢——〈始得西山宴游记〉备课札记》

《母爱是最温暖的寒衣——〈游子吟〉备课札记》

《敲钟人、羊、水、少女及其他——〈一滴眼泪换一滴水〉备课札记》

《一肩挑着河山，一肩挑着明月——〈扬州慢〉教学设计》

《向思想更深处漫溯——议论文抵达深刻的途径》

《穿过一场雨，就是故乡——〈听听那冷雨〉教学设计》

《到不了的江南——〈错误〉教后反思》

《美可以欣赏，不可以沉溺——〈听听那冷雨〉教后反思》

《走过多少座桥，才能到达彼岸——〈枫桥夜泊〉教后反思》

《唯有语言才是开启文本的钥匙——〈诲人不倦〉教后反思》

这些文章长的几千个字，短的几百个字，零碎而珍贵。有些整合成文章发表了，有些用来当讲座的例子，有些至今养在深闺。那些文字或感性或理性，我一直用平常心对待，无论发表与否都不重要，它们是我在教学路上留下的足迹，或深或浅，或走在正道，或落入旁门，我随时去纠正，去完善。

（三）勤于反思

好的写作者不只是埋头前进，还会回头反观。反思是一种比思考更高级的思维。反思是顺着原来的思路回去，体察原思路的对与错，优与劣，得与失。反思是对原思路用另外的眼光定位、审视和衡量，获取更清明的理性与更笃定的判断。李镇西老师有个著名的演讲叫《做一个反思型的教师》。他认为教育反思是一种梳理，是对自己行为进行系统化审视，可以使我们更加清醒地认识自身行为中的当与不当。而成功的写作中，必须包含反思精神，反思这种行为会让写作发生调整、完善，让文章趋向成熟。

王君四次撰写《我的叔叔于勒》的教案。第一个版本完全是遵照的“公共话语系统”，教学目标就是批判“资本主义人与人之间的关系”。第二次把它和《麦琪的礼物》进行对读，主旨还是“批判资本主义社会人与人之间的金钱关系”。因为尝试“整合”的方式，课堂多了前卫的气息。第三次颠覆了“批判资本主义”这一主旨，以为莫泊桑在描绘底层人物的可怜的人生理想必然幻灭。第四次随着年龄渐长，阅历感悟增多，她再次转换了角度，将主旨定为“人性的复杂性”。“王君四教于勒”引发一线教师热烈的讨论。我个人极佩服王君老师在撰写教案时的“反思”意识。一个人可以否定自己，而且是否定再否定，在不停的否定中抵达真相，这无疑是涅槃。一次次的反思，让王君的《我的叔叔于勒》呈现出超越自己的姿态，思想丰盈，主旨深刻，四个版本的课例实现了“步步高”的局面。

我也将反思意识贯彻到自己的课例写作中。第一次写《扬州慢》的教学设计，遵从网络上的教案，主旨停留于“黍离之悲”，展现了诗人对国破家亡的悲伤心理。教完后有种意犹未尽之感，觉得第一次的教学设计囿于思维的惰性，浅尝辄止，缺乏对《扬州慢》的个体体悟。凭借阅读经验，我发现扬州不是一个普通的城市，它不仅是地理概念，而且是文化概念。扬州自古繁华，不仅是物质的，而且是审美的，代表情调，代表诗意地栖居。在中国传统文化中，扬州这个枕水而居的江南城市，是文化重镇，是一个精神符号，它滋养、修复、保全了汉民族文化。因此第二次《扬州慢》主旨侧重对扬州的文化性挖掘。那堂课在内容上获得了深度。遗憾的是课堂结构涣散，平面化，没有逐层推进。于是就有了第三次的课堂设计。我精心设计了几个提纲挈领的问题，逐层推进，完成了对课堂结构的精致化追求。去年 11 月，我去青海展示了《扬州慢》，获得一致好评。今年 4 月此课例发表于《语文学习》第 4 期。

一直喜欢希腊诗人卡瓦菲斯的《伊萨卡岛》：“当你启程前往伊萨卡，但愿你的道路漫长，充满奇迹，充满发现。”我相信当我们开始写作，开始启程前往语文之岛，我们的一路也会充满奇迹与发现。

固本木长　浚源流远

——我的语文教育观

杭州第四中学　莫银火

《西游记》有一句一共说了 24 次的话："贫僧从东土大唐而来，到西天求取真经。"这是唐僧的口头禅语。这句话伴随唐僧师徒化解 81 次灾难。

求真经是不容易的，所以，涌现了那么多的教育大家，提出了那么多教育理念，制定了那么多标准，推出了那么多课程，做了那么多课题，那么多论文，那么多讲座，我们依然在路上，日子也没有比以前更好。喜欢语文的学生依然不多，用大量时间攻习语文的更是凤毛麟角。即使今天成为语文名师的，也有不少坦诚自己当初并没有想教语文。相信在座的各位，也肯定有人当初就莫名其妙或无可奈何地读了中文。

所有的探索都是用心良苦，所有的探索者都令人崇敬

与真经相呼应的应该叫真语文，王旭明先生反当今全国的语文教育，说语文教育已经步入歧途，积重难返，于是亮起了真语文的旗号，主张纯粹地教语文，从文字和语用下功夫。

事实上，语文本不应该纯粹，如果把语文变成抽象的字、词、句、段落和篇章，而这些东西还不能有任何可能给人启迪、发人思考、给人愉悦、让人感动的"教化"，那就进入了另一个怪圈。

我想说，在中国，别的学科也许要多多向国外学习，语文学科却首先要传承和光大民族精华。因为漫长的封建社会，无论是太学国子监还是寻常私塾，基本上也就语文一科。一代代读书人目不窥园，足不下楼，兀兀穷年，沥尽心血，攻的也是语文；1300 多年的科举取士也就考语文一科。可以说，语文教学是很成功的。培养出一大批安邦定国之才和卓越文学大家。今天，只强调所谓的世界视野，也许也不是最科学的。所以，我觉得能否多关注我们语文教学的本源，有两个意思，一是从传统的语文教学中汲取精华，二是从语文教学关键处努力。

基于这样的思考，站在本源处看我们今天的语文教学，我们就会发现一些末和流上的问题。

本源处的语文教育，应该是不急不躁，无所谓流派，无所谓新潮。内视重于外视，反思多于跟风。就像陶行知"千教万教教人求真，千学万学学做真人"，就像郑板桥"咬定青山不放松""任尔东西南北风"，就像梁启超所说的"六七百年来，数岁孩童入三家村塾者，莫不以《四书》为读本，其书遂形成一般常识之基础，且为国民心理之总关键"。中国的语文教学的黄金时期就在那个时候。王旭明说："语文教学不需流派，只需老老实实讲好。"我深表赞成。孔子是山东的，叶圣陶是江苏的，如果孔子是鲁派名师，叶圣陶是苏派名师，相信山东和江苏的朋友一定高兴，但全国人民就会说，这样也可以吗？因为好的老师是天下的。

有些老师在搞神秘主义。说：现在先让他们做，到时候再教学习秘诀。这秘诀似乎是核武器，一用上就势不可挡，事实上，你不说秘诀还好，你一拿出秘诀，就是害学生的。我不认为应试教育是如此糟糕，但所谓的秘诀必然是应试教育中最大的糟粕。学画画的人发现，如果一开始就从如何用笔，如何构图学起，大多难有成就，只有一开始就背着画板扎进大自然写生的人，才有希望到达光辉的顶点。

现在很推崇整本书阅读，能阅读整本书自然是好的，至少说明学生们沉静一些了。但没有阅读整本书就一定不好？华罗庚只看自己新鲜的部分不是更有用？关羽半部春秋，赵普半部《论语》不是很好。也许有人说他们读了整部书会更好，但我要说，也许他们管中窥豹，知其大意，精华已在，入其身心，后来他们应当有空读完整本书的，可是最终没有再读，也许是最好证明。也许后来，他们更多在阅读和思考社会和人这本无字之书，这是一本沙之书，自然也就没有整本书的阅读。事实上，很多书没有必要整本书阅读，因为这整本书应该不局限于长篇小说吧？长篇小说有情节的完整性，但一般书，他们的连贯性也不强。得其精髓就是最好的读。

现在还流行批判性思维，我觉得这个更害人，一个抱怨老师不好的学生是读不好书的，一个抱怨教育制度的老师，要么是改革家，要么是碌碌无为之辈。我认为，人必先敬畏着，然后才有资格批评。有时，批评可能是自以为是和固执己见的代名词。子曰：“君子有三畏，畏天命，畏大人，畏圣人之言。小人不知天命而不畏也，狎大人，侮圣人之言。”这个畏就是敬，只有敬畏，才有佛教里说的“深入经藏，智慧如海”。批判思维是一个瞬间，敬畏是一辈子。相信很多人有这样的体验，有时对某人某事的批判或者腹诽，事后发现竟然是因为自己的肤浅，有时，我们自己苦苦思索所得，竟然发现前人说得更高妙，正如康德所说“愈思考愈觉神奇，内心也愈充满敬畏”，这就是最好的证明。所以我欣赏卢新宁在北京大学中文系毕业典礼上的讲话中的观点：在怀疑的时代依然需要信仰。这里的信仰，也可以理解为我对经典的敬畏。

本源语文需要我们从本源上多下工夫

本源语文首先要有一颗淡定的心。把书读慢，读深。语文是浩瀚的海洋，但首先从一点水开始，所以，不要试图一日看尽长安花，那只是走马观花到此一游。而要做到这一点，首先就是背诵，老祖宗很讲究背诵，背了五千年，台湾大多地方要求学生必须背诵四书五经，背诵能懂最好，不太懂也没有关系，人的思维就像牛的胃，而且远比牛的胃好，牛胃只反刍一次，人可以反刍一辈子。周国平说：“语文课的使命有二：第一是母语学习；二是提高人文素养。”我们中国的文化传统保存在什么地方？就保存在那些母语里、文字里，所以只要你有一定的修养，到天涯海角你都是有根的。语文教学绝对不是为了培养作家，它就是培养一个文化上有根的人。这文化的根首先来自大量积累，大量背诵。茅盾会背诵整本《红楼梦》，巴金会背诵整本《古文观止》。

本源语文是师生依托文本话对机锋。《论语》之所以被如此多的人膜拜，就在于记录了课堂上师生的智慧之光。《墨子》《孟子》包括一大批佛经如《金刚经》都是如此。窦桂梅说：课堂是一个值得我们好好经营的地方，是我们人生修炼的道场。课堂上都不能智慧火花，什么时候才会有？语文课堂上对机锋，在教师，首先是对文本精深解读，其次对学生的思考的精准点拨；在学生，则是经由老师的启发，修正和提升自己的思考，和自己的生命体验结合起来，进而提出新的见解和思考。所以，好的语文课就是文本解读课、说话课、思维课、审美课、交往课。好的老师，就是在话对机锋中培养出比自己更优秀的学生，让学生在愤悱中走向更加广阔的课堂。吴非说："聪明的老师下课后让你满腹狐疑。"就是这个道理。胡适和鲁迅都是了不起的教师，但风格迥异。胡适像个惊叹号，善于在对话中激励学生，而鲁迅像个大问号，总是推说不知道怎么办，逼使青年去冥思苦想。因而两位都是大师。

本源语文首先需要教师是大写之人。深入文本是他的功底，博学多才是他的风采，普度众生是他的情怀。李敖说，"人家骂你是王八蛋，我能证明你是王八蛋！"这固然很了不起，但最了不起的却是语文老师，能把那些王八蛋引领成可教的孺子。据赵翼《陔余丛考》所言，"王八"即"忘八"的谐音，是指忘记了"礼义廉耻孝悌忠信"这八种品德的人。因为语文本身具有这样的育人功能。好的语文教师能使很多学生成为他们的粉丝，但他们却是微笑地吃着自己的面条，不会像暴发户财大气粗。蒙田说，"真正的学者就像田野上的麦穗。麦穗空瘪时，它总是高傲地昂着头。麦穗饱满而成熟时，它总是低垂着脑袋。"所以叶圣陶成名后去教书，经历栏只写了四个字"小学教师"。越是优秀的教师越知道，自己教语文，但语文不是自己，语文是浩瀚的海洋，自己只是海水一滴，他们会珍视学生对自己的欣赏，但他们不把学生欣赏作为资本，而是满腔热忱移花接木，引导学生经由你爱上语文。教书不是为了证明自己，而是为了让学生悦纳语文。他们只这样虔诚地教着语文。而让学生爱上语文不是终极目标，终极目标是让学生在语文光辉的烛照下爱生活、爱生命，快乐地、有质量地提升人生的品味。能诗意栖居固然好，明明白白、快快乐乐活着同样很有意义。因此，最可恨的老师有两种，一是在课堂自吹自擂的，二是眉飞色舞讲作者情史的。不管你有名无名，都是可恶之人，前者在张扬自己，后者在玩弄语文。所以，名师不是自封的，而是学生颁发的，但最好是语文之神赐予的。

本源语文要求学生把读书和自己的生活以及生命体验结合起来，和做人结合起来。这里，一方面要好好读书，多读书；教育家苏霍姆林斯基曾说过，"少年的自我教育是从读一本好书开始的。"教科书并不是语文课程的全部，语文并不等于语文课本。相对于语文教育而言，语文课本充其量只是滴水，课本之外则是浩瀚的海洋。教师必须扩大阅读面，增加阅读量，把世界当作课本，而不是把课本当作世界。

另一方面要和把读书和生活以及生命体验结合起来。电影《一代宗师》中，宫二向叶问阐释武学感悟时，以"见自己，见天地，见众生"来概述习武的三个阶段。读书最好都见到。

李敖在《我的大学》中写道，1959年台大毕业答辩时，三个教授在李敖面前半个小时后，他们说："李敖，你答辩通过了。"李敖说："你们什么也没说啊，我也没讲话啊。"教授说："我们知道一开口肯定会被你驳倒的，所以还是不说了。"

看了这样故事，作为教师的我，首先不是为李敖鼓掌，而是对三位教授的敬佩，教出这位已经超越了自己的学生，老师应该是最欣慰的。

愿我们的语文教学少一点张扬，少一点折腾，从传统汲取营养，从本源上下功夫，培养出更多优秀的甚至超越了我们的学生！

语文应该教些什么

浙江省泰顺中学　庄平悌

语文应该教些什么？这本来不应该是一个问题。但是长期以来，语文到底应该教些什么却成了一个非常严重的问题，毫不夸张地说，它成了广大语文老师心头的痛。为什么？其原因我想有两个。一个，语文是什么？这个语文教学最根本也是最核心的问题，至今还没有搞清楚，呈现出五花八门的各种各样的说法。如，语言文字，语言文化，语言文章，语言运用，等等，令人眼花缭乱，也让广大一线语文教师无所适从。

另一个就是关于语文课程的性质问题。2017 版的《语文课程标准》也把语文课程的性质确定为“工具性和人文性的统一”。语文课程的性质又与语文是什么的认识紧密相关。问题同样很大：① 如何统一？有具体的渠道、方法、途径吗？② 谁来统一？是工具性统一人文性，还是人文性统一工具性？工具性和人文性彼此是孰轻孰重的，还是半斤八两的？是由语文教师来统一，还是由学生自己统一，还是由教育行政部门的领导或者是国家领导人来统一？③ 如何衡量？有没有一个明确的衡量两者统一的标准？也就说，达到怎样的标准就算是两者统一了？谁来衡量？等等。诸如此类的根本性问题至今还没有弄清楚，搞明白，可以说就是一笔糊涂账。因此，广大一线语文教师对于语文到底要教什么，就只能瞎子摸象，各显神通了，也就难怪许多特级教师都陷入深深的困惑之中。

曾有教授语文教学论的博导撰文说，“人文性与工具性统一”的问题错综复杂，在语文教学的实践中要处理好十个方面的关系。乖乖，如果广大一线语文教师能够处理这十大关系，那还要那么多的语文教学论的教授博导干什么？

也许是针对这种语文教学内容的乱象，上海师大的博导王荣生教授等人才提出了“因体而教”。也就是说要根据文体的不同特征来确定语文教学的具体内容。这无疑给语文教师指明了一个方向，让广大语文教师对语文教学的内容有了一个比较清楚的认识。但是，这里面有一个无法回避的问题，那就是对文体特征的认识。比如，散文，我们一直认为其特征就是“形散神不散”。那么，问题来了。请问，一篇散文为什么要这样散，而不是那样散呢？也就是说，作者在文章主题思想不变的情形下，为什么要写这个内容，而不写另外的内容呢？比如，朱自清先生的《荷塘月色》为什么要“忽然想起采莲的事情”？为什么不写别的事情？为什么要引用梁元帝的《采莲赋》？为什么不引用王维的“莲动下渔舟”？为什么不引用周敦颐的《爱莲说》？为什么又要引用《西洲曲》中的那四句？等等问题，“形散神不散”是无论如何也解释不了的。也就是说“形散神不散”只是解释了散文的“其然”，而无法解释“其所以然”。那么，按照“形散神不散”的特征来组织散文教学，会有效果吗？

小说教学，我们一直都紧紧围绕着“人物、环境、情节”这个小说的三要素来进行的。除了这个，似乎就没有别的了。但是，现代小说理论告诉我们，小说还有叙述角度和叙述腔调、主题和情感、虚构和摇摆等等问题。

论述文，我们也一直都按照“论点、论据和论证”三要素来教学，或者按照“提出问题、分析问题、解决问题”这个过程来组织教学。请问，如何提出问题？如何分析问题？又如何解决问题？

因此，“因体而教”实际上也存在诸多问题。

那么，语文教学到底应该教些什么？我认为，关注言语表达，才是语文教学的根本。

具体来说，就是言语是如何表达的。通过对言语表达方式的揣摩、体验，掌握言语表达的技巧，进而提升言语表达能力。2017年颁布的《语文课程标准》多次提到“语言表达”，并且把“语言建构与运用”作为最核心的内容与目标，是“思维发展与提升”、“审美鉴赏与创造”、“文化传承与理解”的基础和前提。可见，言语表达的重要性。

言语表达涉及到很多方面。这里，我们认为，要关注言语深刻而丰富的内涵。下面结合具体的教学实例加以阐述。

如，《祝福》“内中一个破碗，空的”与“内中一个空的破碗”，这两句话有区别吗？教学中我们让学生进行讨论。顺便说一句，在我的印象中，最早关注这一点的是福州一中的陈日亮老师。学生给出的答案还真的超出我的预料。他们说，“空的”两字放在后面，就不仅仅是形容破碗了，而是对祥林嫂整个生存状态的描述。祥林嫂没有了丈夫，没有了儿子，没有了房子，没有了吃的，没有了钱，除了身上穿的，就再也没有别的衣服，没有人同情，总之，什么都没有了。如果放在“破碗”的前面，就只是形容破碗暂时“空”了而已。此其一。其二，这个“空的”放在句子的后面，就暗示了她生命的即将终结，而放在前面就失去了这样的暗示。其三，“空的”这个词语位置的不同，还显示了“我”关注点的不同。在前面，说明“我”关注点只在“破碗”上；在后面，则说明“我”的关注点已经从破碗本身转移到具体的生活内涵。其四，“空的”在后面，也说明整个鲁镇冷漠、无情，凌辱弱者，吞噬弱者的残酷的社会现实。学生如此回答，不仅超出了我这个教者的意料，我想也会超出陈日亮老师的意料的。这样的教学对于提升学生言语运用的能力是很有帮助的。

又如，《荷塘月色》中的两个“忽然”。又该如何引导学生去领会其深刻内涵？《雷雨（节选）》中也有两个“忽然”。教学中也是很值得探究一番的。

又以《祝福》为例，为什么祥林嫂对人说“我真傻，真的”？这个不幸的故事，不但得不到人们的同情，反而遭到人们的耻笑？我同样组织学生讨论。同学们的想法真是出乎意料。除了大家都知道的信息量为零这一点之外，他们又从言语的对象、场合、方式、语气等多方面进行了辨析。这无意之中暗合了我所倡导的同义手段理论。

总之，关于语文教学内容，大可不必唯权威是从，只要紧紧抓住“言语表达”这四个字，引导学生探究其表达方式、表达技巧、表达效果，就能使学生的言语能力得到很好地提升，也能够使学生不由自主地爱上语文，从而达到爱阅读、爱写作的理想境界。

倡导作文聊天，彰显语文魅力

——作文聊天课开设的实践与思考

东阳市吴宁一中　徐海金

为改变教师“主宰式”、“一言谈”的作文课堂教学固有模式，还其学生应有的“话语权”。一种生动而鲜活的作文课堂教学新课型——作文聊天课，应运而生。

作文聊天课旨在创设一种民主、开放的教学氛围，以“聊”为载体，以“写”为目的，为学生搭建平等、自由的交流平台，让学生在谈论、交流、思辨中获得愉悦的快感，绽放个性，畅所欲言，从而达到情动而辞发，激发写作的兴趣和欲望，以提升学生的语文素养。它既是一种教学的呈现形式，更是一条素质的提升途径。倡导作文聊天，不仅仅是改革课堂形式而已，更重要的是它可以彰显语文学科无与伦比的魅力。

一、丰富多彩的聊天形式

作文聊天课之所以生动而鲜活，缘自于其形式的多样，不拘一格，在实施教学中以下几种方法是行之有效的。

（一）粉丝团聊天法。这种聊天形式原先是按小组的座位或写作水平来组建，故又称小组聊天法，一般6—8人。各小组围绕一个话题在写作水平较好的组长的组织下各抒己见，最后形成结论。后以自选形式，学生根据自己欣赏的作者而投其“麾下”，成其为“粉丝”，组成“粉丝团”进行聊天。如教师选了《班报》刊登同题作文《母亲，我读懂你了》的8位小作者为“主聊”，让他们谈写作体会，由“粉丝”提问。此法一则由于“主聊”的现身说法，“作者”与“读者”“零距离”接触，二则由于自选“主聊”，“粉丝”就有崇拜感，往往产生意想不到的效果。

（二）对抗辩论聊法。此聊法是让学生围绕同一辩题，以正反两方，运用辩论的形式陈述己方观点，并力求驳倒对方论点的一种作文聊天形式。它有明确的辩论目标，重视学生的主体性和实践性，有利于培养学生“学、思、辨”等语言综合素质，锻炼其为文能力。如选择聊天话题“开卷是否有益”，先让学生各自表明观点，认为“开卷有益”的为正方，认为“开卷未必有益”的为反方。辩论环节一般按观点阐述——自由辩论——总结陈词等组成。

（三）博客现场聊法。所谓博客现场聊天，就是通过班级博客群进入学生各自开设的博客或教师的博客，围绕同一话题或写作的某一问题，畅所欲言，即时交流，达成共识。其优越性显而易见，一则是现代教育设备的运用，学生喜欢；二则可多人同时聊，节省时间；自话自说，符合新课标所倡导的“自主、合作、探究”的学习方式。如先上传一篇学生习作《这一刻，我好感动》。“楼主”（作者）：请大家就此文的描写是否生动真实展开讨论，并即时以跟贴的形式在文后发表各自的评论。一节课学生跟贴达200多个，其文字非常可观。

（四）创设情境聊法。学生写作怕的是无“米”可炊，创设情境则是造“米”的有效方法。创设情境“聊天”，就是通过创设实有的或虚拟的情境，引导学生入情入境，实现写作时如见其人，如闻其声，即身临其境，达到言之有物和有序的目的。实有情境的创设是先带学生到现实生活中去，如敬老院、观赏艺术节等，回到教室后先“再现”活动场景，然后有指导性地开始聊。虚拟情境的创设可借助媒体视频、音频，如一张图片，一段录音，一个故事片断，再激发学生兴趣，进而“开聊”。创设情境有利于学生联想和想象，对打开思路、充实材料、言之有物都大有裨益。

此外，还有以阅读材料为基点，多角度、多辐射地引发作文欲望的“阅读作文聊天法”，还有让学生围绕一篇文章全方位点评，也可以围绕一个共同主题，选择多篇文章比较“聊”的“作文评点聊天法”。

二、“闹”而有序的聊天环节。

作文聊天课虽给学生提供一个轻松、愉悦的氛围，但并不是“随心所欲”、“放任自流”，为提高课堂教学的实效性，它有一个基本的流程。

（一）课前导入，明确目标。根据本堂课确定的“聊”的内容，精心设计导入法，以激发学生兴趣，同时，明确学习目标。

（二）设置情境，“组织”成形。从学习目标出发，设置一定的情境，为聊天的顺利开展酝酿好情绪，并完成一定的组织形式，如双方对抗式、粉丝聊天室聊法等。

（三）交流争辩，畅所欲言。在“主聊”或“楼主”的主持下，所有成员各抒己见，并及时作好记录。

（四）形成观点，分类整理。对所聊的内容，进行大体整理归类，特别是“聊”出共同点的方面，对于无法统一的认识，提交班内或教师指导。

（五）适时点拨，布置任务。聊天课中学生应充分发挥“主体性”作用，而教师更应发挥“主导性”作用，对学生疑难问题适时点拨，对于偏离学习目标的要及时调控，“聊天”是手段，“写作”是目的，在激发学生兴趣，打开学生写作思路后，教师要趁热打铁布置写作任务。

三、雅俗兼备的聊天内容。

“生活即语文”，大语文观决定了聊天的内容丰富多彩。归其类，主要有以下几种。

（一）生活哲理类。生活中的一个故事、一个人物、一项活动、一件艺术作品都可成为感情哲理的切入点。博大精深的中国文化，能引发学生思考的故事俯拾即是；丰富多彩的社会现象，比比皆是，社会热点问题大至“战争”，小至“追星”现象，都可成为写作的素材。

（二）写作技巧类。作文不能回避“写作技巧”，立足学生，让学生从自己感悟出发聊文章的构思立意，布局谋篇，语言运用，往往感触颇深，起到事半功倍成效。如围绕“聊拟题”，聊“开头”等学生能讲得头头是道。

（三）综合实践类。语文综合性实践活动是新课改的一大亮点。教材中安排的综合性学习内容成为写作聊天课的源头活水。其内容往往涉及语文应用的各个领域，并与一定的生活实际相联系，有较强的时代色彩和生活色彩，又能给学生具体生动的感受，对调动学生的学习和写作兴趣很有帮助。如“新闻发布会”、“语言的艺术——广告”、“科海泛舟”、“到民间采风”等专题活动，充分体现了生活性和语文性，学生学得兴趣盎然，说得轻松自如，写得左右逢源。

（四）阅读欣赏类。就阅读材料（名著、优美时文、教材课文）进行多角度赏析，并就不同的“感悟点”出发展开聊天。

“一花独放不是春，百花齐放春满园”。通过聊天式作文的开展，有效地激发了学生写作兴趣，提高了语言表达能力，积累了丰富的写作素材，提升了全体学生的语文素养。让每位学生开口说，动脑聊，并让他们从心底感受到语文的魅力，进而培养学生丰富的语文素养，便是作文聊天课的功效。作文聊天课是新课改实施下的一种有效作文课堂教学模式的探索，因其鲜活而实效，为作文课堂教学注入新的活力。

名师教学（上）

《说木叶》课堂实录及教学构想

绍兴鲁迅中学　彭玉华

【课堂实录】

彭：各位老师，上午好。今天的课堂确实是很有意义啊，来上课的是浙师大的研究生，一群大朋友。现在呢，蔡老师给我的课堂时间是半小时，我想啊，今天课堂可能分成两块，第一块呢，我和浙师大的大朋友们一起来探讨一下林庚先生的《说木叶》，这篇文章是人教版教材的经典篇目，给的时间是一节课，但是我想啊，以咱们研究生的水平，15分钟就可以拿下来，我们争取十五到二十分钟结束文本研读；然后剩下的时间我们来探讨一下，我这样上，到底行不行；不行的话，如果是你，会怎么上；然后我再说一下我为什么会这样上。好吗？

生：可以。

彭：好的，那么我们现在花5分钟时间看一下这篇文章。本来呢，我是不倡导在看的时候布置问题，但是因为时间关系，所以我给你们一个问题。听好了，各位大朋友，这个说“木叶”，能不能换成说“树叶”？给你们5分钟时间。

（5分钟后）

彭：这位同学来说一下，可以吗？

生：我觉得这个说树叶和说木叶还是有很大的区别的，从文章的内容来看，它主要是围绕着这个木叶展开的，第二段是木叶是什么，然后从木叶发展到落木，最后就是木叶的一些艺术特征。我觉得从行文的范围来看还是说木叶更好。

彭：这个稍等，因为考虑到同学们的实际情况，我不过多提问，我追问一下啊，你开始讲到的木叶和树叶的区别，请你用一句话概括木叶和树叶的区别。

生：从课文中来说，木叶更有秋天的气息，它更有这个干燥、疏朗的感觉。

彭：其他同学同意她的看法吗？或者说，有没有需要补充的？……这样吧，你的回答肯定是不完善的，那么我告诉你，咱们读这种文章，关键是要读它的关键句和关键词。我们是研究生，我们学习论文一开始最重要的就是学习关键词。我提醒一下，其实这个区别，在我们文章中有一句话已经概括了，你能找到它吗……（学生翻阅）你请坐，谢谢。边上同学，你请。

生：找不到。

彭：（笑）找不到啊，咱们交流一下吧，交流一下。研究生和高中生确实不太一样啊。后面的同学，有请。

生：我找到的是第三自然段，“从木叶发展到落木，其中关键点在木这一字”。我觉得木叶和树叶的区别，关键也在“木”这一字。具体来说，木叶的“木”字本身就含有一个落叶的因素，其次它还带来了木所暗示的颜色性，不只指树叶，还指树叶落下来的粗粗的树木，而树叶只有“树叶”这一个意思。

彭：你讲的意思基本是比较完整的，但是我刚才的问题是请你找出文章里的一句话，你请坐，边上的同学，有请。

生：我找到的是倒数第二自然段，……

彭：这只是一个方面，你已经无限接近这个答案了，你请坐，有请边上的同学。

生：我觉得是之所以是木叶而不是树叶，是因为本文论述的是木叶在诗文中的具体应用，我觉得关键句是最后一段，“木叶与树叶不过是一字之差，木与树在概念上原是相差无几的，但到了艺术形象上却有了差别，就几乎是一字千里。”

彭：这是他最终阐述写木叶和树叶的重要性，不是它的区别。

生：两者的区别我觉得就是在艺术形象上。

彭：对，但是我要的是课文中的一句话，我们是研究生，所以我问得要深一些。请坐，有没有其他同学找到？没有找到我要说了，大家看我们刚刚有位同学找到的第六自然段第一句话，我们一起来读一下好吗？“木，不但会让我们想起树干，而且带来了木所暗示的颜色性。”找到这句话了吗？你们觉得这句话能不能概括木叶和树叶两者的差别性？前半句就是上文所讲的木叶包含落叶，也就是指向树干，是第一个艺术特征。然后，颜色的暗示性则是指颜色微黄，可以吗？大家认可吗？好，不管认不认可，我们课下探讨。现在第一个问题基本解决了？现在我问大家第二个问题，能不能把“说”木叶改成“论”木叶？为什么？这个不需要交流吧？话筒往后。

生：因为我觉得“说”字和“论”字是不一样的。

彭：确实不一样，不一样在哪儿。比方说你要写一篇论文——你是哪个专业的？

生：学科语文。

彭：比方说你要写一篇论文，讲学科语文的重要性，是说还是论？

生：论。

彭：为什么？

生：因为要进行一个论证，有论点，然后再展开一些论据。

彭：再回答，说木叶和论木叶的区别。

生：……

彭：有点难为你了啊，请坐。第二个同学，有请。

生：我觉得“说”有点像说明它介绍它的感觉，论就好像是要官方一点。

彭：“说”是不是随意一点？而“论”呢？

生：有点正式。

彭：有点正儿八经的，是这样吧？能不能在文章中找到证据来证明我们这篇文章是比较随意的，没有那么严谨的表达方式。能不能从课文中找到依据？同学们交流一下，有没有？哦，那位同学点头了。你来发言。

生：首先第四自然段，“我们似乎应该”，这个句子比较不确定，漫谈式的，语言不严谨。

彭：挺好。其他同学有补充吗？

生：我觉得第三自然段最后一句，他说“然则这一字的来历，岂不大可思索吗？在这里我们就不得先来分析一下木字”，他也有一种不确定，有让我们一起来探讨一下的意思。

彭：好的，挺好，还有补充的吗？有没有？没有的话我谈我的看法了，因为时间关系啊。（放 PPT）

1. 可是为什么单单“树叶”就不常见了呢？（P2）

2. 那么“树叶”为什么从来就无人过问呢？（P2）

3.“树叶”可以不用多说，在古诗中很少见人用它。（P3）

大家可以快速找到这几句话吗？这位男同学，你来告诉我，为什么我要投影这几句话？

生：……

彭：回答基本不正确，请坐。同学们，你们知道为什么是这三句话吗？这三句话是出自我们原文的，他表达的意思是不是一样的？（学生点头）是一样？前面说不常见，后面说无人过问一样吗？再告诉我，一样不一样？在同样的两个段落里，它的语言是相互什么？给我一个词，矛盾！这是正儿八经的，还是我们刚才讲的随意的？明白我意思了吗？好的，这个环节我们结束，进入第三个环节。有一个问号，很简单，你赞同这个观点吗？说木叶的很多，说树叶的很少，你赞同他的观点吗？来，话筒边上的女同学。

生：我同意他的观点，因为……

彭：同意的不需要讲了，因为他的观点都在这里面了。有没有不同意的？不同意的举手？你们都同意吗？同学们，即便你同意也要说不同意，你同不同意这种思维方式？我们时间不多，因为我后面要讲我为什么这么上课，那我告诉你，我是不同意的。（放 PPT 投影相关研究证明林庚的观点是不严密的）如果按照林庚先生的观点，有一句诗“病树前头万木春”，是不是应该改成“病木前头万木春”？

彭：现在还有 8 分钟，我现在想问同学们的是，咱们是语文教育的研究生，你说一说我这样上这个课行不行，不行的话要怎样上？

生：我觉得这样上是可以的，这里立足了三个点，先是“木叶”和“树叶”的区别说一下，再是“论”和“说”的区别说一下，因为对于我们高中的同学来说，这个文章到底讲的什么，这个木叶、树叶到底什么区别其实并不是我们老师最要关注的点，而是要引导学生找一些区别，最后提一个问号就是说林庚先生的观点对不对，或者说你同不同意，这个我感觉这个要求有点高。

彭：你前面说，引导学生找到区别，我找到区别到底干嘛呢？换句话说，它到底表达了一个什么意思呢？我这堂课，它的指向到底是什么？

生：木叶和树叶的区别，基本上内容就出来了。

彭：第一环节，解决内容。

生：第二个环节，说和论，解决的是它的写作方式。

彭：如果说第一段是解决内容，第二段是解决什么？文体特点。第三块是什么？

生：第三块我感觉是有点发散性的思维，探索性的思维。

彭：什么样的发散性思维？

生：应该是一个批判性思维，一般来说我们学生如果没有一个批判性思维是不会来说不赞同这个的。那么我们不去搜一些资料的话我们是不会知道木叶、树叶的区别的。

彭：是不是说这样的文章都需要用批判性思维？

生：我觉得最好是有。

彭：其他的不是这样的文章是不是要有批判性思维？

生：得要有。

彭：都要有，这类文章运用批判性思维是不是有它的必要性？

生：反正如果是我上的话，百分之九十九点九是不会想到要反驳林庚先生的观点的。

彭：我为什么要有？说说理据。

生：嗯，就是从刚才呈现的来说，也有说树叶的，那么后面第二个它是木，但不是木叶，我觉得第二个可以援引成一个证据还是什么的。

彭：你请坐。时间不多了，下面我解释一下。这只是我的一个想法，我相信肯定有更好的想法。我就是这么设计的，主要是语文课堂教学的四个阶段：指向、内容、问题、活动。什么是指向？指向其实就是你要到哪里去？它与目标的区别在哪？往这条路上去的时候你可以摇曳多姿，但是你必须去那儿。所以首先对于我们这篇文章来讲，我要确定的教学指向是什么呢？三句话，作者写了什么（内容理解），作者是怎么写的，（文体特点），作者这样写有道理吗（读者意识）。我刚才追问，这篇文章有没有必要运用批判性思维？绝对有必要。现在这样的学术随笔随处可见，但文章观点是不是百分百正确呢？不是的。如果我们一味地接受它，那么很不幸，你的头脑成为了别人思想的跑马场。所以必须要有思辨性，必须要有读者意识，这是读这类文章的一个必须的环节。用一句话来概括，本课的教学指向就是用读学术随笔的方法来读学术随笔。然后接下来就是选择内容，我为什么刚才要有第一个问题，很简单，解决文章写了什么。为什么有第二个问题？学术随笔的这个文章体式是灵活的，它是不严密的。第三个，就是我刚才讲的，读这类文章，一定要有所谓的思辨性。概括地说，就是读者立场。但是上到这里，只能解决我上的准不准的问题，姑且认为我上的是准的。如果你想要上得好，上得有艺术性，你必须要追求精妙的问题，通过问题解教学内容。这就是我上课呈现出来的三个问题。但是到这一步呢，还不行，你还必须要有活动支撑，追求活动的新颖，这里我设计了三个活动：活动一，改标题，概括；活动二，改标题，比较；活动三，拓展，思辨。这些活动让教学内容和问题落到实处。

彭：我们的课就上到这里，谢谢各位。

【教学构想】

我想从“依体定教”和“以学施教”两个方面来谈谈这节课的教学构想。

先说“依体定教”。《说木叶》的教学内容十分丰富：基于文本内容，以诗歌语言的暗示性为教学重点，读懂作者写了什么；基于文本形式，以学术随笔的体式特点为教学重点，读懂作者是怎么写的；基于学法，以抓关键词、关键句、关键段为抓手，以学会读懂这类文章的方法为教学重点；基于语用，以运用诗歌语言暗示性的特点解读诗歌为教学重点，用学到的知识解决实际问题。综合上述四个方面，笔者最终确定“依体定教”，即依据学术随笔的文体特点，以“用阅读学术随笔的方法读懂学术随笔”为教学重点。具体包括三个方面的内容：一是内容理解，即读懂作者在文本中写了哪些内容，也就是理解诗歌语言暗示性的特点。二是文体特点，即体会学术随笔观点自由（不够严谨）、笔法灵活、语言灵动的特点。三是读者意识，即用思辨的眼光看待文本观点，既看到文本观点中可资借鉴的部分，也要看到文本观点中不够严密的地方，从而有扬有弃，而不是一味地盲从，使自己的头脑成了别人思想的跑马场。依据这一教学内容，将内容问题化处理，设计了三个问题：作者写了什么？指向文本内容；作者是怎么写的？指向文体特点；你同意作者的观点吗？指向读者意识。依据教学问题，设计了三个教学活动：能将“说木叶”改成“说树叶”吗？解决文本内容；能将“说木叶”改成“论木叶”吗？体会文体特点；思辨拓展，引入相关研究成果质疑辨析作者观点，明确读者意识。

再说“以学施教”。这节课的学生很特殊，是浙师大研一的学生，他们不仅具备了良好的阅读学术随笔的文化基础，而且有着良好的语文学科教学素养。因此，在具体的课堂教学中，笔者将整个课堂教学分为两个环节，首先按照教学设计通过课堂对话快速解决课堂教学内容，然后和学生一起探讨这样实施教学背后的相关教学原理，这样施教好不好，好的话理据在哪，不好的话，怎样改进。这样设计的目的旨在突出师范大学研究生的实际学习特点，使他们获得更多的收获。

《文与可画筼筜谷偃竹记》课堂实录及教学构想

浙江舟山普陀中学　钱爱峰

【课堂实录】

师：很高兴和大家一起学习苏轼的散文《文与可画筼筜谷偃竹记》。自古以来文人大多喜欢竹，更爱咏竹、赞竹，视竹为同道知音。现在想请同学们说说看，为什么文人都喜欢竹子呢？

生1：我觉得梅兰竹菊四君子都是代表着清高的节操。

生2：竹可以代表文人的节操节气。

师：恩，因为竹子一节一节的，它有“节”。

生3：我也觉得是清高，文人通过写竹画竹来体现自己的气节。

生4：我认为文人和竹子在性格方面可能有很多相像的地方。

师：比如还有什么呢？

生4：除了刚才同学所说的高洁，它的颜色是绿的，对应着常青。

师：恩，这叫不改初心，不忘初心。

生5：竹还有一个特点，中间是空的。好比君子，胸怀宽广坦荡。

师：翻开中国古典绘画的长卷，总是能发现一抹潇潇的竹韵。那么我们来看看这样一幅画——《文与可墨竹图》(出示图)。大家觉得这幅图和我们想象中的有何不同。

生1：在图中它是斜着长的，在我的感觉中竹子应该是挺拔的。

生2：在我的印象当中竹子的颜色是青的，不过这里应该是因为是墨画。

生3：我觉得这幅画我只看到了很多很多的竹叶，但它的枝干不太清晰。

师：大概能看到枝干怎样？

生3：大概能看到是弯曲的。

师：哦，弯曲的枝干！但是，却长满了叶子，对不对？

生（纷纷）：对！

师：这种竹叫“纡竹”，它主要的特点就是，虽然俯着，但是往上生长。大家觉得，文人笔下的画竹，里面是不是应该包含着什么呢？

生1：是的，有他的情感在里面吧。

师：说得很好！（板书：情）一起来看文同的话（投影）：“吾乃学道未至，意有所不适而无以遣之，故一发于墨竹。”

师：《文与可画筼筜谷偃竹记》从体裁上看，属于哪种文体？

生：散文。

师：没错，从文题上看是题画记（板书：画记），属于散文。我们都知道苏轼在散文创作上成就很突出，是“唐宋八大家”之一。关于苏轼的散文，王圣俞有这样几句评点（投影）：“文至东坡，真是不须作文，只随事记录便是文。”那么，在这样一篇文章当中，他写了哪些事情呢？请大家自由朗读课文，思考这个问题。

（生自由朗读）

师：文章一共几个自然段？

生（齐）：三个。

师：每段都讲些什么内容呢？

生1：第一段，讲文与可画竹的方法，绘画的理论。（板书：论画）

生2：还写了苏轼的弟弟子由送给文与可《墨竹赋》。

师：你能把这部分文字读一读吗？

（生2读）

师：“今夫夫子之托于斯竹也，而予以为有道者，则非耶？”你能说说这句话怎么翻译吗？

生2：现在您在画竹上所寄托的思想情感，我以为是有道者的认识，难道不是吗？

师：这就表明，子由是能看出文同的画其实是寄托个人的情感的。后面苏轼说子由不曾画竹，因此只懂得大致意思；而苏轼呢，还习得了绘画的方法和技巧。

师：分析完第一段，后面两段呢，老师想给大家范读一下，大家边听边看课文，思考这两段写了哪些事情。

（师深情范读二、三两段）

师：大家看看这两段写了哪些事情？

生1：第二段写了有人向与可求画，但他不愿意。

师：是不愿意给人家作画么？看看文中怎么说的？别人拿了什么去求画？

生1：“四方之人，持缣素而请者”，拿着丝绢向他求画。“与可厌之”，说明他比较清高。

师：比较清高，为人淡泊名利。还有呢？

生1：然后他就把画送给了苏轼。

师（微笑）：两人之间围绕着万尺竹和二百五十匹绢开起了玩笑，两人之间充满了欢笑，还有么？

生1：然后与可赠给了苏轼《筼筜谷偃竹》，苏轼又给他作了一首诗。

师：这首诗结果怎样？

生1：与可当时正在吃饭，看到以后开怀大笑。

师：开怀大笑，失笑喷饭。大家把掌声送给这位同学，回答得非常完整。

（生一起鼓掌）

师：我们说这段文字主要记叙了二人之间的交往，特别是送的那幅画（板书：赠画），当然这里面也写了，与可为人是淡泊名利的。送的这幅画呢，“此竹数尺耳，而有万尺之势”，说明他对自己的绘画是不是非常的自信啊？

（生纷纷点头）

师：为画精湛。后面这个为官怎么样呢？在山谷当中，自己烧饭，这样的太守不清廉又是什么呢？好了，第二段围绕赠画，讲述了二人之间的交往，字里行间充满了欢笑。第三段在讲什么？

生 1：第三段是讲苏轼听到与可去世的消息痛哭失声……

师：什么时候去世的？

生 1：七月七日。

师：哦？你再仔细看一下，哪一年啊？

生 1：哦，元丰二年正月二十日。

师：对了，在他去湖州赴任的途中去世的。接着说下去。

生 1：然后他在湖州晒画的时候看到这幅画，然后想到与可就痛哭失声。（板书：曝画）

师：前面的交往当中充满欢笑，而这次曝画却失声痛哭，苏轼为什么会哭呢？这样写目的是什么？

生 2：对比着写，目的是反衬现在对中表哥逝去的伤感。

师：的确，唯其之前乐得醉人，更显之后悲得痛心。陶潜说过："奇文共欣赏，疑义相与析。"这样的一篇奇文、美文，还需要我们多次读，反复读。这样，才能发掘其中无尽的妙处。

（生点头，似有所悟）

师：由于时间有限，这里老师把自己在阅读过程当中发现的几个问题拿出来，我们一起探讨（投影"阅读画记，疑惑几许"）：

1. 赠画——《筼筜谷偃竹》；

2. 和诗——《筼筜谷》；

3. 巧合——"失"笑与"失"声。

师：第一个问题，课文注释中说"生长在水边的大竹子"叫"筼筜"；而且文人更多喜欢的是挺拔的直的竹子，为何文与可要送苏轼"偃竹图"？"偃竹"，课文注释指怎样的竹子？

生（齐）：仰斜的竹子。

师：第二个问题，说苏轼的诗啊，引得与可夫妇失笑喷饭，那么这样的诗是不是就那么有趣呢？该怎样理解苏轼的和诗《筼筜谷》？

第二段结尾说"失笑"喷饭，第三段写痛哭"失声"，这里的失笑和失声，都用到一个"失"字，是一种巧合么？这是第三个问题。

大家不妨和旁边的同学交流讨论一下，任意选哪一个问题都可以，帮助老师解答这样的疑惑。

（生交流讨论，师随机参与到几个组的交流）

师：好，我们讨论得差不多了，下面来交流一下。哪位同学愿意来说说看？

生 1：我来回答第一个问题，首先赠画就表达了他们之间彼此的一个激励吧，尤其是这个偃竹，它是这样一种仰斜着的竹子，说明他们两个人之间的境遇都不是很好，在逆境中相互鼓励的情意包含在内。

师：就是互相鼓励对吧，我们的这个文同啊，在课文中有这样一个注释，他是 1018 年出生，而苏轼是 1036 年，那么这个中表哥比苏轼大多少？

生（纷纷）：大十八岁。

师：所以更多的时候可能是谁鼓励谁啊？

生 1：与可鼓励苏轼，我觉得这幅画就是表达了与可对于苏轼的一种鼓舞。

师：怎么就能鼓舞呢？

生 2：想必大家都知道苏轼一生的仕途都不顺，常常都在流转各地，所以与可就用这幅画来鼓励他：虽然仕途不顺，还是应该坚毅不倒。

师：这位同学回答得很好！今年有一部电视剧叫做《我的前半生》，关于苏轼的前半生，也是很坎坷的，当然了，他的后半生也不如意。老师找到一些材料，大家一起看一看（投影《苏轼年谱》中的部分内容）：

1069 己酉年（宋神宗熙宁二年）34 岁。《苏东坡先生本传》："熙宁二年，王安石执政，素恶其议论异己，以判官告院。"

1071 辛亥年（熙宁四年）36 岁。《苏东坡先生本传》："四年，安石欲变科举，兴学校，诏两制、三馆议。轼上议曰……轼退，言于同列。安石不悦，命权开封府推官，将困之以事。"

1072 壬子年（熙宁五年）37 岁。《送杭州进士诗叙》："苏子曰：士之求仕也，志于得也，仕而不志于得者，伪也……"是年任杭州通判；是年欧阳修卒。

1075 乙卯（熙宁八年）40 岁。是年作《江城子·十年生死两茫茫》；是年到密州。《后杞菊赋》序："予仕宦十有九年，家日益贫，移守胶西，而斋厨索然。"

1077 丁巳（熙宁十年）42 岁。是年苏轼在密州任。已而改知徐州。作《与王定国颜长道泛舟》："回头四十二年非。"

师：在苏轼 34 岁的时候，王安石刚上台执政。结果呢，因为苏轼喜欢议论别人，遭到排挤。后来 1071 年苏轼有一次上议，这次王安石继续不高兴，又给他小鞋穿。1072 年，苏轼有一段话表明做官如果不能施展自己的抱负和才能，那么这样的官做得是很不舒服的，不如意的。想问同学们，文中提到的《筼筜谷偃竹》大概是画在什么时候呢？

生：1075—1077 年之间，因为文同大概是 1075 年在扬州做官，1077 年回京。

师：1075—1077 年之间，那么在这个期间苏轼又怎样的遭遇呢？1075 年这年是乙卯年，苏轼写下著名的《江城子·十年生死两茫茫》，这是很悲戚的。这一年"予仕宦十有九年，家日益贫，移守胶西，而斋厨索然"，日子过得很不如意。1077 年还说："回头四十二年非。"那么面对人生和仕途的不顺，与可对他格外地关心和安慰。因此筼筜谷偃竹似乎就是在告诉苏轼，虽然是斜的，但是不应该倒下去，还是应该昂扬向上。

（生点头表示赞同）

师：在文章当中，苏轼和与可不止是中表兄弟这么简单，还有画友的关系，第一段中写出他是有所得的。这个"得"的小篆是这样写的（板书"得"），表示在行走当中，手里拿着一个贝壳，代表有所收获。他们相互之间非常地尊重，这一点我们还可以通过文章当中的有个细节，比如第二段中两人之间书信往来之间的称呼。大家找找看。

（生在课文中找）

生："袜才当萃于子矣""苏子善辩矣"，与可称苏轼"子""苏子"；"知公倦于笔砚"，苏轼称与可为"公"。

师：很好，我们知道，"子"是对人的尊称，"公"是不是更能表现苏轼对与可的一种尊敬啊？

生：是的。

师：第二个问题，哪位同学来交流一下？

生 1：我觉得这首诗单独来看其实好像也没有什么好笑的，可能要联系他的遭遇来看，他说汉川之地的竹子多，但是太守文同却把小竹子竹笋都砍了吃掉了。苏轼说他是清明的太守，但是千亩的竹笋都被他吃了。

师：虽然为官清廉但这个人嘴馋，渭滨千亩的笋都被他吃掉了，这还是蛮有趣的嘛。那么我们说这个和诗难道仅仅是这个趣味么？这首诗不只是这两句，前面还有两句呢？汉川修竹贱如蓬，表示竹子很多，后面竹笋也就很多，这个好理解，那第二句呢？

生 2：斤斧何曾赦箨龙，就是说斤斧连那些刚出生的小竹子都不放过，直接砍掉了。

师：那些笋子还在成长当中，那会不会有所指呢？

生 2：我在想是不是指说他们只是官场上的一些小人物，但上位者却不放过他们，连这些小人物都要连根拔起。

师：这位同学表述了这样一种意思，实际上苏轼本身也是受到排挤的。这是有典故的，首先是文与可写这样的诗让苏轼苏辙都写同名的诗。这是文同的《筼筜谷》（投影）：千舆翠羽盖，万铸绿沈枪。定有葛陂种，不知何处藏。而苏轼的“斤斧何曾赦箨龙”化用的是唐代卢同的一个典故：万箨苞龙儿，攒迸溢林薮。……箨龙正称冤，莫杀入汝口。不要去残害这些竹笋！这里苏轼借竹来表明贤才不被重视。不过最后他不想以这样一个基调、这样一种情感来影响心情，所以风格变了一下——“料得清贫馋太守，渭川千亩在胸中”。这样读来，苏轼能从牢骚埋怨到豁达开脱，文同对此可能是一种欣慰，让人发自内心的失笑喷饭。

师：第三个问题是这两个“失”，我来说说看。小篆当中这个“失”呢，是这样写的（板书：失），这就是一个手，我们说这个手是不是有能掌控和控制的特点。而这个“失”就是从手中掉下去，控制不了。我们说一定是情动于中，才会情难自已。心中有非常强烈的情感，他才会遏制不住。前面的“失笑”和后面的“失声”痛哭，说明他们彼此内心强烈的情感表现。

那么内心为什么是这样强烈的呢？我是这样理解的：因为，这和文同的人，包括文同和苏轼之间的交往有关系。文同这个人啊，包括在《宋史》当中有记载（投影）：“同方口秀眉，以学名世，操韵高洁……文彦博守成都，奇之，致书同曰：‘与可襟韵洒落，如晴云秋月，尘埃不到。司马光、苏轼尤敬重之。’苏轼自己也说（投影）：“与可之为人也，端静而文，明哲而忠，士之修洁博习，朝夕磨治洗濯，以求交于与可者，非一人也。”想和文同结交的人太多太多，可以看出文与可这个人应该是心怀磊落、很高洁的一个人。我觉得关键的是苏轼应该是文与可的一个知音。文与可是不是也是苏轼的知音呢？文章最后用到什么典故？为什么？

生：用了桥公的典故，课本下的注释说，曹操年青时，不为人所器重，而桥玄却很赏识他。结合刚才老师说到苏轼的遭遇，苏轼也是不为人所赏识和重用，唯有文同非常尊重和赏识他。

师：说得非常好！不只是文同尊重和赏识苏轼，反过来，苏轼也应该是文同的知己（投影）：世无知己者，唯子瞻识吾妙处。所以二人间的关系，绝不仅仅是中表兄弟这么简单，二人同为画友，更关键的，二人是志同道合的知己。鲁迅说，人生得一知己足矣，斯世当以同怀视之。可是就是这唯一的知己，现在却没了。所以我个人在想，文章前面谈到的是“得”，后面的是“失”，这个“得”与“失”反差如此巨大，所以这样的情感很浓烈，认可老师的看法么？

（生点头表示赞同）

师：当然了，这里也或许只是一种巧合，供大家参考一下。杜甫有诗说“何时一樽酒，重与细论文”，本文应该还有其他的问题，有时间还可以继续交流。比如说我发现注释说文与可“开后世‘湖州竹派’”，可是文与可没到湖州，他是在从开封赴任湖州的途中病逝的。我就在想，那是不是苏轼在湖州待得时间比较长呢？后来发现也不是，苏轼是这一年 4 月 29 日到了湖州，8 月份就身陷乌台诗案，前后不到四个月时间，那么为什么把文与可定为湖州竹派的开创者呢？这个问题，留给有兴趣的同学们，你们可以搜集些材料，来论证。我觉得应该也是蛮有意思的。如果有一些心得，或者是其他发现，也欢迎与我交流。好，这堂课我们就到这里。谢谢大家！同学们再见！

附：教学板书

【教学构想】

本课是 2017 年 10 月 21 日在“第九届全国新语文尖峰论坛”上借班执教的一节示范课。授课时间 30 分钟。教学实录由浙江师范大学蔡伟教授落实有关人员整理。谨表谢意。上课的学生，学习热情高，课堂互动好，取得了预想的教学效果，浙江省语文特级教师、回浦中学副校长包建新老师评价此课“行云流水”。

先说说课例选择的考虑。《文与可画筼筜谷偃竹记》为人教版高中语文（选修）“中国古代诗歌散文欣赏”中一篇课文，选择讲一篇选修课文基于以下考虑：一是授课对象为浙江师范大学的学生，高中语文必修内容已经学过，选修课文会有新鲜感；二是选修课文的教与学对我与学生都是全新的，如何通过一篇选文搭起师生间、已未知间的桥梁，是一次很有意义的尝试；三是苏轼的诗和词，学生都有一定的了解，而苏轼的散文却很少接触（严格上讲，《赤壁赋》不能算完全意义上的散文，《记承天寺夜游》又稍显短了些），作为“唐宋八大家”之一，让学生领略苏文很有必要。

其次是备课阶段的思考。从课例的确定到论坛上课约有十天时间，为防有先入为主结论的干扰，搁置了各种参考资料，“封闭式”地对文本进行了三天的阅读。在此基础上，发现了五个问题，除经过推敲后呈现于课堂的三个问题外，还有两个问题：一是文与可病逝于赴湖州任途中，为何说他是“湖州竹派”开创者？由于涉及面较广，需要考证之处很多，加上存在多种说法，目前尚无定论，最后只作课后探究。二是文同苏轼书信往来，为何更多地是“谓”“答曰”“则曰”“笑曰”，似在眼前？后来觉得这一问题要么偏小，要么偏简单，亦弃之。最后，对教材作如下处理：1. 围绕“画记”及文章所述事情，将文章概括为“论画”、“赠画”和“曝画”三部分，重心放在第二、三部分，特别是二人间的交往。2.“论画”部分简略处理，设计赏鉴文同《墨竹图》，意图说明文人绘画有情感寄托，结合苏辙《墨竹赋》佐证；其他关于文同画竹“胸有成竹”等绘画理论与方法，简单带过。

最后是课堂环节的设计。选修课程与必修课程“同中见异”：“同”是二者共同构成高中语文课程，本质上都姓“语”；“异”在二者侧重角度不同，新课标指出，“高中语文选修课是在必修基础上的拓展与提高”，必修课程重在“基础”，选修课程重在“拓展与提高”。阅读教学，重在鼓励和引导学生立足文本，源于教材，紧扣教材；“语文课最要紧的是，一定要从语言的角度来教”(《王力论语文教育》，唐作藩编著)，探赜索隐，挖掘课文语言精妙之处。因此，我将这节课定性为赏析交流课，形式为“质疑”(激疑）——“释疑”：通过“质疑”(激疑)，激发学生思维，促其深入思考；通过“释疑”，引导学生交流，使其获得提升。为了突出整堂课的重心，着重设计“阅读画记，疑惑几许”环节，观点之间的碰撞，思想火花闪耀，精彩发言不断，达到了预期的目的。此外，文言教学离不开诵读，通过自读、齐读和范读来带领同学逐步深入文本，披文入情，感受文字背后苏轼的深情。

明代杨慎《三苏文范》中曾引邱浚对苏轼这篇文章的评价：“(《文与可画筼筜谷偃竹记》）自画法说起，而叙事错列，见与可竹法之妙，而公与与可之情，尤最厚也。笔端出没，却是仙品。”苏轼散文“信笔挥洒却姿态横生”的特点，可以通过此文“窥一斑而知全豹”，倘能就此激发学生对苏文、对苏轼本人更多了解的愿望，更是意外的一大收获。

借这个机会，说一说对文言文教学的看法。本堂课也有对字词和句子意思理解的部分，特别是试图通过对“得”“失”二字字源的解说，引导对文本背后情感的理解；但文言文不能只讲文言词语、句式和翻译这些“言”的东西，更应该讲清楚作品表达的思想感情、胸襟情怀等这些“文”的东西，做到“言”与“文”的和谐统一。本次课例，基本体现了我对文言文教学的思考和追求。

《规避论述不严密例举》

瑞安中学　董环环

【课堂实录】

先播放一段新闻视频。

师：刚刚看了新闻回放，对于新闻的两位主角——父亲和医生，老师在网上看到这样一篇评论，现在有请一位同学来读一下。

生：怎么为了救人剪了衣服还要被索赔？看来以后抢救前，医生要多说一句话了："衣服剪不剪，保人还是保衣服？"然后就是找家属签署剪衣服免赔偿同意书，万一家属不在怎么办？视频拍摄取证，旁人现场作证，医院签字同意……等签完字，哎呀妈呀，人也死硬了。

而且，这事还释放了一个负能量，这个患者家属的举动，和当年扶摔倒老人要赔偿一样，让多少人害怕伸出援手？以后医生抢救病人，谁还不害怕，这加重了医患之间多少的信任成本！又让我们听到了多少人与人之间信任被撕裂的声音！

师：谢谢这位同学的朗读！旁边的这位男同学听得最清楚，这位同学，你怎么看？

生：首先我们通过视频可以看到，这位老人不是为了那1500块钱的衣服，而是那1500块钱的衣服里面，藏着很重要的东西，但是却被医院连同衣服一起给丢了。

师：也就是说，这则新闻评论没有建立在新闻的客观事实之上。但是老师第一次看到这篇文章时，感觉这个作者极富有社会正义感，连人与人之间的信任危机都思考到了，很热血。

再请一位同学来说说如何看待这种愤慨与激昂？

生：这篇文章的道德立场高度有点高。

师：也就是说，作者的这份热心和热血非常值得去认可，很多时候我们写评论或者文章，目的不在于捏造事实或者某一种不良的情绪，但是这个时候，不管有意还是无意，这是我们情绪的宣泄口，是客观事实没有被我们掌握，而是对一个被剪切掉的事实进行评论。也就是说我们现在论述的起点已经有问题，而这样的评论最后会呈现出一种负能量，甚至会造成危言耸听的效果。这第一种论述可以归类为立场先于事实，臆测过当，这时可以采取客观事实归位的策略。

师：咱们再看一则新闻，前段时间发生了一个事情，就是小鲜肉鹿晗在微博上公布了自己的恋情。现在请一位同学来谈谈对这个事情的看法。这位同学，你是鹿晗的粉丝吗？

生：不是，但是我关注了这个事情。因为鹿晗经常出现在各类广告之中。

师：也就是说明星需要大众媒体的追捧关注。那这位同学，你平时有关注鹿晗吗？

生：有啊，当时鹿晗公布这个事情的时候，微博都炸了，引起很多人的关注。

师：当你关注他的这个恋情信息时候，是什么感觉？

生：很兴奋，很有趣啊。明星的方方面面的信息，特别是私生活，都是大家很喜欢围观的。平时无聊的话，看看这些，也挺轻松的。娱乐嘛。

老师：哦。看来关注的人还是不少。那老师也找到了这样一篇与这件爆炸事件相关的评论。请一位同学来读一读这篇文章。

生：如今的中国，一觉醒来朋友圈咋了！连新浪的微博系统也瘫了！原来：鹿晗突然微博公开介绍女朋友关晓彤。而再看看之前，李雨桐手撕薛之谦，李晨求婚范冰冰，等等这些，只要是娱乐八卦，就能令全民举国狂欢！英雄枯骨无人问？戏子家事天下谈！试问问今天的中国，有多少人关注他？他，是中国92岁的科学家，国内首屈一指的“钢铁院士”。他，一件衬衣穿了30年，却把生平全部积蓄420万，都捐给了中国的贫困生，他就是，崔崑。

今天，像他这样的人，才是所有中国人更应该关注的明星，才更应该上热搜，更应该刷爆朋友圈！

师：同学觉得这篇文章对你是否具体说服力？

生：我觉得非常没有说服力。因为这些明星的事，自然就是大家茶余饭后所会关注的事情。我对这个科学家了解都不多，为他的行为感到钦佩。但觉得没有必要讨论谁更应该受关注吧。都需要关注啊。没有必要为了抬高科学家的公益行为，一定要刻意践踏这些娱乐明星。这种扬此抑彼的行为让人觉得很有压力感。

师：也就是说，所谓的关注，科学家、娱乐明星都有被关注的理由。而且这位同学还认为要对科学家引起关注，但不应该去践踏小鲜肉。文章的这种比较让这位同学觉得很不舒服，也没有什么说服力。再请一位同学谈谈对这篇文章的看法。

生：这篇文章的出发点的意图是好的，但是文章中的许多字眼是非常不尊重鹿晗的。这个科学家的行为真的应该受到社会的关注，大家要去学习。但人们也会在平时生活里关注娱乐消遣的明星。他们彼此不冲突啊。所以这个对比让人觉得观点很牵强。

师：随着时代的发展，各个领域、各个行业如果能对社会产生贡献，那都值得去关注。现如今，对人的评价应该是多元的，我们既需要鹿晗这样的明星，也需要科学家这样的明星，也需要马云这样的明星。现在我们对关注这个概念的理解已经发生了一定的变化，明星们因大众媒体关注而生，那么他们的私生活被曝光引起大众媒体关注，这是无可厚非的。而这篇文章缺乏说服力根本原因在于，“关注”这个词的概念是极为模糊的。这里的“关注”对鹿晗来说，可以是围观；对科学家的关注，应该是了解认可他们对社会的贡献。那针对这篇文章我们所采取的解决策略是什么？应该是先将“大众关注是什么”这个概念先界定清楚，这样就能在一个严密的范围内来论述自己的观点，这样别人就难以攻击。

师：老师觉得这里的“关注”可以这样定义：（热搜、朋友圈、微博）的“关注”，应该是这个社会群体内心对其社会性价值的一种认同感。其背后有着社会领域的推动力的认同，有着利他贡献价值度的认同，有着社会公平、公正等的建构力的认同，有着对个体生命关照意识性的认同，等等。

师：这样定义之后，读者就很明确，你所说的“关注”是什么，这样之后的论点就很有说服力。也就是说，在对比论证时，要明确比较的标准是否统一。对这个涉及比较标准的关键概念要做到明确清晰，这时，我们可以采取自我定义归为的策略。老师有一个建议句式送给大家，（被定义对象）是 / 应该是 / 可以说是（　　　），因为（　　　）。

师：现在同学们请把资料打开，这是一篇关于去年雅戈尔老虎咬人事件的文章，同学们先花一分钟的时间将这则新闻以及评论大致浏览一下。

师：好，相信大家都已经看过一遍了。这篇评论的论证思路是这样的，由于票价过高，这个游客只能翻越围墙，结果被老虎给咬死了，那么一个可怜贫穷的人被老虎咬死，就是因为社会贫富差距过于悬殊。请同志们相互讨论一下，这样的一个论证逻辑是否具有说服力？

生：我觉得这套逻辑并没有太大的说服力。票价太高，你可以不去动物园啊，你有别的选择啊。不是一定要进入动物园，而且还用违背规则的方式进入。票价太高，怎么可能是导致他被老虎咬死的原因。太荒谬了。

师：这真的有点强盗逻辑啊。抱怨票价太高，妨碍了他带孩子看世界的梦想。也就是说，我们在论证观点的时候，会形成一套属于我们自己的逻辑，但是这个时候如果逻辑推理不够严密的话，会导致我们的观点站不住脚。

学生：这个文中的游客带孩子去动物园被老虎咬死，最主要的原因是翻越了两米多高的围栏和三米多高的围墙。围墙这么高了，还去翻，是他故意为之，规则意识太薄弱了。

师：所以，这里他被咬死，与他个人的规则意识薄弱是有关联的。而且这里也提到了，网上还有翻动物园围墙的攻略，那说明动物园在平时的管理上就存在疏漏，同时，在老虎咬人的时候，动物园只是采取了放鞭炮的措施。我们从生活逻辑上看，老虎听到鞭炮声可能会怎么样？

生：应该会吓到咬得更凶吧。国际规定，大型野生动物园出现这些动物伤人的事件时，应急措施一般都是实施麻醉枪啊。这样老虎也不会死，人也有可能被救下来。

师：正如这位同学所言，这里都显示了动物园在管理上的漏洞。所以这个人被老虎咬死有很多的原因，不能仅仅归结于高票价这一个原因。

师：所以，我们找到第三种论证不严密的问题，就是相关但不必然，强加因果关系了。我们应对的策略可以为（驳）多原因归位。就是找到这里出现的结果的其他方面的原因，来直接反驳刚才的论证。这在我们平时写作中，就可以当作一种反驳论证方法来训练。老师建议可以采用这样的表达步骤：

驳：难道（　　　　）就会导致（　　　　）吗？

析：（　　　　）的原因有（至少两个原因）。

立：明确自己的观点，进一步进行阐释。

师：今天我们讨论了这么多，现在来总结一下，今天我们学习了在论述中所遇到的问题一般有三种，也相对应提出了三种解决策略。现在请同学们来试一试，请翻到我们课堂训练材料。这段材料的背景是全国政协委员李光宇和新东方总裁俞敏洪的观点引发众多网友围讨论，李光宇认为应该取消现行的英语高考，而俞敏洪认为不应该取消。之前，有一些同学针对这个话题，提出了自己的观点，并尝试论证了自己的观点。但老师发现了一些论述不严密的问题，其中有三个论述材料就出现了我们今天这节课中所提到的问题。现在用今天所学方法，将你拿到的三个论述不严密的材料进行修改。要求同学们，一定要找出论述不严密的具体问题之后，用今天所学的应对策略进行修改。

同学们思考、修改材料。（10 分钟）

师：好，接下来我们有请同学为我们展示一下修改后的成果。现在有请这位同学来说一下。

生：大家好，我是李光宇，我认为应该取消英语高考。据中小学生英语学习时间分配调查显示，如果按照每天 8 个小时的学习时间来计算，在一个孩子 10 年时光里，将近五分之一的时间花在英语学习上。而现行的英语考试，主要以笔试为主，主要以选择题和填空题形式检测学生词汇量，以及各种复杂的时态语法。阅读题及作文题，其测试结果的区分度主要落脚点还是检测学生的词汇量及语法。同时现行的英语考试、英语听力只是单向输入，能体现沟通能力的实践交流能力测试却还没有设置。

我们到底花了多少时间在无效的英语学习上？我们的学生为了应付考试，要面对这些枯燥的单词。还有那些错综复杂的语法，更是让很多学生起早贪黑在题海中反复操练。这些真的让莘莘学子苦不堪言。而作为一种语言，英语本身只是一种沟通工具，在现行的应试考试中，是一种脱离现实的“纸上谈兵”。单单就靠那些选择题、填空题，就能实现一种语言工具掌握和沟通能力的科学检测了吗？可以说英语高考已经背离了英语学习的初衷，已经畸形化了。

师：你在发表你的观点前，加入了一段关于英语考试考题设置的事实。同学们觉得他说的英语考试的形式，你们作为长期挣扎于英语考试当中的学生，事实是这样吗？

生：是啊，就是这样啊。

师：看来，建立在大家普遍认知的客观事实基础上的评论就让我们的观点更站得住脚了。

师：好，接下来我们看得第二则“自定义定位”大家写的怎么样？这位同学来试一下。

生：我们学英语，就如同舞蹈之于环卫工人，绘画之于运动员，钢琴之于医生护士，都是非常必要的。（自我定义）英语，它可以说是一种语言艺术，其背后同样承载着西方文化。（阐明理由）学习英语，获得的是一种文化素养的提升。运动员追求绘画而不是为了成为画家，医生护士学习钢琴不是为了成为音乐家，难道我们学习英语就一定只是为了考试吗？为自己的日常生活多一点情趣，为自己的内心多一点丰盈，不都是一种自我完善自我提升吗？放下所谓的功利，抱着最纯粹的心态学习，英语也会变得很有趣。英语不仅是我们考试的一个工具，更多的是我们认识新世界的一种渠道。

师：好，在这段话中，就在证明自己的观点的时候，这位同学给英语学习下了一个定义，不是我们平时所说的仅仅是一个语言工具，而是一种语言艺术。那么，这个时候，英语就能和钢琴、绘画等大家普遍认为的艺术形式想类比了。论证也就更严密，观点更有说服力了。

师：这位同学，你的修改也展示一下。

生：（驳）如果我们取消了英语高考，传统文化地位就会迅速回升吗？（析）传统文化地位失落的原因，新生多元文化，吸引了大众眼球是其一；传统文化保护意识落后又是其一；传统文化普适方式与现代生活脱节也是其一。（立）因此，英语高考不能取消。如果我们掌握着世界沟通率最高的语言，我们可以感受到中西文化的碰撞，也许更能感受到传统文化的独特魅力。如果你熟练英语，能将中国古典诗词翻译成优美的英文诗，那将多么令人自豪，我们可以用英语让世界感受到中国传统文化的魅力。

师：这位同学能在反驳之后，明确提出自己认为传统文化地位滑坡的原因有多个，这几个原因的提出掷地有声，让我们很有启发，那我们也就更能明确英语高考不是导致传统文化地位滑坡的必然原因了。论证更严密了，反驳更有力了。感谢这位同学如此精彩的反驳，让大家有很有启发。

师：好的，今天的课到这里就结束了，这节课和同学们探讨了论证的三种现象，以及对应的三种策略，老师觉得这种论证的不严密背后，更多的还是我们理性和科学的意识还比较薄弱。现在是一个自媒体时代，人人都可以在网络上发出自己的声音，如果在我们发声的时候论证不够严密的话，就可能会让我们的声音传达得不够有力量。今天的课就和同学们探讨到这里，谢谢大家！

附：课堂训练材料

【模拟背景】

高考该不该取消英语考试：全国政协委员李光宇和新东方总裁俞敏洪的观点引发众多网友围观讨论。李光宇认为应该取消现行的英语高考，而俞敏洪认为不应该取消。

【训练方案】

选择问题论据二、问题论据三进行修改，以作为自己立场的有力论据。

建议修改论据时使用本课学习的方法。

（1）策略一：客观事实归位。

（2）策略二：自我定义归位。

建议“自我定义”采用句式：<u>被定义对象</u>是 / 应该是 / 可以说是__________，因为______________________________。

（3）策略三：多原因归位（驳）。

建议采用表达步骤：

驳：难道__________就会导致__________吗？

析：__________的原因有<u>至少两个原因</u>。

立：<u>明确自己的观点，结合话题进一步论证</u>。

发言时以这样的开场方式进行：大家好，我是李光宇 / 俞敏洪，我认为应该 / 不应该取消英语高考，修改后内容……

【修改前材料一】我们到底花了多少时间在无效的英语学习上？我们的学生为了应付考试，要面对这些枯燥的单词。还有那些错综复杂的语法，更是让很多学生起早贪黑在题海中反复操练。这些真的让莘莘学子苦不堪言。而作为一种语言，英语本身只是一种沟通工具，在现行的应试考试中，是一种脱离现实的“纸上谈兵”。单单就靠那些选择题、填空题，就能实现一种语言工具掌握和沟通能力的科学检测了吗？可以说英语高考已经背离了英语学习的初衷，已经畸形化了。

【修改后发言举例】

发言：大家好，我是李光宇，我认为应该取消英语高考。

____

【修改后材料二】有人认为英语是一种技能，是一种语言沟通工具，而这种语言技能他们或许一辈子也不会用到。因为我们身边的大部分人，花了大量时间投入英语，除了可能在高考获得一个所谓的分数外，平时生活中大部分人不需要通过英语来交流。但我认为，我们学英语，就如同舞蹈之于环卫工人，绘画之于运动员，钢琴之于医生护士，都是非常必要的。

【修改后发言】大家好，我是俞敏洪，我认为不应该取消英语高考。有人认为英语是一种技能，是一种语言沟通工具，而这种语言技能他们或许一辈子也不会用到。因为我们身边的大部分人，花了大量时间投入英语，除了可能在高考获得一个所谓的分数外，平时生活中大部分人不需要通过英语来交流。但我不认同这个观点，我们学英语，就如同舞蹈之于环卫工人，绘画之于运动员，钢琴之于医生护士，都是非常必要的。英语，它是 / 可以说是 / 应该是

【修改前材料三】英语学习热潮一浪接一浪，导致传统文化地位滑坡，逐渐淡出人们的视野。还有多少人热衷于传统诗词歌赋的学习，还有多少人会进剧院期待一场精彩的传统京剧。还有那些被人们逐渐遗忘的本地方言，还有多少孩子跟爷爷奶奶对话用的是方言呢？现在当务之急，就是要取消英语高考，巩固中国传统文化地位。

【修改后发言】大家好，我是俞敏洪，我认为不应该取消英语高考。有人认为是因为学习英语的热潮导致了传统文化地位滑坡。我想问，难道现在传统文化光彩的暗淡，真的就是英语高考导致的吗？

《写为媒，读为胚》课堂实录及教学构想

温州中学高级教师　罗进近

【课堂实录】

师：我们教惯了高中生，第一次这样上课，应该还好吧，我的孩子比你们小一点，所以我们就当作是两代人的一个交流吧。我们先看一段话：梁文道说，“只看自己好懂的书等于没看书”，看了这句话，你有何感想？

生 1：懂，可能自己本身就有一点思考，看不懂的书，可能对自己的思考有更大作用。

师：你赞同他这句话吗？

生 2：我也比较赞同梁文道先生说的话，只看自己好懂的书，就相当于自己心中已经有一定的想法了，是已经有所得了，看自己没懂的书可以收获得更多一些。

师：每个人对这句话可以有不同的解读，每个人可能读书的出发点不一样，你们现在处在研究生学习的年龄，这是一个重要阶段，你们肯定是在不断地阅读。

生 3：因为我觉得一本真正好的书会给人很多的收获，而不是说完全都是学术理论，这个懂还是有很多不同含义的，不是说，看得懂的书就没有收获。

师：确实每个人可以有自己的想法，你可能在空闲的时候会读一些纯粹消遣类的书，比如《读者》《故事会》。但是我们也可以当作是一种阅读方式，每个人都有自己的一个阅读出发点。有一句话说得很好：阅读是这个世界上最美丽的姿势。所以不管怎么样，在比较缺乏阅读的中国，在现实中，我觉得还是需要多读一读。我们回到高中的课堂，去重新体会一下写作材料作文的经历吧。大家现在看一下下面这个材料，我觉得莎士比亚的这些话说得很好。

（PPT 展示）

人世间有生来是演戏的，也有生来是看戏的。关键是演戏和看戏，演戏要置身局中时时把我抬出来，实现自我的价值，看戏要置身局外，时时把我搁在一旁，始终维持一个观照者的地位，因为有这个分别，演戏，要热要动，看戏要冷要静！

师：后面还有一段话：古今中外的名人，对于人生理想，莫过于许多摸索、许多争辩，他们所得到的人生理想的结论不过是三个结论：一个是在看戏，一个是在演戏，一个是同时在看戏和演戏。你们现在是研一，那么 2012 年浙江高考有个作文题目是“站在路边鼓掌的人”，那个题目是不是跟这个题目很像啊？（学生纷纷颔首）作家刘锦荣的女儿只是个中等生，但是她却是班级最受欢迎的同学，所以引起了一个争议，有的人说，我就应该做一个奔跑者，我觉得我站在路边鼓掌挺好的，也有人认为又要做一个奔跑者、又要做一个鼓掌的人。其实这些选择和态度就是“看戏”和“演戏”的另一种说法而已。所以我觉得莎士比亚很有见地，他把人生的理想和状态描述了出来，概括为这样三种。我刚刚留了一点时间让你们看这篇文章，我现在

的问题是这篇《以身载道，出入合一》文章有哪些东西阅读来的，以你们的眼光来看，你可以看出哪些东西是读来的？

生4：这样的例子很多，比如，文中提到的孔子、陶弘景、苏轼、范仲淹等例子和言论也是属于“读”来的。还有围棋界有厚势派和实利派之分这个例子也是。其他言论和说理也有不少的借鉴。比如在第一段的末尾“既做看戏者，又做演戏者，这是我的人生理想”这几句，就是作者从其他书中读到的，不是作者自己思考的成分，是作者自己稍微做了一些转化。

师：你回答得很完整，很精彩。冯友兰在《中国哲学简史》的最后一章讲到要解决出世与入世的问题，可见这确实是“读”来的。

师：不管你阅读看懂了还是没看懂的，我想，读首先是为了吸收，然后我们大家都知道，今年有一个高考作文题是说要读三本书，那么我给你们提供的资料里也有。这篇《我能读我，方成大我》文章是今年高考满分作文之一，文章中的“读”与我们平常中说的“读”有什么不一样吗？第二个问题是，大家读了以后思考一下，这篇文章的立意高明之处在哪里？

生5：这篇文章的立意高明之处，境界一层一层往上递进。

师：确实是这样，最后是落实到自己的心灵，只是它是一层一层递进的，所以这是它的高明之处，它传达的思想与什么观点有什么关联呢？

生6：这是与作者自身的一个经历有关系，他是从自己的阅读体验来表达的，他的阅读体验可以体现在他的文本里面。

生7：我觉得相当于读万卷书，行万里路，所以才能够回归自己的心灵，其根本是要有自己的体悟，有自己的思想，最后才能达到心灵深处。

师：确实，这样的阅读，我们说是要有自己的体悟，我不知道大家有没有看过一部叫《卡萨布兰卡》的电影？这个电影很经典，可能你们这个年龄也是很适合恋爱的年龄，它是一部爱情片，它是被称为美国历史上最伟大的101部电影里面的第一部，主演有英格丽·褒曼等，这是发生于二战期间，故事很感人，大家可以去看这个电影，这里面有一句话讲得很好。

（PPT展示）

你现在有什么样的气质，就说明你走过什么样的路，读过什么样的书，爱过什么样的人。

师：另外我们可以来看一个问题，这个问题是这样子的：现代生活的发展，人们解读古典文学名著的角度趋于多元化，往往赋予其思维新角度。从《儒林外史》中发掘营销学，从《西游记》中学习管理学，从《红楼梦》中研究公关学、服饰学，从《三国演义》中汲取策略，从《老子》中去探寻投资学、养生学。这种新思维、新角度下的阅读，你们怎样看待？

生8：我觉得这个角度挺好的，因为《西游记》《三国演义》这种名著的话，普通人都已经阅读过了，你让他再读一遍，很多人可能会觉得很无趣，如果给他一种新思维的话，可能引起他的兴趣，这样从另一个角度去读的话，可能也能读出一些新的东西吧，在原有的基础上增加一些新的东西，也是挺好的。

生9：我觉得看这个名著，在你本身就有修养的基础上，然后再增加你的新思想、新思维，还不错，但是如果你本身文学修养不高的话，还是应该先读它原有的一些内涵。

生10：我觉得从新角度去阅读的话，可以增加新的气质。比如从《儒林外传》去发掘营销学的话会发现新的东西，对学商的同学可能挺好的，但是对于学文学的人来说，可能读名著更多还是为了增加文化底蕴吧。

生 11：这种现象值得提倡，因为我觉得文化的传承需要一种创新的形式，其实这种现象是把这个名著从不同角度扩散开来讲。之前我在台湾当交流生时，有上过一位老师的一门课，他是讲的《西游记》，他并不是分析西游记的人物、主题、形象等，是从我们的一个自身经历出发去看你会怎么做，然后再结合具体的故事去讲。

师：我们说创新肯定是要的，但是大家看，这个问题本身是有争议的，有些同学刚刚提到的这种阅读，可能有一点功利主义，或者说实用主义，它不是从文学美感这种角度去看的。但是有些同学说，这些能够满足商科、理工同学的阅读的愿望，还有同学说的台湾的这个做法，确实可以给我们带来一些不同的思考。但我想啊，首先有一句话可以概括一下大家想要表达的一个意思，黑塞是这样说的，“我们先向杰作表明自己的价值，才会发现杰作的真正的价值。”我觉得这话是值得我们继续去领悟的。现在呢，很流行一句话，就是我们要批判地去写作，要有批判的思维，那么什么是批判呢？我想这一段话，可以给我们一点启示：批判（critical）本来是来源于希腊，是指辨明或判断的能力，是基于标准的有辨识能力的判断。因为大家都是研究生了，所以刚刚那三个材料，大家都有自己的见解，这就说明我们的批判能力比较强。不管是有字的书、无字的书，还是心灵的书，我们在阅读的时候应该有批判的意识。

（PPT 展示）

沈德潜在《说诗晬语》里说：“景为媒，情为胚。”

师：这个“胚”就是核心的意思，对诗歌写作来说很重要，其实我想表达的也不是什么学术创新，我就是想我们要写好作文，还是要扎扎实实地阅读。你们要写毕业论文、学术论文也是要博览群书，其实写只是一种媒介，是一种技巧性的东西，我们在高中写论述类的文章，按照古人来说，也就是“有物有序”，我觉得没有那么多困难的东西。你看看，那刚刚两篇好的文章，很有内涵，很有条理，因为我们《高中的课程标准》里就有这样一句话：要有依据、有条理地表达观点、发现。所以今天通过这堂课，跟大家做一些交流。我前段时间在读了杜甫诗集后有了一些感想，写了一首小诗，现在展示出来，和大家交流一下：一昏一晨读杜诗，几世几人学野老？优游同叔迷香径，落第柳七望空潮。商隐才高百僚底，牧之运骞千古豪。最是碌碌濠梁处，鱼脱金钩得逍遥。我的意思，同学们慢慢体会吧，这也是我一种心情的表达，就算是一种文人情怀的舒展吧。有人说，读书是世界上门槛最低的高贵，坚持读书的人，人生一定会大不一样，读书是为了成为有温度、懂情趣、会思考的人。不知道在座的同学有没有去过温州的永嘉？永嘉山水是举世闻名的，永嘉有一个永嘉书院，给人的印象很深刻，我和朋友在游览活字博物馆时，朋友欣然地用传统方式试印了一张《心经》，我突然想到了一个联句：用心印心心心相印，到现在为止，让我满意的下联还没有找到，大家有想到的请联系我，也算是这堂谈读写关系的课之中的雅事吧。”

【教学构想】

当前的语文写作教学存在着一个过于注重记叙文或者论述文写作技巧指导的趋势，本课试图通过重新认识读写关系去探索一个语文课堂教学的新思路和新的可能性。

本课的教学设计着重于对“读”的体悟和建构，从两篇优秀习作中吸收和体悟“读”的因素和底蕴，从对文学名著的新解读现象的讨论中去学会批判阅读，另外，还结合教师的阅读见识和创作体会等，让学生更加生动形象地理解“写为媒，读为胚”的教学观念。

基于施教的对象为浙江师大研究生一年级的学生这个特殊学情，本课的课堂教学以师生互动交流、探究研讨的形式为主，也给了学生一点预习时间去温习有关学习材料，也保证了课堂中的师生活动能够更加顺畅与和谐。学生已经“会”的，尽量少教或者不教，让知识学习由“已知”迁移到“未知”，从而引起他们的学习和探究的兴趣，以企及课堂教学效果的最大化。

语文到底姓“语”还是姓“文”也是争议已久，语文教师是“平等对话中的首席”还是“课堂活动的组织者”也是争议不断。但是一个优秀的语文老师，他或她应该首先是一位勤奋的阅读者、敏锐的思考者和积极的写作者，这似乎是一个不争的事实。在我看来，在一个有限时空的课堂里，优秀的语文老师身上的书卷之气和文人情怀，才华、神采惠心和雅质等等，理应得以充分地挥洒和魅力地展现。

《走出感性思维的泥潭》课堂实录及教学构想

浙江泰顺中学　庄平悌

【课堂实录】

师：我们现在就正式开始这堂课，时长是半个小时。今天下午要上的是一节作文课，所以请各位把笔拿出来。今天我要讲的是走出感性思维的泥潭。因为在论述文写作当中，我们碰到大量的学生写的都是很感性化的文章。这在高考作文当中屡见不鲜。那么请看下面这段文字。

设想：那些从医之人，每天只学书本上的知识，就算终日抱着书，那又有何用！久而久之，他们将会成为书呆子，抑或是行走的百科全书，他们无法拿刀做手术，他们不敢给病人打针开药，他们不敢给病人抽血……心灵之书，无字之书，终归不可或缺的，而这对他们来说便是经验，切身之感，亲身之受。

师：你看完了吗？请你来说一下。这段文字有什么问题在里面？

生：我觉得他说的都是他自己的一些感受，包括他说“那又有何用”这种比较反问的话，与他后面的一些例子，有点像散文。

师：有点像散文？你平时会这样写散文吗？

生：平时写随笔差不多也是这样写的。

师：你看这上面的句子，那些从医之人每日只学书本上的知识，就算终日抱着书，那又有何用？那他的意思就是说，终日抱着书就是没有用了，对吗？是这个意思吗？那你觉得这有没有用呢？

生：有用。

师：终日抱着书其实还是有用的，可是这上面说没有用，你觉得是不是一种主观上的臆断？

生：是的。

师：对，就是讲话没有客观根据，是不是？平时你写随笔也是这样写的？

生：我是指他行文的风格比较像随笔。

师：风格蛮像随笔的，但是说话如果没有客观事实依据，就这样主观臆断。行吗？

生：不行。

师：好，请坐。这段文字中还有问题吗？来，你来说。

生：我觉得这个人就是太激动了，整体感觉就是他一直在那里判断，好像什么都没有用，感觉像我高中时候写的东西。就拿这一句话来说吧，“设想：那从医之人，每日只学书本上的知识，就算终日抱着书，那又有何用？”这句话读起来就是感觉太武断了。

师：接下来第二句你也分析看看。

生：我觉得他这儿一整段不光是第二句都是他自己的想法，没有科学依据。

师：想法也有对的，也有错的呀？这个想法你难道没发现什么问题吗？

生：感觉是错的。

师：你能说出理由吗？

生：我觉得他有点矛盾。在第二句，他说终日抱着书的那些人会成为书呆子，又说他们会成为行走的百科全书。书呆子是贬义，可是行走的百科全书又是褒义，感觉这里自相矛盾！

师：对，也就是说这个人说话——

生：没有逻辑。

师：对，没有逻辑，也就是一种自我——

生：自我否定。

师：那么这个归根结底就是一种——

生：主观臆断。

师：对，说得很对，就是主观臆断，请坐。同学们要这样去分析，听明白了吗？我们看这个句子，“他们无法拿刀做手术”，一个医生整天看医学书怎么就不能拿刀动手术呢？这些话其实都是主观臆断，也就是说话缺乏客观事实的依据。不知道在座的同学们平时说话会不会这样？如果是会这样的话，那就得改了。说话不能没有事实依据。说话没有事实依据也就是感性思维的特点。下面，我们来看看什么是感性思维。

（PTT 展示感性思维定义）

感性思维，就是以主观情感来分析和判断客观事物的是非、善恶美丑等等。它缺乏客观的判断，缺乏冷静的分析，缺乏生活常识的推理也缺乏平等公正的立场，常常自以为是，甚至把主观臆断当作客观事实，一旦陷入感性思维的泥潭，其语言表达往往不顾客观事实，片面夸大，不顾生活的基本常识和基本逻辑，甚至违背生活常识，违反生活逻辑。

师：我们现在了解了什么是感性思维，那么接下来我们就请大家把从医之人这段话修改一下，使它变得客观一点，可以吗？好，现在开始。

师（进一步引导）：这段话他后面其实是想强调什么？是想要强调实践的重要性，想强调无字之书和心灵之书的重要性！你强调这个，本没有错，但这段话中，却把有字之书否定了。所以这也是我们思维当中常出现的一个问题。我们要突出这一个就把另一个给否定了。就像我们常常这样会说别人的不对，好像批评别人的缺点就提高了自己一样。你批评别人的缺点不等于就能够提高你的水平。这段话要突出无字之书和心灵之书的重要性，就把有字之书给否定了。

（过了五分钟）

师：你来读一下。你是怎么修改这段文字的？

生：设想：那些学医之人，他们如果不学习课本以外的知识，终日只抱着书。那么久而久之，他们容易变成书呆子，缺乏实践动手能力。这甚至会造成不敢给病人打针、开药、抽血的后果。心灵之书，无字之书，终归不可或缺的，而这对他们来说便是经验，切肤之感，亲身之手。

师：跟原来有什么不同吗？

生：他原来是，“就算终日抱着书，那又有何用？”我把它改成了，如果不学习课本以外的知识，终日只抱着书。然后我把“将会变成书呆子”改成“容易变为书呆子”。然后加了一句“缺乏实践动手能力”，在“不敢给病人打针、开药、抽血”那里，加上了甚至。

师：好，请坐。就是他这个话讲得很绝对，你把它改得稍微不那么绝对了，对吗？（稍停）好的，因为时间关系就不再请同学来展示他的成果了。下面我们来看修改后的这一段话。请你来读一读。

（学生朗读）那些从医之人当然是要先从医学书籍中获取有关知识，形成良好的基础，但是光有医学知识是远远不够的，还得有临床的实践能力，就是古人所说的望闻问切，才能真正做到对症下药。这种实践能力，就得从无字之书中获取。否则光凭一些死板的医学知识，就很可能变成庸医，甚至是行走江湖的骗子。有知识又有能力就是好医生吗？也不一定，还得有心灵之书作为保证。本领越高，而品格低劣，对社会的危害越大。因此有字之书必须与无字之书、心灵之书相结合，尤其后两者更是关键。

师：请你评价一下修改后的这段话。

生：首先他这段话比之前要更为客观。然后他说“先从医学书籍中获取有关知识”强调了书籍的重要性，而不是像刚才那样一味地贬低书上的知识而强调实践。后面他还强调了“光有医学知识是远远不够的，还得有临床的实践能力，”还用了古人说的话佐证，是比较客观的。最后他使用了“很可能”、“甚至是”这样的词语也是不是那么绝对的。

师：好，谢谢！请你也来说一说。

生：我觉得他这段话不仅强调了有字之书的重要性，而且还强调了无字之书和心灵之书的重要性，最后还做了一个比较合适的总结，就是说这三种书要结合。

师：他这里是不是讲了有字之书和无字之书的关系？

生：是的。

师：光有这两者就够了吗？还得把心灵之书也加进来，得把他们三者的关系解释清楚。那这段话讲清楚了没有？

生：清楚了。

师：对，这三者的关系已经很清楚了。有字之书重要吗？当然重要。无字之书重要吗？重要。心灵之书呢？更重要。这段文字把三者的关系讲得很清楚，而不像前面那段文字，强调一个就否定另一个，陷入主观臆断。

师：那可以说这样的文字比较客观，是不是？你有什么想法？

生：我觉得他这样修改之后，把心灵之书提高到了做人的高度。

师：对，原文中的“心灵之书”也是正有此意。

师：所以今年的高考作文题目，看着简单，里面实际上还隐藏着什么呢？实际上隐藏着要把有字之书、无字之书、心灵之书这三种关系解释出来。这就需要我们客观、理性地去思考问题。所以接下来我们要做的是怎么样让自己的思维变得客观理性？这里讲了几条。第一，要有客观的立场，就是尊重客观事实，不夸大，不隐瞒。当然也不能片面。顾随先生、朱光潜先生都曾有过类似的表述。

（PPT 展示）

描写自己亦需客观，若不用客观态度，不仅描写身外之物不成功，且自己亦不成功。

——顾随

艺术家在写切身情感时，都不能同时在这种情感中过活，必定把它加以客观化，必定由站在主位的尝受者，退为站在客观的观赏者，一般人不能将切身的经验放在一种距离以外看，所以感情尽管深刻，经验尽管丰富，终不能创造艺术。

——朱光潜

第二个呢，是要注意把握分寸。说话要把握分寸，要平和持正，不能主观臆断，不能感情用事。这不仅仅是一种说话之道，也是一种做人之道。第三是，注重逻辑推理，注重生活常识，不狡辩，不强词夺理。很遗憾，这些都是在高考作文中大量出现的感性思维的文字。所以这样的学生，他的作文是不会得高分的。

师：那么下面我们试着以“心态归零”为题写一段文字。讲述一个理由。你想，心态为什么要归零？你找一个理由来写一段话。思考一下，心态归零有什么好处？你先写一个理由，再将这个理由扩充为一段话。

（过了五分钟）

师：我们请这位同学来展示一下他所写的。

生：心态归零，就是放平心态。这样失败的时候更容易接受，能够从中吸取教训，并下次改进。胜利的时候，也不会被胜利冲昏头脑，做出丧失理智的事情。

师：嗯，对，他说了心态归零的一个好处。什么好处？就是不会被冲昏头脑。所以呀，心态归零是什么意思？心态归零，就是不管别人对我好或是不好，不管这个事情我是成功了，还是失败了，都跟原来一样，就当没发生过这回事一样。那么这样会有什么好处？

生：我觉得心态归零的话，能使人们更加理性地面对生活。就是人在过度消极或过度积极的状态下，往往会失去客观判断的能力。所以只有保持心态的平和，不怒不嗔，不恨不怨，才能更加理性地面对生活。

师：说得很好，请坐。这是一个好处，理性地面对生活。心态归零了以后就能做到这一点。我们为什么会愤怒？就是因为我们对那个事情耿耿于怀，心态不能归零。因为时间的关系，今天的课就上到这里。谢谢大家。今天这个课上，有很多不尽如人意的地方，尤其是同学们平时动手写作的能力有待提高。写作能力，不仅仅是对语文老师来说很重要，就是你不当语文老师，从事别的职业，写作能力都是很重要的，希望大家能够多动笔写点东西，提高自己的写作能力。祝大家好运！

【教学构想】

一、缘起

在最近几年的浙江省高考作文阅卷当中，尤其是 2017 年担任作文阅卷小组长之后，我接触到大量得分偏低的文章，这些文章普遍存在着这样那样的问题。这让我为中学生的论述文写作深感担忧。中学生论述文写作能力的低下，不能不引起我们的高度重视。因此，每年高考阅卷结束之后，我都针对当年高考作文的情况，尤其是高考作文存在的问题，做一个大致的概括，并结合具体的作文片段加以阐述。并且，就这些高考作文的问题，我还在温州、金华等市级高三语文复习研讨会上做讲座，得到了广大高三语文教师的认同，产生了广泛的影响。因此，针对高考作文所存在的问题组织教学，就是我此次参加第九届全国语文尖峰论坛写作教学的一个指归。而高考作文诸多问题之中，感性思维是相当突出的一个问题，或者说，学生深深陷入感性思维的泥潭，而使自己的高考作文出现逻辑混乱、主观臆断、片面夸大等问题。本次写作教学的主题也因此确立。

二、教学流程的构想

“走出感性思维的泥潭”这个教学主题相对比较抽象，因此，在教学中就得化抽象为具体，通过高考作文感性思维比较突出的一个片段，让学生体会文段所存在的感性思维的问题，从而认识感性思维的一般特征。学生如能对感性思维的一般特征加以概括，则更好。这是教学的第一个环节。

第二个教学环节，让学生改写这个高考作文片段，使之成为一个论述比较客观的文段。这个环节，意在让学生通过改写，体会理性思维与感性思维的本质区别，从而使自己避免陷入感性思维。另一方面，学生只有在具体的写作实践中，才能使自己的写作能力得到真正的提升，理性思维能力也随之而提升。

第三个教学环节，展示教师修改后的文段，意在让学生对照。学生的修改，不见得就能达到我们的要求，此时，展现教师修改后的比较规范的文段，就能给学生一个示范的作用。而学生在对照当中也能进一步体会到自己的不足。并且结合教师的讲解和学生的领悟，进一步加深学生对理性思维以及文段本身内在逻辑性的深刻认识。

第四个教学环节，拓展练习。给出“心灵归零”的题目，让学生再进行实际的写作练习，要求运用理性思维，结合“心灵归零”的一个好处展开论述，写一个片段。意在进一步巩固本节课的教学效果，更好地提高学生理性思维的能力和言语表达能力。

三、效果分析

此教学流程，从具体的高考作文片段入手，具有很强的可操作性。一方面，让学生真切感受到感性思维的特点以及在高考论述文写作中所造成的不良后果；同时，通过文段修改前后的对照，以及具体写作实践，还有拓展写作训练，提升学生的理性思维能力和写作能力。这种写作训练，可视学生的实际情况而反复进行，操作简单易行，只要调换具体的文段即可。

“微”言大义

——基于“学生成长”的微写作

绍兴鲁迅中学　李莉

【课堂实录】

一、导入新课

师：在绍兴鲁迅中学，我除了承担正常的语文教学工作外，还辅导绍兴鲁迅中学的文学社团。今天我就趁此机会，向大家介绍一下我们绍兴鲁迅中学在写作领域，特别是微写作方面的一些技巧。

师：先请大家用“微”来组词。

生：微博、微信、微商、微电影、微课堂、微课程、微写作……

二、感知“微写作”

的确，现在生活中充满着“微”——微博、微信、微商、微电影、微写作……真可谓是无“微”不至，让我们的的确确感受到了“微时代”的到来。在高考写作中，“微写作”也悄然而至了。我们绍兴鲁迅中学开展基于“学生成长”的微写作的探索和实践，主要是有以下的原因：

一是2014年3月，原北京大学中文系主任温儒敏先生就指出：（作文的改革）有另外一种办法，就是设计一道60分的大作文，另加一道15至20分的小作文，或者叫“微写作”。大小作文各有分工。大作文注重综合能力考查，小作文则指向应用某一方面的写作能力，一二百字，比如写一封信、一篇倡议书、一则说明或评点，甚至仿写一段论辩词等，可以很灵活。

二是中国教育学会会长顾明远先生也认为：作文以后可能会考两种，如写申请读国外大学这样的应用文，以及现在的高考作文类型。

三是2014年高考，北京卷就出现了10分的微写作试题：作文写作“一分为二”，新增加了“微写作”。其中微写作分值10分，字数在150字到200字之间，形式灵活。我们来看北京卷2014年到2016年的微写作真题：

高考年份	分值	试题
2016年北京卷	10分	① 高中阶段的学习最需要注意什么？请给即将进入高中学习的同学提一两条建议，要求条理清楚，言之有物。150字左右。 ② 很多家长在微信或QQ等媒体上建立了班级“家长群”，请对这种现象发表评论。要求言之成理，自圆其说。150字左右。 ③ 请以“荷”为题，写成一段抒情文字。不超过150字。（三选一）

续表

高考年份	分值	试题
2015 年北京卷	10 分	① 语文老师请同学们推荐名著中的章节或片段供课上研读。范围：《三国演义》《巴黎圣母院》《四世同堂》和《平凡的世界》。你选择哪部著作中的哪个章节或片段？请用一句话表述推荐内容，并简要陈述理由。 ② 乱涂乱贴、违禁吸烟、赛场京骂等不文明的现象，与首都形象极不相称。请针对社会上的某一种不文明现象，拟一条劝说短信。要求态度友善，语言幽默。文体不限。 ③ 请以“圆”为题，写一首小诗或一段抒情文字。（三选一）
2014 年北京卷	10 分	从下面三个题目中任选一题，按要求作答。 ① 毕业前，语文老师请同学们把自己学习语文的体会写下来，与下一届同学分享，要求所写的体会具体、切实，易记忆。 ② 今天早晨是家长送你来考场的吗？请对“家长送考”现象予以评论，要求观点明确，有理有据。 ③ 写一段抒情文字（可写诗歌），纪念自己的 18 岁，要求感情真挚，富有文采。

纵观这三年的北京微写作试题，它是微言真生活。我记得《语文学习》中有一句话：“语文的外延和生活的外延相等。”微写作真正体现了这一点。北京卷微写作试题，基本上都是三选一。而且题型第一类是真感受——你的学习建议、经验体会的介绍，你读过的书的推介；第二类是就社会现象表达微观点；第三类是文学类：抒写自己的 18 岁的抒情诗，摹写“荷”“圆”等文学作品，也可以写成诗歌。2014 年到 2016 年，北京卷的微写作题型是相当稳定的。

对微写作的定义，北京卷的《考试说明》里明确为：它是用精练的语言，描述事物、表达观点、抒发情感。注意这里使用的符号是分号。然后是能写简短的应用性语段。所以我们根据定义，能不能把微写作分成文学类微写作和应用类微写作。

三、实践“微写作”

那我们来看一下我们浙江省的微写作试题。确切地说，浙江省的微写作偏重于应用类微写作——谈谈你的观点，补写情景对话，淘宝退货写一封信，取名取字等等。浙江省 2017 年是文学类微写作，描写场景。

空言不如实践，我们同学能不能现场来进行一个微写作？既然微写作它是来自于生活，它是真生活。那我们在生活中，哪怕是看到一幅图画，或者是看到你有感觉的文字，我们都能自己编成一道微写作的题目。所以请大家动笔，五分钟时间内，请你结合这个画面，然后你自己编一道微写作的试题。注意：编好试题以后，你要说一下答案和评分标准。现在开始！

好，时间差不多了，那我们先请这位同学。

生 1：我编的这道试题是：请你观察下图，并大致描述图中漫画内容，简单说一说其中寓意。我的答案是：在下图中展现了祖孙三代人的形象。其中爷爷正拿着一根鸡毛掸子打爸爸，爷爷说：“爸爸跟你说了多少遍了？不要打你儿子。”与此同时，爸爸手中也拿着一根鸡毛掸子，准备打趴在沙发上的儿子。从这幅漫画中，我们可以看出，这是一种教育的不良传递性。

生 2：我的题目是，根据图中漫画，描述内容，并表明漫画中的哲理和给你带来的启示。

内容的话，就根据漫画里的动作来描述，来进行一些简单的描述。启示的话，主要就是有关家庭教育和培养家风传承。

师：感谢这两位同学的回答。第一位同学描述非常详尽。我补充一点：应该是爸爸打完儿子，然后这个爷爷再去打爸爸。第二位同学比较概括，一个是家庭教育的影响，还有她能够想到家风的传承，这点很可贵。大家有没有注意到，我们平时遇到这类题目，基本路径就是描述一下画面，揭示一下寓意，这个值得肯定。其他有没有同学出题跟这些不一样的？就比如这位同学就出一个拟写一封书信“爸爸，我想对您说”的题目。还有一位同学写道，每个人生活中其实就是那位的“儿子”。所以，我们生活中有很多东西让人感动，我们可以把它用微写作的形式写下来，这也是一个非常打动心灵的写作。

刚刚是浙江省已经出现过的微写作，其实我们也可以预测一下，微写作这种灵活的写作方式，除了跟应用性写作结合，还可以跟哪些类型的试题结伴而行呢？

是的，微写作可以与阅读结合。比如诗歌鉴赏。我们来看这个试题：

【双调】水仙子·重观瀑布

（元）乔吉

天机织罢月梭闲，石壁高垂雪练寒。冰丝带雨悬霄汉，几千年晒未干。露华凉人怯衣单。似白虹饮涧，玉龙下山，晴雪飞滩。

对于乔吉，有人认为其堪称元曲作家中的李白，你如何看？试以上面一首元曲为例，结合你对李白诗歌风格的理解，就你的认识作简要分析。150字左右。（10分）

一般我们做诗歌鉴赏，就是这首诗歌或者几首诗歌的比较阅读。而这个试题，先要求对这首元曲能有自己的理解，然后再试以上面一首元曲为例，结合你对李白诗歌风格的理解，就你的认识作简要分析。所以这里既有对李白作品风格的赏析，又有对这首元曲的综述。在这里可能把它仅仅归为微写作，太宽泛了，但这也是微写作可能的一个趋向。

大家记得一开始我给大家呈现的北京卷的2014年到2016年三年的微写作考题吧。那我们再来看一下2017年北京卷的微写作试题。

高考年份	分 值	试 题
2017年北京卷	10分	①《根河之恋》里，鄂温克人从原有的生活方式走向了新生活，《平凡的世界》里也有类似的故事。请你从中选取一个例子，叙述情节，并作简要点评。要求：符合原著内容，条理清楚。 ② 请从《红楼梦》中的林黛玉、薛宝钗、史湘云、香菱之中选择一人，用一种花来比喻她，并简要陈述这样比喻的理由。要求：依据原著，自圆其说。 ③ 如果请你从《边城》里的翠翠、《红岩》里的江姐、《一件小事》里的人力车夫、《老人与海》里的桑提亚哥之中，选择一个人物，依据某个特定情境，为他（她）设计一尊雕像，你将怎样设计呢？要求：描述雕像的体态、外貌、神情等特征，并依据原著说明设计的意图。（三选一）

这个三选一的微写作，紧紧围绕名著阅读，整本书的阅读。第一个试题要求符合原著内容，条理清楚；第二个试题要求依据原著，自圆其说；第三个试题要求设计一尊雕像，雕像的特点要很形象可感，一定要很立体的。下面还要写体态、外貌、神情，并依据原著说明设计的

意图。这个试题跟刚才我要大家自己设计微写作，编试题有点类似。要求我们在构思微写作试题时，心里要有个大致的框架结构和评分的标准。

下面来展示一下我们绍兴鲁迅中学学生的当堂微写作实例。

实例 1

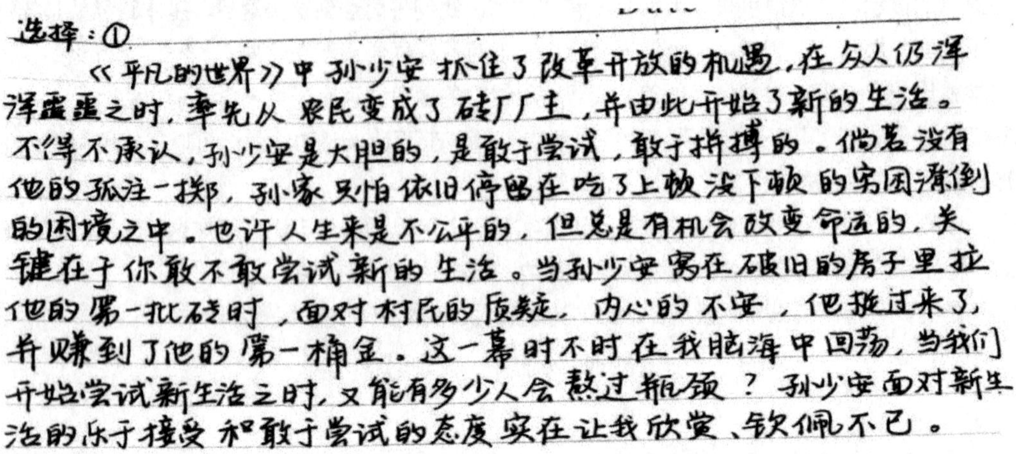

选择：①

《平凡的世界》中孙少安抓住了改革开放的机遇，在众人仍洋洋噩噩之时，率先从农民变成了砖厂厂主，并由此开始了新的生活。不得不承认，孙少安是大胆的，是敢于尝试，敢于拼搏的。倘若没有他的孤注一掷，孙家只怕依旧停留在吃了上顿没下顿的穷困潦倒的困境之中。也许人生来是不公平的，但总是有机会改变命运的，关键在于你敢不敢尝试新的生活。当孙少安窝在破旧的房子里拉他的第一批砖时，面对村民的质疑，内心的不安，他挺过来了，并赚到了他的第一桶金。这一幕时不时在我脑海中回荡，当我们开始尝试新生活之时，又能有多少人会熬过瓶颈？孙少安面对新生活的乐于接受和敢于尝试的态度实在让我欣赏、钦佩不已。

2016 到 2017 年，《平凡的世界》是比较热门的，所以他用微写作对《平凡的世界》有一个自己的解读。

实例 2

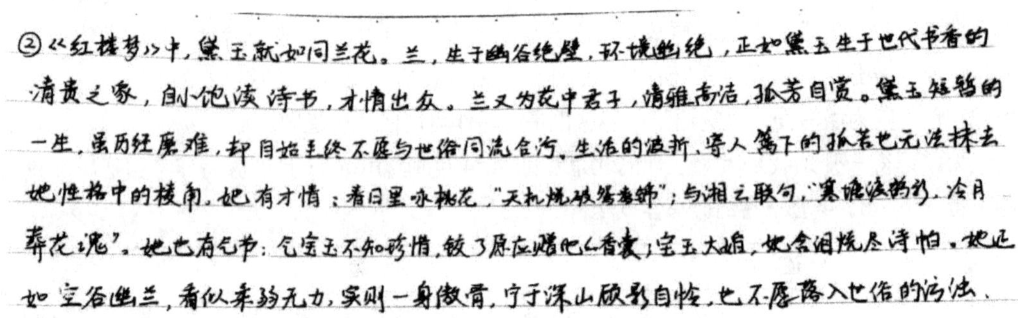

②《红楼梦》中，黛玉就如同兰花。兰，生于幽谷绝壁，环境幽绝，正如黛玉生于世代书香的清贵之家，自小饱读诗书，才情出众。兰又为花中君子，清雅高洁，孤芳自赏。黛玉短暂的一生，虽历经磨难，却自始至终不屑与世俗同流合污。生活的波折，寄人篱下的孤苦也无法抹去她性格中的棱角。她有才情：春日里咏桃花，"天机烧破鸳鸯锦"；与湘云联句，"寒塘渡鹤影，冷月葬花魂"。她也有气节：气宝玉不知珍惜，铰了原应赠他的香囊；宝玉大婚，她含泪烧尽诗帕。她还如空谷幽兰，看似柔弱无力，实则一身傲骨，宁于深山顾影自怜，也不屑落入世俗的污浊。

这位同学是杨一凡，每天坚持微写作，已经公费出版两本书了。她用隽秀的字体，温婉的笔调，10 分钟内当堂写出了她对《红楼梦》里黛玉似兰的思考，可见她文思敏捷，才情出众。

实例 3

2017北京卷微写作③

(1).我选择《老人与海》中的桑提亚哥；

(2).描述：瘦削的体型却有着婴孩干练的肌肉线条，被海风侵蚀的脸庞上沟壑纵横，高耸的颧骨和挺立的发都向人昭示着一种不屈与坚定，顽强。不管年过中旬，脊梁有些弯曲但他仍拼了命的挺直腰杆，令人不免有些心生敬畏。

(3).意图：由于《老人与海》中描写的是一个渔夫同一群鲨鱼搏斗的故事，尽管收获的是一条大马林鱼的骨架，但他英勇反抗的形象与精神却着实令人啧啧称赞，故而尽管命途多舛，桑提亚哥展现给我们的是一个硬汉形象，一个不轻易向命运低头的硬汉。

这位同学呈现思路非常清楚，选择的是《老人与海》，里面有对桑提亚哥的骨感描述，体现了“硬汉精神”。在他的设计意图中，我们能很细致地领会这种设计的路径。

四、微写作成果

我觉得大家不要把微写作仅仅看作是一道语言应用题，它完全可以渗透到我们的生活当中。正如漆永祥教授所言：“微写作，实际上是一种微型的写作或者微小的写作。它可以是一个细节的精雕，可以是局部的放大，可以是全局，可以是片段，可以是缩写，可以是略写。相对大作文，它的要求会更高一点，句子要更加凝练。但仍然可以议论，可以叙事，可以抒情，可以编段子，但要有实情、实景、实效，同时要得体合理……要更加生活化、现实化，更加注重实用性和实效性，这是其与传统作文不一样的地方。”“微写作实际上要比大作文更讲究布局谋篇，更需要敏捷的思维，有更强的针对性，更加惜字如金，不允许废话、套话、空话与大话出现。相对而言，比大作文更不好写，也更具有挑战性，当然也更能考出考生的作文水平。”因此，“微写作”的特点有：内容强调生活化，题型突出情境性，要求强调限制性，成文突出个性化。

微写作真可谓是麻雀虽小，五脏俱全。如果你通过微写作写出了真生活，写出了真体验，写出了真性情，那么你就走进了真作文的内核了。下面向大家汇报一下我们绍兴鲁迅中学开展基于“学生成长”的微写作的一些学生成果，期待跟大家有更多的交流。

成果展示：

学的方面：激发了学生生命的蓬勃张力，学生写作兴趣和能力显著提高。

附：

2015学年绍兴鲁迅中学国家级语文现场作文获奖名单

获奖学生	获奖项目	获奖等级	指导教师
杨一凡	出版21万字长篇小说《魔力星球》	2016年江苏凤凰教育出版社出版	李莉
杨一凡	第十八届语文报杯全国作文大赛	现场决赛国家级特等奖	李莉
张泽远	第十八届语文报杯全国作文大赛	现场决赛国家级一等奖	李莉
徐越玥	第十四届叶圣陶杯全国作文大赛	现场决赛国家级一等奖	李莉
张泽远	第十四届叶圣陶杯全国作文大赛	现场决赛国家级一等奖	李莉
吴其正	第十四届叶圣陶杯全国作文大赛	现场决赛国家级一等奖	李莉
章盛	第十四届叶圣陶杯全国作文大赛	现场决赛国家级一等奖	李莉
陈煜安	第十四届叶圣陶杯全国作文大赛	现场决赛国家级二等奖	李莉
陈沛儿	第十四届叶圣陶杯全国作文大赛	现场决赛国家级二等奖	李莉
胡楚楚	第十四届叶圣陶杯全国作文大赛	现场决赛国家级二等奖	李莉
郭与时	第三届全国中学生科普科幻作文大赛	现场决赛国家级一等奖	李莉
陈珂	第三届全国中学生科普科幻作文大赛	现场决赛国家级一等奖	李莉

2016学年绍兴鲁迅中学国家级语文现场作文获奖名单

获奖学生	获奖项目	获奖等级	指导教师
杨一凡	出版5万字专著《宠物猫出逃记》	2017年吉林美术出版社出版	李莉
杨一凡	十二届创新作文大赛现场总决赛	现场决赛国家一等奖	李莉
童晨杰	十二届创新作文大赛现场总决赛	现场决赛国家二等奖	李莉
陈佳慧	十二届创新作文大赛现场总决赛	现场决赛国家三等奖	李莉
许吟霄	十二届创新作文大赛现场总决赛	现场决赛国家三等奖	李莉
童晨杰	十九届语文报杯全国现场总决赛	现场决赛国家特等奖	李莉
陈珂	十九届语文报杯全国现场总决赛	现场决赛国家一等奖	李莉
绳文静	十九届语文报杯全国现场总决赛	现场决赛国家一等奖	李莉
赵旭东	十九届语文报杯全国现场总决赛	现场决赛国家一等奖	李莉
许吟霄	十九届语文报杯全国现场总决赛	现场决赛国家一等奖	李莉
杨一凡	十五届叶圣陶杯全国总决赛	现场决赛全国十佳小作家第一名、现场决赛国家一等奖	李莉
陈 珂	十五届叶圣陶杯全国总决赛	现场决赛国家一等奖	李莉
应雪晴	十五届叶圣陶杯全国总决赛	现场决赛国家一等奖	李莉
童晨杰	十二届创新作文大赛现场省决赛	现场决赛省一等奖	李莉
陈佳慧	十二届创新作文大赛现场省决赛	现场决赛省特等奖	李莉
许吟霄	十二届创新作文大赛现场省决赛	现场决赛省二等奖	李莉

教的方面：探索了高中微写作教学内容开发、微写作兴趣培育的有效路径。

在课题酝酿实施期间，课题组老师获得的奖项有：

成果类别	获奖时间	成果名称	指导老师	备注
论文发表	2015 年 2 月	《所知所思：微写作教学的新支点》发表于《语文周报》	李莉	
学生微写作作品集	2015 年 4 月	《中国校园文学百人榜》	李莉	
学生微写作作品集	2016 年 5 月	《魔力星球》（杨一凡著）江苏凤凰教育出版社出版	李莉	
论文发表	2016 年 8 月	《所知所思：优化高中生写作的言辞表达》发表于《写作与阅读教学研究》2016 年第 4 期	李莉	
省级示范课	2016 年 9 月	《非连续性文本的教学探究》	李莉	
学生微写作作品集	2016 年 9 月	《宠物猫出逃记》（杨一凡著）吉林美术出版社出版	李莉	
全国赛课	2016 年 10 月	《高中作文思维导读》获得全国一等奖	李莉	
文章	2016 年 11 月	微写作知识答疑，发表于《中学生天地》	李莉	
全省微课程	2017 年 1 月	全省一等奖	李莉	
编辑出版书籍	2017 年 2 月	《新高考改革・语文一本通》（李莉编著）吉林大学出版社出版	李莉	微写作占 3 万多字
特聘评委	2017 年 4 月	特聘为创新作文大赛初赛评委	李莉	
编辑出版书籍	2017 年 6 月	《高考新天地》（李莉编著）新疆青少年出版社出版	李莉	微写作占 1.5 万字
论文发表	2017 年 7 月	《“微”言大义——基于“学生成长”的高中微写作教学探索》发表于《语文周报》	李莉	
论文获奖	2017 年 9 月	《基于“学生成长”的高中微写作教学探索》获得国家一等奖	李莉	
全国赛课	2017 年 9 月	《微写作中的教学智慧》获得国家一等奖	李莉	
课例展示	2017 年 10 月	《“微”言大义——基于“学生成长”的高中微写作教学探索》课例在浙师大语文尖峰论坛上被展示	李莉	

【教学构想】

自 2014 年北京市语文高考新增了微写作内容，考题“18 岁的纪念”深受考生欢迎。高科技、快节奏、碎片化的时代催生出的微写作成为语文教学的重要生长点。

写作是绝大部分高中学生的“最怕”，写作教学历来也是高中语文教学中“难啃的骨头”。当前高中生作文存在两大弊病：作文丧灵性和作文失魂魄。“微写作”的及时性和趣味性等可以适时消解这两大弊病，同时激发学生的写作兴趣。

信息时代，人们的生活节奏加快，“微”事物应运而生如：微信、微博、微心愿、微电影、微课题、微课堂、微写作……真可谓“微时代”的到来。如此情形下，“微写作”出现在全国的一些高考试卷中，也是水到渠成，同时也是很接地气的表现。

鉴于高中写作的需求和时代发展的要求，如何让学生在认识这些“微”事物的同时，也会创作微写作呢？尤其在微写作中，如何让学生“学会成长”——学会积累生活、学会积淀思想、学会储存情感、学会表达话语、学会提升素养等，这些都是我们每一个高中语文老师需要思考的课题。

本节课想从“微”字组词开始导入微写作，结合2014年开始的北京微写作试题，具体而可感地让学生走进微写作。而熟悉一种题型最好的办法就是让师生一起编制微写作试题，一起出题一起做题，师生一起在研讨中领悟微写作的特点：内容强调生活化，题型突出情境性，要求强调限制性，成文突出个性化。在师生进入微写作情境后，再结合2017年北京“微写作”的题型，预测今后“微写作”的趋向，会跟阅读理解，特别是古诗文阅读和现代文的文学探究类题目一起呈现。微写作也会跟整本书的阅读或群文阅读一起结伴而行的。当堂展示2017年北京卷的三题微写作，尽管出题角度方式不同，但是殊途同归，2017年北京微写作的都是指向整本书的阅读，这是我们在2018年高考备考时必须关注的一个点。

微写作实为即时性写作，贴近现实，短小精悍，耗时少，针对性强，操作简单，自由多样，强调学以致用，解决身边问题，类似网络上的微博。微写作形式多样，可以从不同方面培养学生的语言表达能力。此外，微写作也有利于训练学生捕捉作文灵感，体悟写作思想，积累写作经验，从而提高学生的写作能力。因此，微写作真可谓是麻雀虽小，五脏俱全。如果学生微写作写出了真生活，写出了真体验，写出了真性情，那么就真正走进了真作文的内核了。所以这堂课最后呈现了绍兴鲁迅中学开展基于“学生成长”的微写作的一些师生成果，可以供同行批评指正。

微写作作为一种实用性和操作性很强的写作方式，可以在日常生活中、平时的教学工作中进行渗透和施行。比如可以“微演讲”——“微”出生活新视角：通过课前5分钟的“微演讲”时间，让学生通过“微时评”“微推荐”等方式，评论时事，激扬文字，推荐好书好句，互相碰撞。比如可以“微创作”——“微”出写作新内蕴：让学生对课文的内容或者文体进行改编，让学生吟诗作赋，尽情演绎。比如可以“微游学”——“微”出语文新路径：让学生亲近山水，拜谒文人故居，访历史之遗迹，发思古之幽情，祭拜先贤，传承文化，陶然山水，边游边学，通过“知行合一”的观察和感受，在师生的心灵里，种下一颗文化的种子，开阔文化视野、促进精神成长，达到“此心光明”。

总之，微写作就是顺应时代发展的精致化的言语实践。从大处着眼，小处入手，这种微小的写作方式，能让写作更接地气。“微”也是一个整体，“一花一世界，一叶一菩提”。对学生而言，写作“少则得，多则惑”，应降低难度，落到实处。当然，我们也需要用系统论的眼光整合这些“微”，聚少成多。展望未来，世界正进入崭新的“微时代”，这必将成为语文教学的重要生长点。

论述文写作的起承转合

——兼及论文写作的核心思维训练

陈智峰

【课堂实录】

一、直接导入，概说“起承转合”

（放 PPT1）清代刘熙载在《艺概》中说：“起、承、转、合四字。起者，起下也；合者，合上也；中间用承用转，皆兼顾起合也。”这是古人对“起承转合”的解释。而在尹均生主编的《中国写作学大辞典》一书中是这么阐述的：“‘起’，就是开头；‘承’，就是承接上文加以申述；‘转’，就是转折，从另一方面生发开去；‘合’，就是结束上文。这四字是对文章章法的总括。”

其实，无论诗歌也好，或是散文也罢，尤其是论述文，不管哪一种文体，我们都可以用到“起承转合”这种思路来写作。那么，在论述文写作中，“起承转合”这四步，你们认为哪一步比较关键？或者说比较重要？我要请一个同学说说看。

生 1：“起”和“合”，开头和结尾一般都比较重要。

师：好的，请坐，你同意吗？

生 2：我认为“承”和“转”更为重要。

师：两位同学有不同的意见，一位同学认为“起”和“合”很重要，或者说最重要，另一位则认为“承”和“转”更重要。各有各的理解，各有各的道理。都没有关系，接下来，我们先来看一看 PPT2。

对于一篇论述文而言：所谓“起”，就是在文章的开头开门见山明确地提出论点或论题。所谓“承”，就是承接，就是承接中心论点或从正面或从反面阐述自己的观点。所谓“转”分两种情况：由正面论述转入反面论述叫“反转”，由反面论述转入正面论述叫“正转”。所谓“合”，就是文章全文的总结，是全部论证的结束。

其实，这四部分缺一不可，都非常重要。当然，相对来讲，中间的“承”和“转”，难度会大一些。尤其是“转”，“转”非常关键，而且难度也非常大。甚至可以说，它是一篇论述文成功与否的一个重要标志。

二、结合例文，梳理“起承转合”

师：接下来，我们就结合资料上的这几篇文章，一起来把这几篇文章中的“起承转合”来梳理一下。其中有一篇，你们刚好是大二的学生，这一篇正是你们当年的高考作文，《虚拟“拟”不了现实》，是 2016 年的高考满分作文，你们应当还略有印象。为了节约时间，我们这样分工合作：第一排同学，针对第一篇文章，就是人民日报的那篇时评《人工智能，新起点上再发力》；第二排同学，针对苏洵的千古名文《六国论》；第三排同学，针对高考满分作文《虚拟“拟”不了现实》。最后一排的几位同学，你们可以自由选择其中的某一篇，把文中的“起承转合”简单的梳理一下，只需要填写相关文章的段落序号。梳理好了之后可以跟你周边的同学交流一下。

生：（分工合作，梳理“起承转合”）。

师：哦，那边的同学已经梳理好了，那你跟全班同学和在座的老师交流一下。

生：我梳理的是《六国论》，第一段是“起”，第二段是“承”，第三段是“转”，第四段和第五段是“合”。

师：这里的“转”，它是正转还是反转？

生：反转。

师：那这位同学的意见是：一“起”二“承”三“转”四五“合”。这一排同学有没有不同意见？其他同学有没有不同意见？

生：（沉默）

师：（引导）苏洵的观点是什么？

生：他的观点是“六国破灭，非兵不利战不善，弊在赂秦”。

师：很好！作者在观点提出之后，其实还做了一个分类，把六国分为了两类，第一类是？

生：赂者。

师：嗯，赂秦而力亏。第二类是？

生：不赂者以赂者丧，盖失强援，不能独完。

师：对。也就是说，这个观点其实它已经包含了两个方面，一方面是赂者，另一方面是不赂者。那么你觉得这个“承”到哪？仅仅是第二段吗？第三段是关于？

生：不赂者以赂者丧。

师：很好。所以其实第三段还是在论证这个观点，对不对？它也是属于？

生：承。

师：因此，其实“转”从第四段开始，那么第五段是“合”。是这样吗？还有没有不同意见？

生：我觉得这篇文章好像没有“转”，因为第四段已经在“合”了。

师：好像很有道理。那这篇文章到底有没有“转”？文中有没有标志性的词能让我们看出来？其实它有“转”，在哪？有发现吗？

生：向使……

师：很好，有同学找到了其中的一句话，叫做“向使三国各爱其地，齐人未尝赂秦，刺客不行，良将犹在”，哪个词是标志？

生：向使。

师：很好，其实文章就是从这里开始“转”的。那么它是“正转”还是“反转”？

生：反转。

师：对了，也就是说，如果当时的剧情不是这么发展的话，结果就很难说对吧？其实，如果这篇课文让我来分段的话，“向使”这里可以分一段，但是古人写文章没有分段，我们今天看到的这个分段也是编者的意思。其实，我觉得从“向使”这里完全可以分一段，因为，文章到这里开始“转”了，它做了一个大胆的假设。好，我们大致把《六国论》梳理了一下，起承转合，一起二三承，第三段到“向使”这里开始转，最后是合。

师：我们再来看另外两篇，第一篇《人工智能，新起点上再发力》，我们这一排同学，谁来说？你来。

生：第二段是“起”，第三、四段“承”，第五、六段“转”，第七段“合”。

师：能不能把第一段也放进来？

生：可以。一、二段是“起”，三、四段是“承”。“承”当中好像又有“转”；五六段“转”中又有“转”，七段是“合”。

师：很好，请坐。你看得很仔细。有时候，一段话之中也可以有“起承转合”。其他同学有没有不同意见？“转”在这篇文章中是怎么体现的？前面讲的是整个世界潮流的人工智能，对吧？后来它“转”到哪里来了？“转”到我们中国来了，所以是第五段开始“转”，到第五段的时候，这里说“尽管中国不是人工智能的策源地”，“尽管”这个标志看到了吗，尽管这里才是“转”，所以应该是一二起；三四承；五六转；七合。

师：接下来，我们再来分析那篇高考满分作文，前两篇文章都是“正承”和“反转”，我们来看看这篇高考满分作文是不是也是这样呢，或者还是有其他的什么变式。你们亲身经历过这个考题，应该还会有一点点体验，请第三排的同学来说说看。

生：我觉得“起”是一二段，因为他在第二段提出了自己的观点。

师：第二段就提出来了什么观点？

生：“然而这个‘虚拟世界’能够完全融入现实世界，让人们所拥抱吗？”

师：这就是他的观点吗？这个问题后文有没有回答？

生：在第三段作出了回答。

师：对，第三段作出了回答，答案是？

生：“答案无疑是‘不能’。虚拟‘拟’不了现实，我们只能与它保持适当距离。”

师：所以这篇文章的观点在哪一段提出？

生：第三段。

师：对。所以哪几段是“起”？

生：一二三段。

师：然后呢？

生：第四到第六段是“承”，第七段到第八段是“转”，因为他的观点是“虚拟‘拟’不了现实”；但是从第七段到第八段，他又说“虚拟本身是无罪的”，它能带给我们的一些好处；然后第九、十段是“合”。

师：很好！它的“起承转合”模式，跟前面两篇文章一样吗？

生：（摇头）

师：你摇头了。那么它是怎么样“承”和“转”的呢？

生：它是“反承”和“正转”。

师：就是说它没有在“承”的时候就顺着观点来讲，而是从反面的角度来讲，所以他是

"反承"；后面七八段是"正转"。这样"反承正转"的一种写作思路，是一种"变式"，在论述文写作当中相对会少见一些，因为"正承反转"这种"常式"更顺一点，也更符合我们逻辑思维的习惯。

三、拓展运用，掌握"起承转合"

师：接下来，我们来学以致用，我们看另外一份资料，这是我9月刚在《中学语文教学参考》杂志上发的一篇小文章。这篇文章，大家也许都看出来了，我也是尝试着用"起承转合"来写的。因为你们大学生接下来将面对很多的课程论文、学位论文、毕业论文等等，我们能不能以"起承转合"这样的思路来写你的论文呢？这份资料，是特意为你们大学生准备的。我们大致来看一下，我这篇文章怎么样用"起承转合"来写的，你把它的思路梳理一下。我这里是比较研究了两堂课，一堂是美国老师上的美国高中辩论课，另外一堂是我自己上的微写作教学课，我们都用了一个共同的载体，那就是？

生：鲍勃·迪伦。

师：对。去年的诺贝尔诺贝尔文学奖得主鲍勃·迪伦，我对这两堂课进行了一个梳理和比较，你觉得我这篇文章是怎么样来运用"起承转合"这个思路的？里面细节可以不用细看，大致把思路理一理就可以了。刚刚第四排的同学都没有发言，那我们就请第四排的同学梳理一下，哪位先说？

生："起"的话就是前面这个引言，"承"就是前面两堂课的流程，两堂课的比较部分"转"，最后一段是"合"。

师：同桌有什么不同意见吗？

生："起"和"承"与他一样。

师：从哪里开始"转"呢？

生：第三页这里开始。

师：嗯，相异之处是"转"，哪个词是标志？

生：然而。

师：其他同学赞同吗？

生：赞同。

师：你回答得很棒！我的写作思路正如你说的这样。能不能这么说，我们在"起承转合"的"转"这个地方，有时候需要一些标志性的关联词，比如"然而""但是""尽管""假如"之类。我们可以把"起承转合"这种思路（注意：不是套路）运用到今后的论文写作当中去，不管是课程论文还是学位论文或者是毕业论文，希望我这篇文章能对大家能有一点点启发，可以起到抛砖引玉的作用。

四、牛刀小试，践行"起承转合"

师：好，光说不练假把式，接下来我们来看一则作文题。

有那么一位清华大学的本科生北京大学的研究生，她毕业之后却放弃了自己的专业，而去做了网络游戏主播。一石激起千层浪，众人对她有很多的评论。有媒体质疑她的从业目的：只为赚更多的钱。有同学替她惋惜：不应放弃社会地位高的建筑设计岗位而投身于世人不太看重的游戏行业。有学者叹息：高考状元、名校才女做游戏主播实在是“人才浪费”。也有网友大力支持：年轻人从事自己喜欢的如网络主播、网络写手、游戏测试员、电影试片员等工作，有何不可！

观点很多，那么，对这个事情，元芳，你怎么看？试着用“起承转合”来表达你对这件事情的看法，每一步写一句话，当然“承”这个部分你可以有两个理由或三个理由，然后试着“转一转”，再试着“合一合”，用四五句话来运用一下这种“起承转合”的思维写一写，就写在这张纸上。

生：（沉默思考并纷纷动笔）

师：有没有同学已经差不多啦？

生1：（阐述自己的“起承转合”）

师：你的观点是什么？观点明确很重要，别人怎么看是别人的事，你一定要有鲜明的观点。然后，再对此展开你的论证。在专业和兴趣之间，你觉得应该怎么处理，你的观点是？

生：专业优先，以兴趣为辅。

师：那么，你“转”是怎么“转”的？“然而”之后你是怎么说的？

生：兴趣也是极为重要的，可以增进生活的情趣。

师：好的，请坐。我们在“转”的时候一定要注意一点，“转”并非把自己前面的观点否定掉，而是对观点的一个补充，从另外一个角度，从反向或者从侧面做论证或假设，从另外一个角度对你的观点做完善，进行辩证思考。而不是搬起石头砸自己的脚，更不是把自己的观点推翻掉，而是从另外一个点来完善你的观点，所以这个“转”这里要特别注意，这也是这四步中最难的一点。

师：其他同学谁再来展示一下？

生2：（展示并阐述自己的“起承转合”）

师：你观点是？

生：人应当遵从自己的兴趣，选择自己的专业。

师：你的“转”是？

生：假如，不从自己的兴趣去做事，结果往往是不好的。

师：好的，刚才这两位同学从两个不同的角度，一个是认为专业更重要，一个是认为自己的兴趣爱好更重要，两个完全不同的观点，但都能用“起承转合”的思路来表达。希望大家回去之后，多用用这种“起承转合”的思路，不管是你平常写什么文体，不仅是议文，不仅是论述文，还可以用这种思路来写一写散文、小说、诗歌。把这种思路、这种思维活用起来，它不是套路，而是思路，可以多用、活用。今天我们的课就上到这里，谢谢大家！

【教学构想】

论述文写作的训练，关键不是在技术层面，而是在思维层面。“起承转合”这种写作思维，是各类文体写作中的一种基本范式，无论诗歌写作，或是散文写作，或是小说写作，尤其是论述文写作，我们都可以用“起承转合”这种思维来展开。

在“起承转合”四步之中，“转”是重点，也是难点。尤其需要注意的是，它并非是否定前文自己的观点，搬起石头砸自己的脚，而是从反面或侧面对自己的观点做一个必要的补充，从而让自己文章的观点显得更为辩证、更有说服力，同时也让文章的论述思维显得更严密。因此，我的这堂课的设计与实践的重心落在引导学生写好“转”这一关键的一步上。

整堂课分为四个板块：

一是直接导入，概说“起承转合”。这一板块引用了刘熙载《艺概》的论述和尹均生主编的《中国写作学大辞典》的阐释，从理论层面引导学生了解“起承转合”在写作中的重要地位。并让学生初步思考这四部分各自的地位及其重要性。

二是结合例文，梳理“起承转合”。这一板块选用了三篇例文，有古代论述文经典《六国论》，也有当代新闻时评范文《人工智能，新起点上再发力》，还有高考满分作文《虚拟“拟”不了现实》，经典、时文、习作，总有一款适合你。让学生在自主学习、同桌讨论、全班分享和教师分析中逐步掌握“起承转合”的两种主要形式（常式和变式）：正承反转和反承正转。

三是拓展运用，掌握“起承转合”。这一板块是用笔者的一篇近期发表的学术论文《中美两堂“鲍勃·迪伦”课的比较研究》作为例文，引导学生深入拓展运用，让学生进一步掌握“起承转合”之“转”的技巧，并学会运用几个关联词语如然而、但是、假如、也许等来标志“转”的契机。

四是牛刀小试，践行“起承转合”。这一板块是引导学生从动脑到动手，理论结合实践，针对一则时鲜新闻写作一个“起承转合”的片段，除了学以致用，践行“起承转合”这种写作思维、完成写作教学任务的同时，也不带痕迹地引导学生们深入思考、正确对待专业和兴趣的关系，是一次学生“三观”的点拨与锤炼。

概而言之，这一堂作文课的设计，既有理论层面的引导，又有精到例文的引路，还有扎实的思维训练与写作实践，且颇具时代气息，所选用的例文和写作训练的素材皆与学生的学习生活密切相关。相信学生经历了这堂写作课的洗礼，既掌握了一种写作思维，也受到了专业学术的引领，还有人文的关怀与人生的启迪。

喜欢她，就让她感受到

——抒情短文写作指导

江西省宜春中学　刘京平

【课堂实录】

师：同学们，大家好，千里投奔，在此相会，按说，我该给大家准备一份礼物。但论坛组织者说，送吃送喝不符合反腐倡廉的形势。那怎么办？秀才人情纸半张，我送大家一句话吧。请看屏幕，齐读一遍。

生（齐读）：人无癖好不可交，以其无深情也。

师：大家以前听过这句话吗？（问学生）你听过吗？你听过吗？哦，没有，那说明我这句话，送得还有点意思。这句话出自《菜根谭》，是讲我们如何交朋友，如何选择朋友的。《菜根谭》认为，人无癖好不可交，以其无深情也。谁能把这个交朋友的准则翻译一下吗？

生：如果一个人没有爱好的话，是不能和他交朋友的。

师：你把前半句翻译得非常准确。为什么不能和这种人做朋友呢？谁来翻译后半句？

生：因为他没有深情。

师：翻译的很棒！请坐。如果一个人没有爱好，你不要和他交朋友。一个连爱好都没有的人，是没有深情的。那什么叫有深情呢？所谓有深情，是指重情重义重感情，也就是人家投我以桃，我必报之以礼；人家给我滴水之恩，我必涌泉相报；人家敬我一尺，我必敬人一丈。而无深情呢，就是指没心没肺不走心，薄情寡义伤害人。我们找朋友的时候，都想找有爱好，有深情的人。那么现在我们摸摸良心，问问自己：我们是重情重义重感情的人，还是没心没肺不走心伤害人的人呢？我还是想采访一下这位同学，你是哪种人？

生：我觉得我是重情重义重感情的人。

师（问旁边的同学）：你呢。

生：我也是。

师：我也是。想想看，大庭广众之下，谁会说自己无深情呢？不过，我们是否有深情，自己说了不算吧？关键是，要让周边的人，能感受到我们的深情。我们不妨来回顾一下：长这么大，你有没有关心过你的长辈？有没有帮助过你的伙伴？有没有让你牵挂的朋友？你重情重义重感情，他们知道吗？他们收到了你的这份感谢、这份感恩、这份牵挂吗？

生：不知道。

生：应该能。

生：不一定。

师：我采访过很多同学，很多同学都认为，人家应该对自己有印象。但是当事人说所谓的人家的时候，这个感觉就打折扣了。（众人笑）所以许多时候啊，就像泰戈尔说的那样，世界上最遥远的距离不是生于死，而是我站在你面前，你却不知道……

生：我爱你。

师：我重情重义重感情。（众人笑）

师：不过，人家不知道你重情重义重感情，我觉得很正常。为什么？因为你生在中国。中国人素有内敛含蓄的传统。无论口头交流还是日常写作，观点也好，感情也罢，都喜欢涵而不露，点到为止。其好处，就是你猜呀，曲径通幽啊，耐人寻味，别有趣味。但坏处也有啊，猜来猜去，猜错了怎么办？有些时候猜错了，就可能耽误大事啊。比如考场作文，你能让阅卷老师猜你的观点？猜你的情感吗？阅卷老师有那么多时间精力耐心去猜吗？所以，我常和我的学生说，我们的作文不要写成碧螺春。碧螺春当然很好，上等茶叶，超级享受。但要碧螺春的美味，有好多麻烦呢。一洗二泡三道茶，四道五道是精华。等你这套泡茶的程序完成，阅卷老师的阅卷任务就完不成了。即使你写成了碧螺春，阅卷老师也尝不到这个味道。所以，我主张我们的考场作文，应该是写成打开瓶盖，就能芳香四溢的茅台或者是五粮液。

就情感来说，就要火辣辣的玫瑰火辣辣地开。（众人笑）

师：怎样才是火辣辣地开？我不知道你们年轻人怎么样，但是我听过你们的歌。你是我的小苹果，怎么爱你都不嫌多。我爱你，就像老鼠爱大米。还有说得再煽情一点的，人世中有百媚千红，你就是我最喜欢的那一种。年轻人的世界我不懂。但我们那个年代也有我们的抒情歌。看看我们的抒情歌，火不火辣，是如何火辣的。

（PPT 展示）殷秀梅《我爱你！中国！》

我爱你中国，我爱你中国，我爱你春天蓬勃的秧苗。我爱你秋日金黄的硕果，我爱你青松气质，我爱你红梅品格。我爱你家乡的甜蔗，好像乳汁滋润着我的心窝。我爱你中国，我爱你中国。我要把最美的歌儿献给你，我的母亲我的祖国。

师：这个感情火辣辣吗？祖国母亲能感受到吗？如果你觉得祖国母亲感受到了，那他是用什么方法让母亲感受到的呢？你能说一个吗？

（学生回答）

生：用了反复的手法。

师：嗯，强调了两遍。还有吗？大家随便说。

生：直抒胸臆，第二人称。

师：我爱你，你我对话。厉害。

生：开头，我爱你，最后，我爱你！首尾呼应。中间将爱说具体。总分结合。

师：大家太厉害了，真是内行看门道。我们再来看看那英。

（PPT 展示）

如果你渴求一滴水，我愿意倾其一片海；如果你要摘一片红叶，我给你整个枫林和云彩；如果你要一个微笑，我敞开火热的胸怀；如果你需要有人同行，我陪你走到未来；春暖花开，这是我的世界。

师：感情火辣辣吧。怎么火辣辣的？她是怎么让你感受到她对你好的呢？一滴水、一片海、一片叶，整个枫林和云彩……什么手法？

生：对比和比喻。

师：还有第三首歌。

（PPT展示）

我的祖国和我，像海和浪花一朵。浪，是那海的赤子，还是那浪的依托。每当大海在微笑，我就是笑的旋涡。我分担着海的忧愁，分享海的快乐。我亲爱的祖国，你像大海永不干涸，永远给我碧浪清波，心中的歌。我最亲爱的祖国，你像大海永不干涸，永远给我碧浪清波，心中的歌。

生：反复，比喻，第二人称，首尾呼应，直抒胸臆的感叹句。

师：歌曲的火辣，大家品尝过了。再来看看抒情文字。看看抒情文字那火辣辣的感情是怎样让你感受到的？大家齐读一遍。

学生齐读：我看见过波澜壮阔的大海，玩赏过水平如镜的西湖，却从没看见过漓江这样的水。漓江的水真静啊，静得让你感觉不到它在流动；漓江的水真清啊，清得可以看见江底的沙石；漓江的水真绿啊，绿得仿佛那是一块无瑕的翡翠。

师：大海很美，西湖很美。而我的漓江比它们都要美。什么手法？

生：衬托。

师：锦上添花，好上加好，没错，这就是衬托。清，静，绿，三个字，什么手法？

生：总分，排比，感叹。

师：同学们的目光好犀利啊。我们再看一个，朱自清，大家都喜欢的。他游玩过梅雨潭，发现那个潭水非常的清。他用的词叫“绿”。让我们一起来看看，他是怎么抒情的。

（PPT展示）

那醉人的绿呀！我若能裁你以为带，我将赠给那轻盈的舞女；她必能临风飘举了。我若能挹你以为眼，我将赠给那善歌的盲妹；她必明眸善睐了。我舍不得你；我怎舍得你呢？

师：用了两个“若是”，将绿的神情写得瑰丽奇特，动人心扉。最后用“我怎么舍得你呢”直白地表达，再用反问的句式予以强化，将对绿的迷恋之情，写得淋漓尽致。

师：接下来，还有一个抒情高手，大家应该都很熟悉。想想你最喜欢的人就在站在你面前，让你深情地对他说。

（PPT展示）

我说，你是人间的四月天，笑响点了四面风，轻灵在春的光艳中交舞着变。你是四月早天里的云烟，黄昏吹着风的软，星子在无意中闪，细雨点洒在花前。那轻，那娉婷，你是，鲜妍。百花的冠冕你戴着，你是天真，庄严，你是夜夜的月圆。雪化后那片鹅黄，你像新鲜初放芽的绿，你是柔嫩喜悦，水光浮动着你梦期待中的白莲。你是一树一树的花开，是燕在梁间的呢喃。你是爱，是暖，是希望，你是人间的四月天。

（众人情不自禁地朗读起来）

师：谁来说说感受？或者说说技巧？

生：人间四月天再美，在我眼里都比不上你的美。我在人间四月天看到的每一个美景都是你，全世界、满世界，我的眼里只有你。你的美是千变万化的。

生：总分总结构，构成完整的回环，中间以一连串的比喻，将“你”的形象描绘得绘声绘色，春意盎然，充满打动人心的力量。

师：前面三首是情歌，三段抒情文都有哪些动人心魄的‘诀窍’？刚才大家都分析了，现在我们来汇总一下，看看还有没有遗漏。

（PPT 展示）

让抒情文字动人心弦的诀窍：

1. 总分结构，突出主旨。

2. 你我对话，亲切感人。

3. 将情感形象化，将感受具体化。

4. 展开联想，妙用假设。

5. 运用排比、反问、比喻、反复等修辞手法。

6. 穿插使用“多么”“如此”“那样”“啊”等感叹用语。

7. 参差错落地安排长句、短句、骈散句式。总分总结构，突出主旨。

生：都在里面。

师：以上诀窍，按照大家的说法，都是套路。套路都是学来的，但对你是认真的。为什么世界上最遥远的距离不是生与死，而是我站在你面前，你却不知道我重情重义重感情？就因为我们以前忽略了套路，忽略了表达。今天，我们能否勇敢一点？去怎样告诉曾经帮助过我们的人，曾经点亮过我们的人。让人家知道我们心中有感激、感恩和牵挂，或者有愧疚、抱歉和后悔。

（PPT 展示）

课堂训练：回顾生活，你必定有让你仰慕的榜样、挚爱的同学、牵挂的朋友、念念不忘的伙伴……请从中挑选一位，写一段抒情文字。要求：语言通顺，情感饱满，内容充实，层次分明，结构相对完整；抒情为主要表达方式；不能以记叙、描写或者议论代替抒情。

师：现在都来想一想，我们长这么大了；在座的老师也可以想想，人生走过几十年了。有没有让我们念念不忘的人？有没有让我们感激的人？有没有让我们牵挂的人？你能不能把深埋心里多年的感情唤醒并表达出来。刚才课代表给大家每人发了一张小纸条，请大家就花那么几分钟写一写，写好后给我。也许，有同学会怯场或者感觉不会写，那么，不妨来看看我带来的，我的学生的作品。

（PPT 展示）

你知道吗？我非常非常讨厌你。讨厌你如暖阳般的笑容赖在我心里挥之不去；讨厌你如青松般的身姿让我梦绕魂牵；讨厌你如清泉一般的笑声总是痒痒地让我心醉。我讨厌你轻而易举地就占据了我的视线，让我的脑里、眼里、心里，再也容不下别的一切。让我一想起，就感到心酸又甜蜜。你是如此的令人讨厌，叫我怎能不讨厌？你知道吗？我讨厌你，非常非常讨厌你！

（众人大笑）

师：笑完了，请大家埋头写。

（过了五分钟）

师：这位同学写完了，给我看一下。（念）尽管你总是嫌弃我，说我胖，说我不用功读书，说我学不会节约钱。但每次放假的时候，你总是半夜打的来接我。你总是把我送给你的小猪佩奇放在床头，虽然非常便宜。你总在我上学的日子里。早早准备我一个人的早饭。我说我下辈子可能会变成一头猪。你说你就要做猪妈妈，无论我在哪里，你都能发现我。妈妈，非常非常感谢你。要不要掌声鼓励一下？

师（读另一个学生作品）：你的眼睛大大的，闪闪的。你的鼻子，小巧的，俏皮的。你的嘴唇，圆润的，诱人的。我喜欢你，我心悦你。我的眼中、心中，满满的都是你！你会对我笑，我会为你哭。我知道你的心中眼中满满的也都是我。也许，这就是爱吧。写得真好，谢谢！

师（读另一个学生作品）：谢谢热情的你，犹如一缕阳光扫清我面对陌生世界的迷茫；谢谢严厉的你，握着一把锤子敲着我音标学习的顽石；谢谢可爱的你，带我体验暴风、感受初阳。谢谢你，我最可亲可敬的泡泡彤！谢谢你，我最美最可爱的教练！

师：还有哪个同学的作品，愿意给我念一念？

（有学生举手）

师：谢谢你的自告奋勇。（念）如果一生只有一个人能够陪我走到最后，我祈求那个人就是你。如果一生只能做一场梦，我祈求梦见你。我们可以什么都不做，静静地坐在一起，就无限美好。如果一生只能说一句话，我明白那是你的名字。在无数次转身时，轻轻地跃出我的舌尖，我无数次呼唤你，呼唤你，你能听见吗？这是多么富有诗意的真情表白啊！（掌声）还有哪个同学愿意？快下课了，我还有两个指标。

（有学生上交作品）

师（读学生作品）：你知道我姓什么吗？我姓福。因为遇见你，我就是幸福的。我好想你，想你想得泪流满面，想你得想得哈哈大笑，如同一个小傻瓜。曾几何时，我们沐浴在阳光下，发色在一缕缕阳光下愈发得温柔。看着你，就有无限的幸福。感谢命运让我遇见你。请记住，从今以后我姓福。

师（读学生作品）：我喜欢你干净清爽的背带裤。一袭长发，随心松散。你是云彩中最轻最淡的那片，为了奔向陌生的沙漠。你又是风中最烈最快的那一阵，四处游历从不畏惧。你是林间的精灵，自由自在，可以在春鸟齐飞的广袤天地，与天地对话。三毛，正如你的名字，随心随性。我愿像你一样化作自由的风，来去无声。

（掌声如雷）

师：火辣辣的玫瑰，火辣辣地开。用学来的套路，抒发最真的情感。时间关系，我们今天，就交流到这里。还没有交作业的同学，我希望你能够交给我。如果你足够自信，可以署上自己的真名。当然也可以署上笔名。不署名也没关系。我要的，是你火辣辣的玫瑰。

师：最后，我想给大家留一份小小的作业。不过你不必交给我。下课后我们就各奔东西，但你的作业，我还是有机会看到。什么作业呢？请看屏幕。

（PPT 展示）

课外练习：

生活中，你一定曾碰见过、阅读过许多让你喜欢的报刊。请选择其中一种，给报刊编辑部写一封信，抒发你对该报刊或喜欢或感激或向往……的情感，并寄往该报刊。

命题理由：

大部分报刊都有“编读往来”“读者心语”之类的栏目，经常刊登读者来信。大家做此题，既可以考查读报刊、用报刊的收获和体会，练习如何抒情，又能赢得较高的发表机会。一旦发表，大家就容易获得写作的成就感，容易尝到写作的甜头。

师：今天的课就上到这里，同学们，下课！感谢大家的积极配合。我会想念你们的！

【教学构想】

理想的作文，既要言之有物，又要言之有序。理想的作文教学，要么引领学生的思想成长和精神发育，让孩子有话要说，有话可说，要么关注学生的表达能力和写作技巧，想办法让学生可以真实、准确、顺畅地表达。

本课把教学的重点，放在表达能力和写作技巧层面，但又巧妙地引领了学生的思想成长和精神发育，从而成功躲开了为技巧而技巧的误区。

在引领学生思想成长和精神发育方面，本课首先以优秀传统文化浸润心灵，以赠送见面礼的形式，巧妙引出《菜根谭》关于交朋友标准的一句名言，引导学生做一个重情重义重感情的人。接着通过层层诱导，唤醒学生沉睡心底的美好情感，并采用直抒胸臆的方式，让情感喷薄而出。让课堂富有诗意，富有美感，富有动人心魄的力量。

在关注表达能力和写作技巧方面，本课采取了举三反一的方式，让学生从三首歌、三篇短文的阅读实践中，真切感受写作诀窍，理性归纳写作技巧。这种来自真实表达实践的写作技巧，亲切感人不做作，具有人间烟火气息，运用起来顺人心，富有表达的力量。同时，课堂练习的设计，贴近学生实际生活场景。既激发写作欲望，让学生有按捺不住的写作冲动，又举一反三，让学生将课堂学到的表达技巧，立马运用到最真实的交际场景中去。

因此，课堂练习的完成，教学目标的达成，才会如此顺畅。

不仅如此，本课“向报刊投稿”的课外练习，设计也别具匠心。既能引导同学将课堂上学到的写作之道（思想精神）和写作之术（能力技巧）及时迁移到生活实践中去，又能让学生明白，上课只是学习写作这万里长征的第一步，课后的社交实践才是写作提升的长久之策。

《记梁任公先生的一次演讲》课堂实录及教学构想

湖北省宜都市第一中学　杨邦俊

【课堂实录】

师：现场的各位老师，来自湖北的西楚阳人在这里向大家问好，感谢浙江师范大学的同学参与我们的课程学习。

师：欢迎大家积极主动发言，阳人将评出今天课堂上的两位优秀学员，送给两位一份小小的礼物。（出示：杨邦俊著《语文人本教育》）

师：（出示课题《记梁任公先生的一次演讲》点人）这位同学，梁任公先生是谁？（沉默）

师：有没有哪位老师，哪位同学知道？

生：（示意）梁启超。

师：你能不能给我们介绍一下你所了解的梁启超先生？

生：戊戌变法。

师：哦，梁启超先生与戊戌变法有关。（出示资料）

梁启超，字卓如，自号任公，又号饮冰室主人，中国近代维新派领袖，著名学者。

师：现场还有没有哪位老师了解梁任公先生。任公在中国传统文化中，有什么含义？有没有老师想发言？（示意）请这位老师说说。

参会老师：我跟同学们介绍的比较多的是梁启超的儿子梁思成，他是林徽因的丈夫。对任公了解的不是很多。

师：也就是说梁启超是梁思成的父亲、林徽因的公公，但您对梁思成了解的较多，对任公了解的不是很多。不要紧，下面我们来看一部典籍。（出示《孟子·万章》）

孟子曰："伯夷圣之清者也，伊尹，胜之任者也；柳下惠，圣之和者也，孔子圣之时者也。"

师：其实，任公在中国传统文化中有很丰富的内涵。我国传统文化中有四种圣贤：第一种叫清圣，如伯夷；第二种叫任圣，如辅助了三代商王、成就了殷商大业的伊尹；第三种是谁呢？就是坐怀不乱的柳下惠——和圣；第四种是时圣——孔子。中华传统文化中有四圣，那梁启超先生，年轻时自号为任公是为什么呢？就是立志要伊尹学习，做为国担纲、为民请命、以天下为己任的任圣啊。下面我们走进文本，看看梁启超是不是这样的任公。请一位同学来将课文的第一段读一下。

生：（诵读）

师：（点生）"那时候的青年学子，对梁任公先生怀着无限的景仰"为什么无限景仰？请用原文回答。

生："不是因为他是戊戌政变的主角，不是因为他是云南起义的策划者，实在是因为他的学术文章上对于青年确有其引导的作用？"

师：我们来研究一下这段话包含哪些信息。梁任公是不是戊戌政变的主角？令不令人景仰？

生：是。令。

师：梁任公是不是云南起义的策划者？令不令人景仰？

生：是！令！

师：作者说："不是因为他是戊戌政变的主角，不是因为他是云南起义的策划者，实在是因为他的学术文章上对于青年确有其引导的作用"是什么意思？

生：虽然作为戊戌政变的主角、云南起义的策划者也令人景仰，但对清华学子而言，更令人景仰的是因为他的学术文章对于青年确有其引导的作用！

师："实在是"有什么言外之意？

生：惊奇啊，佩服啊，不服不行啦……

师：谢谢这位同学。把我和刚刚这位同学的讨论经验总结一下。我们读文章的时候要把文章看懂。这段话包含以下几层含义？

生：两层。

师：梁启超是戊戌政变的主角、云南起义的策划者，他的学术文章对于青年确有其引导的作用，这是第一层。第二层，北大学子对他的景仰，是因为他的学术文章对青年确有其引导作用，这种景仰比对戊戌政变的主角、云南起义的策划者的景仰，更令人景仰！是不是这样？

下面看一看，戊戌政变的主角、云南起义的策划者、学术文章对于青年确有其引导作用的梁启超的令人景仰的地方。

（出示戊戌政变、云南起义的相关资料，讨论）

师：有同学说梁启超先生有那么一点变色龙的味道，你看他反清，反袁，反段祺瑞，又反孙中山。他为什么会这样变来变去？大家想一想，肯定有一个理由。

（学生讨论）

师：（小结）凡是有利于人民的他都支持，凡是不利于国家发展的他都反对。对，所以梁启超先生是中国近代探求救国救民道路的先驱。梁启超先生的学术文章对青年有没有其引导作用呢？（出示梁启超学术成就资料，讨论明确）

学术研究方面：梁启超是个哲学家。国学教育方面：中国近代十大国学大师。文学创作方面：创造了新文体。最重要的是梁启超先生一生写了1400万字，每天写，36年间公开出版的文字平均每天达两千多字。所以说梁启超先生是学界巨子、文坛领袖。

师：这样一位大师给清华学子做演讲会讲什么？请大家再看看课文。（讨论明确）

1. 讲《箜篌引》（课文第5、6段）。

2. 讲《桃花扇》（课文第8段）。

3. 讲《闻官军收赴河南河北》（课文第8段）。

师：《箜篌引》讲的是什么故事，（疑惑）不知道？（多媒体链接，教师对原文作适当的翻译讲解）：

《箜篌引》

古今注。朝鲜津卒霍里子高，晨起刺船，有一白首狂夫，披发提壶，乱流而渡，其妻随而止之。不及，遂堕河而死。妻援箜篌而鼓之，作公无渡河之曲。声甚凄怆，曲终，亦投河而死。子高还，语其妻丽玉，丽玉伤之，乃引箜篌而写其声，名曰《箜篌引》。（沈德潜《古诗源》）

师：《箜篌引》的主题，是疯狂与死亡。波涛在前，命运已定，前进就是死亡，却依然蹈死而不顾。这种执著，缘自于强大到疯狂的人格力量，命中注定要做无望之极的抗争。梁启超先生讲演时，在浩如烟海的中国韵文里独独选择《箜篌引》来作开头就没有什么用意吗？

生：是他内心世界的表白。

师：能不能说得详细一点。可以讨论。（学生讨论后发言）

生：应该说梁先生也颇有一点白发狂夫的味道。

生：在那个黑暗的年代，梁启超明知变法不可为，只有死路一条，可他仍然坚持自己的理想。

生：在明知不可为的情况下仍执意为之，颇有蹈死不顾的气概。

师：说得很好，梁启超意志坚毅，即使经受了维新变法失败的惨痛打击，仍不退缩，坚持斗争，策划云南起义等重大活动。难怪梁启超先生以此作演讲开头，并且这样地投入。我们请一位同学吟诵一下《箜篌引》。（学生吟，教师示范）

下面我们看他讲《桃花扇》。

课文说梁启超先生讲《桃花扇》的时候，手舞足蹈，有掩面有狂笑有叹息，讲着讲的，就痛哭流涕了，他为什么会这样啊？

这就要从将的内容《胜如花》说起。（多媒体链接）

桃花扇

我的崇祯主子呀！我的大行皇帝呀！孤臣左良玉，远在边方，不能一旅勤王，罪该万死了。

《桃花扇·胜如花》高皇帝，在九京，不管亡家破鼎，那知他圣子神孙，反不如飘蓬断梗。十七年忧国如病，呼不应天灵祖灵，调不来亲兵救兵；白练无情，送君王一命。伤心煞煤山私幸，独殉了社稷苍生，独殉了社稷苍生！（孔尚任《桃花扇》）

师：胜如花，是明代末臣左良玉哭崇祯皇帝一段唱词。崇祯皇帝是一位励精图治的亡国之君。在位十七年间，不溺于声色犬马，而是勤勉辛劳，只可惜当时明朝大势已去，积重难返，江山易人，他也自杀身死。我不明白的是崇祯帝死去距梁先生所处的时代已将近300年，崇祯帝和任公先生又没什么关系，先生却是“悲从中来，竟痛哭流涕而不能自已。他掏出手巾拭泪”，先生这样悲伤地流泪究竟是为什么？

生：定是触动了他的内心。

生：可能是想到了一个人。

师：哪个人？

生：（齐）光绪皇帝！

师：光绪帝也是一位很想有所作为的皇帝，17 岁就亲政。面对甲午战争战败的屈辱，下诏变法维新。但实权掌握在慈禧太后手中，慈禧太后发动政变，光绪帝被囚禁，变法最终失败。梁启超表面上是在叫左良玉哭崇祯皇帝，实际上是自己在哭光绪皇帝，哭多灾多难的中国，下面我们给大家介绍“唱”：

唱——从口从昌，即口张，就是依循一定腔调和固定的节拍歌唱，唱时情感要真诚、隽永、透达。

下面我给大家唱一唱。（师唱）

师：（总结）通过上面的学习，我们知道：梁启超先生是一位像任圣伊尹一样的任公，虽然身处国家动荡的纷乱时代，但他始终如一地坚持着自己为国为民的志向，不因功绩显赫或君主无道而有任何改变。任公先生一生参加过戊戌变法，但又反对过孙中山的辛亥革命；他曾试图依靠袁世凯、段祺瑞等军阀来改良社会，但理想破灭后，又策划云南起义公开反袁，维护孙中山的共和制。直至晚年完全从政治的纷争中走出来，致力学术。一生充满矛盾，但一直都在为国家的前途思考实践，并不断修正自我。为国担纲，为民请命，以天下为己任。在文坛上，梁启超先生又是一个有思想，有个性，热心肠而又谦逊的学者，实乃文坛巨匠，学界伟人。所以梁启超先生，是一代师表。

老师们，同学们。我们做人，就要做圣贤，要有真性情，热心肠，感动世界的人。做国人就要以天下为己任，报效国家，民族。做学人，就要有大学问真本领，启迪后来者。梁任公先生是民族精英，我等楷模！

谢谢大家！下课。

【教学创意】

采用语文人本教学的方法，突破以往孤立教文本的俗套，坚持以人的教育为最高准则来开发和利用教材，采用语文教学的固有方法，通过引导学生有效地阅读文本，感受梁启超先生的音容笑貌，品评人物的思想、行为和精神风貌，分析背后的深刻根源，接受人格教育，学到语文知识、语用技能和人生智慧。

《让古典诗词真正姓“古”名“诗”》课堂实录及教学构想

浙江省东阳中学　陈益林

【课堂实录】

师：老师们同学们，这堂课讲的这个课题有点难懂——《让古典诗词真正姓“古”名“诗”》。什么意思呢？老师的意图是，通过这堂课的学习，帮同学们慢慢地悟到一些古典诗词的门道，让同学们能够用比较内行的眼光来看待古典诗词，来阅读古典诗词。一旦懂行了，你一定会越来越喜欢中国古典诗词，甚至说不定会从此走上能够写出真正的古典诗词来的道路。

师：我们东阳中学在招聘新教师的时候，一般都要考量前来应聘的大学生们的阅读量、记诵量。我们会问，古典诗词你记住了多少？我们很遗憾地发现，能够一口气背出十首古典诗词的大学生竟然很少！这么多年下来只有一位应聘者给我留下很深的印象。他能够一口气把苏东坡的《赤壁赋》一字不差地背下来。我们很想把他聘用到东阳中学来教书，但他又到金华一中去应聘了，而且金华一中也非常满意，当场就给他签约下来了。我们手脚没有金华一中那么快，人被抢走了。下面我想对在座同学作一点古典诗词背诵小测验。李白的《蜀道难》，从“朝避猛虎”这句开始，你能不能往下背几句给我听一下？

生：（学生开始准备背诵）

师：一般都女士优先，我这回男士优先，来，这位男同学。

生：朝避猛虎，夕避长蛇。磨牙吮血，杀人如麻。锦城虽云乐，不如早还家。呃……谈……蜀道之难，难于上青天。呃……不，不……

师：也相当不错了！欢迎你到我们东阳中学来任教。

生：（笑）

师：不少老师教到古典诗词的时候，往往用新诗的鉴赏法来讲授古典诗词。古典诗词跟新诗是很不一样的。主要不一样在哪里？古典诗词有它特有的“诗格”。古典诗词“诗格”牵涉的内容很多，如押韵、平仄、音顿、句式、布局（绝句、律诗讲起承转合）、对仗（律诗要求中间两联对仗）、基调等。限于时间，这堂课主要讲古典诗词的押韵跟平仄。请同学们看屏幕布上这一段。（出示《蜀道难》片段“朝避猛虎……侧身西望长咨嗟”）

现在，我们全班同学一起来用普通话把这段诗读一遍。预备，读。

生：朝避猛虎，夕避长蛇。磨牙吮血，杀人如麻。锦城虽云乐，不如早还家。蜀道之难，难于上青天，侧身西望长咨嗟。

师：一些新诗自由到可以根本不需要押韵，甚至连标点符号都可以不用一个。古典诗歌则一定要求押韵。请同学判断一下，这段文字里面，韵脚是哪几个？

生：（思考）

师：来，请你来说说看，押韵的字是哪几个？（请一位同学来回答）

生：蛇、乐，然后还有……

师：蛇、乐，还有哪些？看来是有些难度。用普通话念，好多地方都不押韵了。李白写的时候是押韵的，因为李白还不懂得普通话，我们的普通话是解放以后才搞出来的东西。唐朝的李白，他用的是中古音。我了解在座的同学以浙江的为多。我们江浙一带呀，这个土话跟李白那个时候的中古音啊，倒还有些接近的地方。所以咱们念的时候，不妨用我们的土话来试试，用普通话念，古诗词的音韵之美可能就不太容易呈现。

师：（出示《蜀道难》片段“朝避猛虎……侧身西望长咨嗟”）同学们，请大家看看红色标注的那些字就是韵脚。中国古诗词中，古音押韵的话，一般押平水韵。《蜀道难》中的这一段，押的是平水韵里面的下平六麻韵。你们听到“平水韵”“下平六麻”这些概念，可能都会感到头皮发麻，感觉根本不懂。等一下老师给你们讲一讲，你们就会懂了。下面这两首诗歌也许幼儿园的小朋友就会了背。叫做“朱雀桥边野草花，乌衣巷口夕阳斜（xié）”……

生：斜（xiá）。

师：是的，我们经常听到人们读作“乌衣巷口夕阳斜（xiá）”。“斜”读成xiá，整首诗读起来就特别好听。这首诗有“花”“斜”“家”这三个地方押韵。而杜牧的《山行》第一句是什么呀？“远上寒山石径斜（xiá）”。“远上寒山石径斜（xiá），白云深处有人家。停车坐爱枫林晚，霜叶红于二月花”。这首诗有“斜”“家”“花”等三个地方押韵。“斜”字，模仿着中古音读成xiá，再将整首诗合起来读，就能发现古诗词押韵的音韵之美。现在我们再来看屏幕中《蜀道难》这个片断。“蛇”字在中古单音中怎么读呢？你们去百度上查一下《蜀道难》的一些朗读音频，会发现一些老先生把“蛇”念成shá。

生：蛇（shá）。

师：现在老师韵脚还原成中古音，来把这段诗读一遍：朝避猛虎，夕避长蛇（shá）。磨牙吮血，杀人如麻（má）。锦城虽云乐，不如早还家（jiá）。蜀道之难，难于上青天，侧身西望长咨嗟（jiā）。现在请同学把这两个字读一下：长蛇（shá），咨嗟（jiā）。再大声将整段诗读一遍。

生：（齐读）朝避猛虎，夕避长蛇（shá）。磨牙吮血，杀人如麻（má）。锦城虽云乐，不如早还家（jiā）。蜀道之难，难于上青天，侧身西望长咨嗟（jiā）。

师：同学们，这样懂点古音韵的知识，读起古诗词来是不是更好听了呢。下面说说平水韵，平水韵分上平和下平，上平有15个韵，下平有15个韵，总共30个。同学们刚才读的这段诗，押的是平水韵里面下平的第六个韵，叫麻韵。第六个韵叫做麻韵，就叫做六麻韵。

师：（课件展示概念）现在有文读和白读两个概念，同学们了解一下。白读呢，就用现在普通话的读法。文读呢，就是带点古音的读法。咱们学一点“文读”的知识，才可以将中国古典诗词读得像古典诗词，才可以让中国古典诗词真正姓“古”名“诗”。要想“文读”，先得懂古音。有同学说，古音我不知道哇。有几个渠道，可以了解古音读法。第一个，要学会讲方言。学会讲方言，尤其是江浙一带属于古代吴越地区发的土音，说的土话，它跟唐宋时期的中古音还是比较接近的。咱们全国所有方言里面，跟古音最接近的是哪一种？广东话。要了解古音，还有一个渠道，多听越剧。越剧发的音是浙江嵊州的方言土音。有一部经典越剧叫《碧玉簪》。唱词里面有这么一句："孑然一身空嗟叹。"我们用越剧唱的话会这么唱？（师唱）孑然一身空嗟（jiā）叹。"嗟"发 jiā 音。所以通过多听越剧，了解古音，是个好方法。

（师展示图片和文字）第三个渠道，在平时生活当中，多跟高雅一点的人士接触。同学们看看陈老师参加了哪些活动，加了哪些微信群。陈老师身边有一大帮的"骸骨迷恋者"，也就是对中国古典文化、文学的痴迷者。我加入了"市诗联"微信群，一帮爱好古典诗词的，特别是喜欢格律诗的朋友，经常一起切磋古诗词写作。还有"悦读经典"群，特别喜欢古诗吟诵的一帮朋友在一起。"世间"阅读群、"问普洱"群。"问普洱"啊，茶道群。这个"放马湖"群呢，是东阳市作家协会群！我还是东阳市作家协会副会长呢。还有"西狐文学作者"群、"西湖作文导师"群。跟群中这些风雅之士接触得多了，切磋得多了，我们的文化水准自然容易提高。

（展示图片）再一起来看屏幕中的图片。这不是拍电视剧，而是我身边的老诗友模仿古人的一种风雅的生活方式的照片。农历三月初三，古代叫上巳节。《兰亭集序》反映的就是东晋王羲之等一帮文人雅士在上巳节搞的一次雅聚。上巳节，这个节日非常好，很有诗情画意，要想办法恢复这个节日！我们一直在呼吁，全国有不少人士也一直在呼吁。我和一帮诗友自己先做起来。今年的农历三月初三啊，我们一帮诗友就穿上汉服到东阳的一个乡村搞了一次曲水流觞吟咏诗歌活动。（展示图片）看看，这些不是古人，都是我身边活生生的诗友啊！

生：哇！

师：（展示图片）再请大家看一下。

生：哈哈哈……

师：尽管有人说我们穿汉服，吟古诗，模仿古人的生活方式是附庸风雅。但是我要说，附庸风雅，总比不懂风雅为何物的人要可爱得多。

生：好，说得好！（鼓掌）

师：（展示图片）请再来看一下，这个"市诗联"的群里面在干什么？大家写了古典诗词就发到群里，互相交流切磋。再请看，在今年上巳节上，我借用苏东坡《念奴娇·赤壁怀古》的韵字，写了一首《念奴娇》：

念奴娇

阿溪上巳节分韵得"月"字，填词一阕

雨吞红日，又何碍、吟赏芳春风物。陌上田间抬眼望，媛女妖童不绝。翠色葱茏，云中雀舞，浅濑喷珠雪。山乡如画，庆春锣鼓明灭。

偏爱东晋兰亭，曲流觞泛事，才情风发，历久难凋。思慕间，吾辈诗文相挈。兴至神飞，佳联催俊彦，锦心争杰。人逢同道，共歌清雅年月。

师：（展示图片）"悦读经典"这个群呢，是教我们怎么吟诵的。大家来看李绅《悯农》这首诗。请看上面的标注符号。

1.^ 表示入声字，读得短促。

2.~ 中平：句中之平声字。

3.~~ 长平，平声韵的韵字。

"春种一粒粟"。"一"、"粒"、"粟"三个字，都是仄声字里面的入声字。古音当中的入声

字，一般都读得比较短促急迫。老师给大家示范朗读一下。（师读）

（展示图片）再来这个“西狐茶吧”，“西狐文学”网络公众平台里面开设了“西狐茶吧”这样一个栏目，讲教育的。我看到这个栏目开设很高兴，就写了一首绝句，发上去跟诗友们切磋：

乐见“西狐茶吧”教育评说栏目问世

（平水韵，平起入韵，上平十灰）

轩窗绣闼正新开，蛙鼓莺鸣动地来。

万籁宣声生趣闹，此间岂必定尊裁。

（展示图片）网络，既是天使又是魔鬼。网络这个东西，用得好绝对是天使。咱们要让网络天使的这一面充分展现开来。网络上这个“诗词吾爱网”，同学们可以记一下。你如果写了一首绝句，或者一首律诗，到底是否符合绝句、律诗的格律呢？发到那里检测一下就明白了。当然，你还要知道，你这个是仄起入韵呢，还是平起入韵呢？像这类知识你要懂。比如我写了一首关于这次尖峰论坛的绝句：

第九届全国新语文尖峰论坛赴会记

阳光一出冷风收，缘聚尖峰共探求。

雾障杏坛联手扫，轻舟踏浪立潮头。

我押的是下平十一尤韵。我在网站页面中输入要检测作品的那个方框内，检测完之后，它告诉我已经符合格律了。假如不符合格律，它会告诉我，哪个字应该要平声，哪个字该仄声，哪个地方不押韵。你去调整就是了。（展示图片）网络里还有中古音和上古音在线查询。这些工具多管齐下用起来，我们就可以知道古人的发音。我们主要掌握中古音——唐宋时期的读音。

（展示“平水韵”概念的解释）为什么叫平水韵？请看一下它的来历。因为是宋朝末年山西平水人刘渊搞出来的。记住了啊，平水韵是宋朝山西平水人刘渊搞出来的，所以叫平水韵。（展示平水韵里的平声韵）古人写绝句或者律诗，一般押的是平声韵，偶尔有些是仄声韵。反正你读的绝大部分绝句和律诗，押的都是平声韵。我随便举个例子，李白的《望庐山瀑布》“日照香炉生紫烟，遥看瀑布挂前川。飞流直下三千尺，疑是银河落九天。”“烟”“天”“川”不都是平声的吗？所以绝句、律诗一般是押平声韵的，这个概念大家要掌握好啊。平声韵里面，分为上平、下平两类。我们刚才讲到了，每一类都是15个。关键是这15个也不太好记。动点脑筋也不难，用谐音来记嘛。上平一东二冬三江。上平的第一个字东韵，第二个冬韵，第三个江韵。你记为“咚咚锵”三个字就记牢了。多去尝试着写一写，再发到“诗词吾爱网”里面检测一下，上平、下平这些东西慢慢就熟了。现在古典诗词写作有两类韵。第一种用普通话音韵，叫做“中华新韵”。你可以用“中华新韵”写，就用普通话的读音来写。“中华新韵”练熟了，咱们不要满足于那个。真正会写古典诗词的，一定要跟李白、杜甫一样，用古音来押韵、来写。

（展示李益的《江南曲》）大家来看这首诗，用普通话读就不押韵了。请大家大声读一遍。

生：嫁得瞿塘贾，朝朝误妾期。早知潮有信，嫁与弄潮儿。

师：古代的格律诗有一个规定，偶句必须押韵。这首诗第二、第四句的最后一个字，一个是“期”，一个是“儿”。用普通话读，这两个字一点都不押韵啊！我说过了，人家李益不是用普通话写的，他是用当时唐朝的语音来写的。他押的是平水韵里面上平四支韵。在唐朝，“期”“儿”跟“支”这个读音是同一韵部。这个“儿”的中古音，我们还是用土话来体会一下。同学们，你们家乡的土话中，“儿子”一般叫什么？

生：ng（方言）

师：哎，跟我们东阳话差不多的。在越剧里面，听听这个字是怎么唱的。《送凤冠》是越剧《碧玉簪》中非常经典的唱段。那个老太太很可爱啊！她劝媳妇接凤冠的时候，有这样一句（展示唱词）：我养什么儿子做什么婆。老师模仿着哼一下，你们听听看。（师唱）我养什么儿（ní）子嘛做什么婆？我养什么儿（ní）子。你听儿（ní）子。大家想啊，儿（ní）和“期”读起来就押韵了。古音中“儿”字就是读ní。现在，请同学们把“儿”读作ní，将整首诗连起来再来读一遍。

生：嫁得瞿塘贾，朝朝误妾期。早知潮有信，嫁与弄潮儿（ní）。

师：这样一读，古诗词的音韵之美就出来了。前面说过，新诗是可以完全不押韵的，但是古诗词是要求押韵的。绝句和律诗还要求偶句押韵，而第一句的最后一个字可押韵，也可不押。同学们会有疑惑，第一句最后那个字要不要押韵，有没有规律可循呢？

（展示两首诗）请同学们来看，李益的《江南曲》，首句是不押韵的。而李商隐的这首《夜雨寄北》，首句却是押韵的。这里面有什么规律呢？大家一起来看啊。（展示毛泽东的《七律·人民解放军占领南京》）再看毛泽东的这一首律诗，首句是押韵的。整首诗他用了两个韵：“江”这个韵，叫做上平三江韵；“黄”“慷”“王”“桑”等四字是下平七阳韵。两个韵读起来差不多，可以邻韵通押。再像杜甫这一首《闻官军收河南河北》，首句是不押韵的。

好，规律要来了。（展示规律）这四种请同学们记一记啊。好，我先把它说一下。一：平起平收。二：仄起平收。三：平起仄收。四：仄起仄收。一开始，我看到这些概念的时候也是头大得很。后来经一位诗友一指点，马上就脑洞大开。实际上根本不难，很好掌握的。记例子啊，赶紧记例子。绝句、律诗第一句最后那个字是平声字，就叫平收。凡是平收的格律诗，第一句必须押韵。（展示例子《早发白帝城》）同学们请看，这首诗就叫做平起平收。平起是怎么回事呢？第一句的第二个字，记住了，是第一句的第二个字。如果是平声，就叫平起；如果是仄声，就叫仄起。《早发白帝城》显然是平起平收。凡是平收的，首句必须押韵。（展示例子《夜雨寄北》）再请看，像李商隐的这一首，第二个字“问”。无论是普通话还是古话，都是仄声，就叫仄起。当然结尾那个字“期”，是平声，这叫做仄起平收。（展示例子：陆游《夜读范至能揽辔录言中原父老见使者多挥涕感》：公卿有党排宗泽，帷幄无人用岳飞。遗老不应知此恨，亦逢汉节解沾衣。）再还有一种：平起仄收，应该好懂了。第二个字是平声的，叫做平起。第一句最后一个字是仄声的，叫仄收。“泽”，现在读第二声。注意古音！毛泽东，“泽”，你土话念来听听看。土话“泽”字就念仄声的。“泽”在古音中是仄声字。陆游的这首诗就叫做平起仄收。（展示例子《九月九日忆山东兄弟》）再请看，仄起仄收。这首诗第一句，“在”“客”都是仄声。凡仄收的，首句不入韵。这下可以理解了吧。第一句最后那个字要不要押韵？规律出来了：

凡是平收的，必须要押韵：凡是仄收的，第一句不用押韵。

（展示判断题）请同学们用刚才学到的知识来判断一下，屏幕上这些诗歌到底是什么起什么收呢？

和张仆射塞下曲·其二

卢纶（唐代）

林暗草惊风，将军夜引弓。

平明寻白羽，没在石棱中。

相思

王维（唐代）

红豆生南国，春来发几枝。

愿君多采撷，此物最相思。

望天门山

李白（唐代）

天门中断楚江开，碧水东流至此回。

两岸青山相对出，孤帆一片日边来。

夏日绝句

李清照（宋代）

生当作人杰，死亦为鬼雄。

至今思项羽，不肯过江东。

生：（思考）

师：咱们一起来回答一下好了。卢纶的那一首是什么起什么收？

师生：仄起平收。

师：你看，马上就领悟了。凭你们的聪明、悟性，本来我们看着像天书一样的古典诗词格律，经老师一讲，你们马上就悟到门道了。再请看，王维的这首是什么起什么收啊？

生：仄起……

师：仄起。这个有点难了。用普通话讲的话是仄起平收，因为用普通话念，“国”是第二声。但是你要用土话去读一下，“国”读作近于普通话第四声的 guài，1949 年，毛泽东同志在天安门城楼上，用浓重的湖南方言口音宣布“中华人民共和国成立了”。他把“中华”念成“zhéng 华”，把“国”念成 guài。请注意，湖南话中，ong 一般念作 eng。“国”是仄声字。所以王维的《相思》是仄起仄收。《望天门山》是什么起什么收呢？对，是平起平收。李清照的这一首同学们也会犯迷糊。你们先猜猜看，是什么起什么收？

生：平起……

师：是的平起。关键是这个“杰”。“杰”现在是第二声平声。但古音里面呢，“杰”是入声。入声是仄声里面的一种。像苏东坡那首《念奴娇·赤壁怀古》，押的都是入声韵。“大江东去，浪淘尽，千古风流人物”。“物”，入声的。“故垒西边，人倒是三国周郎赤壁。乱石穿空，惊涛拍岸，卷起千堆雪”。“壁”“雪”也都是入声字。还有下阕的“杰”“发”“灭”“月”都是入声字。入声字的特点是读起来短促急迫。这下我们明白了，李清照的《夏日绝句》是平起仄收。

（展示诗歌例子）绝句、律诗偶尔啊，也会有用仄声韵的。绝大部分的律诗和绝句押的都是平声韵。押仄声韵的，我们也稍微领略一下吧：

江雪

（唐）柳宗元

千山鸟飞绝，万径人踪灭。
孤舟蓑笠翁，独钓寒江雪。

春晓

（唐）孟浩然

春眠不觉晓，处处闻啼鸟。
夜来风雨声，花落知多少。

望岳

（唐）杜甫

岱宗夫如何？齐鲁青未了。
造化钟神秀，阴阳割昏晓。
荡胸生层云，决眦入归鸟。
会当凌绝顶，一览众山小。

像这些诗押的就是仄声韵。绝句如果押仄声韵，第三句最后那个字必须是平声的。如果押平声韵，绝句第三句最后那个字肯定是仄声的。还是李白那首吧：日照香炉生紫烟，遥看瀑布挂前川。飞流直下三千尺。第三句最后那个字不是仄声吗？

下面我们来讲讲古诗词的平仄。

同学们都知道，普通话中字的读音分阴平、阳平、上声、去声四种，阴平、阳平是平声，上声、去声是仄声。那么古代的字音分哪几种呢？也分四种，叫平、上、去、入。我们时常听说的古诗词的平仄，仄声就是指上、去、入三种。

为什么人们对“中国诗词大会”电视节目主持人董卿的评价非常高呢？我想一定是董卿不但具有外在美，而且更有文化内涵美。董卿确实不错，她的古典诗词修养相当好。她知道在中国古诗词里面，这个“看”（kàn）字，在好多情况下要读 kān。而咱们普通话呢，看守、看门、看护，这些词语中的“看”读 kān，而绝大部分情况下，“看”字是读 kàn 的。在古诗词里面，好多“看”（kàn）字要读成 kān，才有音韵之美。请大家来看这些诗句，假如你读 kàn，平仄就不对了。“却看（kān）妻子愁何在，漫卷诗书喜欲狂”，“看”（kān）和“卷”，平对仄，这样才好听。“晓看（kān）红湿处，花重锦官城”，“看”（kān）和“重”，平对仄，读起来才好听。“相看（kān）两不厌，只有敬亭山”，“看”（kān）和“有”，平对仄，好听。包括刚才讲的李白那首《望庐山瀑布》。“日照”对“遥看（kān）”，读着才好听。老师就不一一举例了。

苏轼《念奴娇·赤壁怀古》中，“故国神游”这一句，一般认为有两种理解（展示两种理解）：1. 古战场上空游弋的周瑜的英灵。2. 神游于故国，就是精神在古战场游历。假如你不懂平仄，就不知道哪个说法是正确的。懂得平仄，你就能够判断只有一种说法是对的。老师写了一段文字，请同学们看看（展示答案）：

按《念奴娇》词谱，下阕“故国神游”处平仄规律应是“仄仄平平”。如果“神游”是“游弋的英灵”，那么句中“神游”应改作“游神”。这样既符合平仄规律，又造句自然。由此可见，将“神游”理解为“游弋的英灵”是错误的。正确的理解是，“故国神游”，是个倒装兼省略句，还原补充为正常语句，就是“神游于故国”。因为出于“仄仄平平”的格律要求，才作倒装兼省略处理。下阕“多情应笑我”处的平仄格律是“中平中仄仄”（“中”指可平可仄）。为符合平仄格律，词人将“应笑我多情”写成“多情应笑我”。

看了上面这段文字，了解了平仄，同学们一定也会明白了词中为什么把原本应写作“应笑我多情”的句子写成“多情应笑我”，那都是出于填词中平仄的考虑。

顺便再讲讲“入声字”。入声字的特征就是短音急迫，用入声字，可以表达慷慨决绝之感，也可以表达痛苦凄楚之意。

入声字怎么记，有人还编了记忆口诀。

入声四言歌

日月出入，黑白碧绿。阅读学习，得益数亿。
熟悉笔墨，玉璞铁锡。逐级压迫，掠夺积极。
结束剥削，福禄德育。百雹狄发，立国策略。
突兀袭击，竭力捉鳖。昨辍秃钺，刹伐激烈。
克服急切，索爵决裂。蹴独竺俗，赤脚涉猎。
熄灭灼烁，北辙湿泽。馥郁竹笛，芍药菊摘。
屋阁石壁，博客恤吉。绰约察觉，宅室失窃。
蜀木属穆，瞎拾拉汲。物质脱落，甲蝎哭泣。
……

网络上都有的，同学们自己可以去找找看。像“日月出入”，你得用土话念，才能读出短促急迫之感。比如，“出”字要读 què。

最近我听了一位青年语文教师讲练习，练习中出现了毛泽东的《忆秦娥·娄山关》：

西风烈，
长空雁叫霜晨月。
霜晨月，
马蹄声碎，
喇叭声咽。
雄关漫道真如铁，
而今迈步从头越。
从头越，
苍山如海，

残阳如血。

“咽”是个多音字，有同学问老师，词中的“咽”应读什么音，这位老师竟把握不准。如果懂点古诗词平仄知识，就会知道，《忆秦娥》词牌押的是入声韵，词中的“咽”肯定是读 yè。

用入声字押韵的古诗词名作非常多。李白的《忆秦娥》、苏轼的《念奴娇·赤壁怀古》、岳飞的《满江红》、柳永的《雨霖铃》、李清照的《声声慢》，这些名作押的都是入声韵，同学们课后可以找来好生读一读，体会体会。

好，课就上到这儿。同学们再见！

【教学构想】

多年来，中小学语文教学中，常将“古诗（词）”教学与“古文”教学笼而统之，一齐称作“古诗文”教学，在教学实践中也往往模糊了两者的分界，“古诗（词）”教学与“古文”教学毫无二致的现象相当普遍，不外就是将课文的读记背和文言字词句知识的积累作为教学的重中之重。“古诗（词）”教学应有的诗味、诗趣、诗美常常受到冷落和漠视。也有一些教师，在“古诗（词）”教学之中尽管注意到了诗味、诗趣、诗美诸问题，但常常将“古诗（词）”教学与“新诗”教学混为一体，对“古诗（词）”特有的诗格特征往往发掘乏力，施教缺法。

正是鉴于这两种教学流弊盛行多年，本课尝试通过穿插大量为学生所喜闻乐见的古典诗词的实例讲解，引进方言、越剧等乡土题材，用尽可能通俗易懂的手法，帮助学生达成对古典诗词押韵与平仄知识的基本了解，以便他们以后再去阅读古典诗词时，能够用稍微懂行一点的眼光去审视鉴赏，从而更多地感受到中国古典诗词特有的美感韵味。

回归语辞　体察情思——《荷塘月色》

衢州一中　王燕飞

一、初读感知

师：同学们好，今天我们一起来学习朱自清先生的著名散文《荷塘月色》(板书题目及作者)，课前老师让大家用关键词的形式梳理自己的阅读感受，并且在相应的关键词旁加上自己的解释，大家非常认真地完成了预习作业，老师翻看了大家交上来的预习作业，发现这两个字在同学们的预习汇总中出现的频率特别高，一个字是“忧”，一个字是“美”。(板书“忧”“美”）下面我请同学谈谈自己为什么选择用这些关键词来概括初读感受。

生：我认为“美”字可以概括我初读《荷塘月色》之后的真实感受，文中有很多描写荷塘荷花月色的语言非常优美，让人有种身临其境的美好感觉。

师：朱自清先生用语言营造的美好氛围让你有了一种很直观的美的感受。

生：我也认为初读文章让人觉得很“美”，荷花荷香如在眼前，月光下朦胧的景致也是一种静谧的美。

生：除了和刚才两位同学相同的“美”的感受，我还是用“忧”字来概括自己的感受的，虽然作者用了很多笔墨写生动的美景，但不知道为什么，总有种挥不去的忧愁笼罩在字里行间。

师：获得“美”的感受之外你还觉得文中含着一份“忧愁”，并且你认为是挥之不去的，是不是可以理解成“忧愁”萦绕左右？

(生点头)

师：让我们再请一位同学来谈谈自己的初读感受。

生：我在用“愁”和“忧”的时候犹豫了很久，最后还是在预习作业中用了“忧”字，文中弥漫着淡淡的忧伤之情，虽然并不浓烈，但却真实存在着。

师：你有很好的阅读习惯，和“愁”相比，你认为“忧”更加诗意一些，也似乎更能表达你所描述的那种淡淡的情怀。

师：刚才几位同学表达了自己初读感受，的确，语言文字是拉近人与人之间心灵距离最好的桥梁，九五后的我们去阅读朱自清先生九十多年前的散文依然可以清晰地感受到他那份隐藏在文字之中的忧伤的情怀。我们看到开篇的第一句“这几天心里颇不宁静”，朱自清先生已然在为我们营造一种忧伤的氛围，随着情节的展开，我们看到他披着长衫带门出去，看到他笔下是一条幽僻的路，路上是阴森得有些怕人，看到他写自己在此刻才是个自由的人，所以同学们不难发觉这是一种忧伤的情怀蔓延在字里行间，也有同学在解释中写道这是一份抹不去的忧愁。

二、文本研习

（一）细读品味——感知美

师：我们跟着作者开始这场始于愁绪的荷塘月色之旅，那么同学们在阅读的过程中有没有发现我们阅读到什么时候，发现这份忧伤在悄然发生改变呢。

生（齐）：第三段的最后一句，这是独处的妙处，我且受用这无边的荷香月色好了。

师：大家判断的依据是什么？

生：这句话里朱自清先生用“妙处”“受用”等词语来写独处，都是愉悦心情的具体表现。

师：这位同学关注到朱自清先生的用词，你来解释一下这两个词。

生：“妙处”是奇妙之处，他感受到荷塘月色的美好才会用这样的词来形容自己的感受，“受用”应该是包括领受、享受，是一种全完的享受，也是心情愉悦的一种表现。

师：解读得非常不错，可见细节处的用语是可以帮助我们准确把握作者情绪的。别的同学还能找到文中的依据吗？

生：朱自清眼中的荷香月色是“无边”的，不管怀着怎样的心情来到了这处荷塘，但他当时看见荷塘月色的时候应该是享受的。

师：这位同学阅读文章的时候也非常仔细，关注到了形容词的使用，来作证自己的观点。显然，大家也发现此处是一个情感的转折点，那么接下来这份不期而遇的荷塘月色的美景带给了朱自清怎样的触动呢。同学们在预习作业中用“美”来概括自己的阅读感受，那么今天我们要一起来看看这份朱自清的美是不是同样打动了你，而这份深深打动了他的美是不是足以让他以美解忧呢？

师：下面请大家自由朗读有关荷塘月色描写的篇章，找出你认为打动你的句子，等下我们一起来交流自己阅读的感受，同桌之间可以交流。

（学生阅读课文 4 分钟，教师巡视课堂）

师：老师看到许多同学有很好的阅读习惯，一边读一边在相关的句子边标注。下面我们请同学们来表达一下自己的阅读感受，打动你的句子是哪几句，为什么？

生：我喜欢作者这一处的描写“曲曲折折的荷塘上面，弥望的是田田的叶子。叶子出水很高，像亭亭的舞女的裙”，读起来朗朗上口，作者把叶子比成亭亭的舞女的裙，荷叶舒展的姿态非常形象地表现出来，我觉得非常贴切，也带给读者美的感受。这里还用到了叠词，具有音乐美，而且“田田”这个词的使用特别有画面感，文中说“叶子出水很高”，一般我们会用“多”来形容出水的程度，这里用“高”，特别不一样，特别雅致。

师：你选择鉴赏描写叶子的句子，表述很清晰（师转向其他同学）这位同学有一点做得很好，他并没有把鉴赏停留在感性表达感受的层面，而是关注到作者行文中运用的修辞手法，比喻，并在鉴赏中将本体和喻体之间的关系表达得非常清晰。

而且你刚才用了一个词“雅致”，我想问一下，荷花什么样的形象让你觉得特别雅致？

生：出水很高，结合文中所说的像亭亭的舞女的裙，让我们仿佛看到了荷塘上亭亭玉立的一个个舞者。

师：大家可以想象一下，叶离开水面很高，作者想象一群姑娘在跳舞，随着舞步跳跃旋转，裙裾随风摆起，就像荷叶舒展，生动贴切，很有画面感，亭亭是直立之意，这个舞女应该是芭蕾舞女，舞姿优雅，此处很有画面感，塘中荷叶之美如在眼前。还有哪位同学希望表达自己的感受？

生：我喜欢的是这句，“层层的叶子中间，零星地点缀着些白花，有袅娜地开着的，有羞涩地打着朵儿的，正如一粒粒的明珠，又如碧天里的星星，又如刚出浴美人。”这句话，作者把荷花比成明珠、星星、美人，留给我们丰富的想象空间，我感觉很美。

师：你选的也是一处比喻，那你认为作者把荷花比成明珠、星星、美人分别对应荷花怎样的特点？

生：应该是作者看到眼前的荷花联想到明珠的洁白，星星的闪烁，出浴美人的素雅，所以他才用比喻把自己联想到的事物都记录下来。

师：是的，作者有了一系列的联想，并把这些联想都记录了下来，明珠和星星写出了在淡月辉映下未开之荷花的晶莹剔透，把荷叶比作碧天，使得星星的比喻更为贴切；刚出浴的美人的比喻非常新奇，写出了月光下的荷花纤尘不染，洁净如玉，而且他赋予了荷花以人的情感，联系前面的袅娜羞涩，仿佛让人感觉到了荷花开放时的慵懒妩媚和不胜娇羞的神态，更奇妙的是他引起了读者许多充满诗意的联想，如徐志摩的“最是那一低头的温柔，像一朵水莲花不胜凉风的娇羞”，李白的“清水出芙蓉，天然去雕饰”，给人以极美好的审美体验。这也是一种比喻，但是和一般的比喻不同在于一个本体拥有多个喻体，这种比喻叫做“博喻”。作者正是通过三个喻体将荷花的色泽、形态和风韵展现给我们。

师：有请下面一位同学。

生：我喜欢这一句“微风过处，送来缕缕清香，仿佛远处高楼上渺茫的歌声似的”，我觉得很神奇，明明是清香，作者说清香像歌声却也一点也不违和。

师：我问一下，你选的这句话，你如何定义它的修辞，同学们也一起来看。

生：比喻，作者把清香比成歌声。

师（转向全体同学）：他说比喻，你们同意吗？分明这里的本体和喻体之间好像没有相似的地方，我们说比喻一般形似或者神似，清香和歌声什么关系呢？

（学生思考，沉默片刻）

师：可见这处是一个知识点的空白，这位同学选择的这句话也是比喻，是一种特殊的比喻，叫做“通感”，就是在本体和喻体之间打通各种感官。这句话中荷香断断续续若有若无的感觉本来是只可意会不可言传的，这里却非常真切地表达出来了，具有很好的表达效果。我们再来看其他同学有没有自己的看法。

生：我比较喜欢的是这句“塘中的月色并不均匀，但光与影有着和谐的旋律，像梵婀玲上奏着的名曲”，这句话把月色谱成曲子展现在我们的面前，说是静谧，却有一种动感的美。

师：这位同学选择的也是一处使用了通感修辞的句子，对于光与影的和谐这种无法表达的感觉，作者很巧妙地将其与名曲的听觉结合在一起，表达了光与影的和谐之美。还有哪位同学可以来谈一谈打动你的句子？

生：我说一说第五段的第一句，“月光如流水一样，静静地泻在这一片叶子和花上”。这个“泻”字的使用给人一种很温柔的感觉，不仅仅是静态的，还有一种流动感。

师：你的解读非常不错，静静和泻组合在一起，有一种缓缓流动的温柔。

生：我觉得第五段中“笼着轻纱的梦”，这个“笼”字用得特别好，有一种朦胧美。

师：其实大家仔细看，可以发现这里作者连用了三个比喻，新颖奇特，梦本朦胧飘渺，还要笼上轻纱；用酣眠来比朗照，用小睡来比有淡淡的云遮挡下的月光，联想到一起，奇特又生动，只可意会不可言传，酣畅淋漓固然过瘾，欲言又止，犹抱琵琶半遮面也别有风味，写得虽是月色，却让人生发无数的遐想，诗意的美就在此细微之处，树缝里透下的灯光稀疏暗淡，作者赋予它无精打采的情感，又想到了渴睡人的惺忪迷蒙的眼，巧妙奇特，带给我们与以往的阅读经验不同的崭新体验。

（二）再读思考——探寻美忧关系

师：刚才同学们从比喻、叠词、动词使用等方面来分享使自己获得美感的章句，事实上朱自清先生的散文语言一直非常出色，获得了很高的评价。（展示 PPT）

“朱先生的语言，历来是‘新而不失自然’，在口语的基础上刻意出新。既有平白如话，毫无雕饰的文字，更有精心‘拣练’的遣词用字。点活了月光和雾气的‘泻’‘浮’二字……生动的起了丰富、润饰、强化形象的作用。”

——《中国现代散文欣赏辞典》金志华

师：我们不难发现，不管叶子、花还是微风，朱自清笔下这些景物都带给我们愉悦的审美感受。这里不禁让老师想到木心先生的一篇诗歌，“树荫下，一壶酒，一片面包，一卷诗，你依偎着我歌唱，原野就变成了天堂”，诗歌中诗人选择的都是平凡的景物，但是字里行间表现出来的愉悦和满足却是清晰可见的。

（教师停顿，关注学生）

师：那么此时此刻，我们能否来一次情感迁移，理解成“荷塘下，月光中，微风轻拂，鸟儿低鸣，徜徉于这片荷香月色之中，眼前已然是天堂”，美景是否已经让作者忘却烦忧？可以吗？这样理解有问题吗？

（课堂上有的同学赞同频频点头，有的同学低头思考，一生举手）

生：我不同意，作者在走进这篇荷塘月色的时候这样表述“这是独处的妙处，我且受用这无边的荷香月色好了”，这里作者用的是“且”，说明这是退一步的选择，不是来自内心的完全愉悦，所以再美的景色也是暂时缓解忧愁。

师：文本细读的意识非常好，刚才我们鉴赏美抓住了无边的荷香月色，这位同学抓住了作者表达中用到的副词进行解读，“且”字含着退一步看的情绪，后面大家发现没，还有一个“好了”，两个词合在一起使用有怎样的效果？

生：退一步，再退一步。

师：很到位，大家不妨读起来试一试，哪几个字要重读处理？有怎样的表达效果？

（生读该句，感受表达效果）

师：这份愉悦是完整的欢乐吗？是和诗歌中木心先生一样的欢乐么？

生：和木心先生纯粹的快乐不一样，朱自清的快乐带着片刻的自我嘲解。

师：为什么你强调片刻的自我嘲解？

生：他带着忧思出门，荷塘月色带来的安慰是暂时的。

师：你能从文章中找出你的结论“快乐和安慰只是片刻”的依据吗？

生：文章中有这样的句子，“月光是隔了树照过来的，高处丛生的灌木，落下参差的斑驳的黑影，峭楞楞如鬼一般……”，还有“树色一例是阴阴的，乍看像一团烟雾……”这里作者在写景的时候用了“鬼”“峭楞楞”“阴阴的”这样的词，可见即使在欣赏美景的过程中，他的心情依然有阴郁笼罩。

师：正如王国维所说“以我观物，物皆著我之色彩”，带着怎样的心情底色看风景，风景就是变成怎样。还有吗？

生：我觉得还有一处写到他化不开的愁，即使在美景之中，“渺茫的歌声”，作者用渺茫来形容歌声，让人觉得忧伤。

师：恩，渺茫，什么是渺茫，通常我们会说希望渺茫，含有渐尽、将无的意思，都是让人觉得忧伤的，景是美的，但是这份忧却笼罩在美景之中，挥之不去。

师：回到阅读最初的问题，我们一起思考一下，朱自清的这篇文章中，美和忧之间是什么关系呢？

生：美景无法解忧，美景和忧愁都真实存在，应该是“美中含忧”吧。

（师补全板书“美”中含“忧”）

（三）知人论世

设计意图：整堂课在设计上先进行文本细读感受美体察情思，再呈现“知人论世”的内容，旨在引导学生在阅读散文时从语言文字入手，获得最真实的阅读体验，“知人论世”作为补充深化理解而不是取代文字主导理解。

师：事实上朱自清先生当时的状态也是处在人生的低谷，在他同时期的作品中有过真实的表达。（展示PPT）

朱自清，原名自华，字佩弦，号秋实，诗人、散文家、学者，民主战士、爱国知识分子。毛泽东称他“表现了我们民族的英雄气概”。著作有《朱自清全集》。

我有时正感着这种被逼迫、被围困的心情：虽没有身临其境的慌张，但觉得心上的阴影越来越大，颇有些惘惘然。

——朱自清《哪里走》1928

近年来为家人的衣食，为自己的职务，日日地忙着，没有坐下闲想的工夫；心里似乎什么都有，又似乎什么都没有。

——朱自清《哪里走》1928

现在是一个媳妇，跟着来了五个孩子；两个肩头上，加上这么重一副担子，真不知怎样走才好。

——朱自清《儿女》1928

于是木木然，心上什么也没有；有的只是自己，自己的家。我想着我的渺小，有些战栗起来；清福究竟也不容易享的。

——朱自清《一封信》1927

师：通过阅读老师补充的材料，同学们可以看到这个时期的朱自清心里并不平静，来自事业、生活、前途的深深迷茫感让他每每不知所往，这些情绪在他同时期的作品中也有过真切的表达，结合在一起看，《荷塘月色》中这份挥之不去的忧愁也就不难理解了。

三、课堂总结

师：散文是一种自由、灵活的文体，它用亲切温婉的形式表达了作者对于人生或自然的感悟。张晓风曾说读者阅读散文的时候，希望读到好的文笔和作者对人生的观察和体悟，希望收获到“感性的感动”和“知性的深度”。这节课，我们一起从文本细读的角度，保留原生态开展阅读活动，从语言文字本身走进文本，在细读中整体把握文本语言和作者情思，共同进行了一场“寻美探忧”之旅，希望同学也能够把这种文本细读的意识内化成自己的阅读习惯，用雅致的形式感受文学丰厚的内涵。当然我也希望借《荷塘月色》这篇文章，让大家感受到一份普通人的共鸣，哪怕生活中忧伤萦绕，但我们依然可以拥有自己的那片荷塘月色，让我们的心灵可以得到片刻的休憩，谢谢大家！

《在桥边》教学设计

杭州学军中学　韦玲珍

【教学目标】

1. 梳理小说主要内容，体会人物情感，把握小说的摇摆艺术。

2. 关注小说故事荒唐处，品读关键词，逐层解读小说主题。

3. 理解小说对于“人本质”探问，思考生活意义和人生价值。

【教学重点】

小说情节摇摆的表现，小说多层次主题的理解把握。

【教学难点】

小说对人的存在价值和生存意义的思考，关于“人本质”异化的忧虑。

【教学方法】

点拨法、讨论法、自主探究法。

【教学时间】

一课时。

【教学过程】

一、导入

同学们，昨天检查大家《在桥边》的预习作业，发现“我的疑问”一栏里共同的问题就是，读懂了小说故事，却不敢说自己读明白了小说的主题。有同学这样写道：这篇小说初读时只觉得文字浅显，故事简单却荒唐异常，但读了三遍还是想不透作者到底想表达什么。

这让我想起了曹雪芹自述《红楼梦》的写作心情：“满纸荒唐言，一把辛酸泪。都言作者痴，谁解其中味。”（PPT 展示）看来，伯尔也不免会有如此的感慨了。那么，伯尔在《在桥边》里到底传达了什么滋味呢？让我们一起来体会吧。

二、导析

（一）梳理阅读感受，体会故事情节的摇摆。

1. 小说讲了一个什么故事？你从中读出什么味？

明确：一个二战伤兵纠结于要不要为保住饭碗而将暗恋的姑娘数成数字，最后他漏数了姑娘，竟还得到了更轻松的工作。

学生可能说从小说中读出了苦味，如：故事中有小人物对爱情不可求得，他的工作很乏味、无聊等。

学生也可能说读到了甜味，如：他换了个好差使，姑娘过桥时带给他的幸福感等。

（设计意图：借问题引导学生概括小说主要情节，梳理阅读感受，为下面的研讨作铺垫。）

2. 你觉得文中，哪个语句最能体现主人公对爱情的强烈感受？

明确：这两分钟是属于我的，完全属于我一个人的，我不让他们侵占去。

（设计意图：引导学生细读文本，体味语句表达间细微的差别。因为学生通常会直接以“我的心简直就停止了跳动”“我那不知疲倦的心跳简直就停止了突突的声音”作为答案，说明阅读的粗糙和对语言敏感度的不足。）

3.“这两分钟”有着他对姑娘最美好的心动、最真诚的情感。请想象主人公的感受，续写下面的语句。

我那心爱姑娘的出现，____。

（设计意图：让学生深入体会主人会的情感和心理，更好地理解姑娘对主人公的意义，为主题理解伏笔。同时，丰富学生的内心世界，调节课堂节奏。）

4. 老师也写了一句：“我那心爱姑娘的出现，给我阴霾的心空映入了一缕美丽，给我空洞的工作增添了一抹魅力，给我单调的生活填补了一点活力 。”你觉得老师的续写合理吗？

明确：合理。因为此前他对工作感到单调枯燥、无聊厌烦。姑娘的出现让他的情绪产生了变化。

5. 那么随着故事的发展，主人公的心情经历了怎样的变化过程？这一过程有何作用？分小组对以上问题进行讨论交流。

明确：情节发展：数人——姑娘到来——检查工作——漏数姑娘——调数马车

心情变化：无聊——愉悦——紧张——矛盾痛苦——欣喜

小说的情节在短短的篇幅中几经“摇摆”，人物的内心情绪也随之紧张，造就了小说的节奏感。“我”对工作的不满因心爱姑娘的过桥而冲淡，却又在被上级检查工作时增强；在上级检查时，“我”挣扎在保留饭碗和热爱姑娘之间；当“我”以为坚持不住之时，却又碰上好运气，被调去数马车，得以和心爱的姑娘在一起。情节的几次波折丰富了小说的内容，增强可读性，也使一个小人物的境遇完全展露在我们面前，人物性格和所联结的社会现实得到充分展现。

（设计意图：梳理故事情节与相应的人物心理情绪变化，理解小说情节的摇摆，以及摇摆艺术在小说中的作用。）

6. 小说情节和人物心理的变化过程曲折多变，这几番“摇摆”使故事显得摇曳多姿，体现了一波三折的小说结构艺术。但这篇小说不仅情节曲折多变，最后的结局更是出乎意料。但这样的结局符合情理吗？

明确：学生一般会认为合理，并在文中找出多处照应的文字。如：“以用数字来表明他们的精明能干为乐事”、“毫无意义的空洞的数目字使他们陶醉”、“但是他们的统计是不准确的”、“未来完成式是他们的专长”、“我们反正要追加一定的百分比零头”、“我是一个不可靠的人”却能使人产生“诚实的印象”，等等。

这些语句充满着矛盾，是不合常理的语言组合，如“毫无意义的空洞”与“陶醉”，“不准确”“追加百分比零头”与“他们的专长”，“不可靠的人”与“诚实的印象”，等等。这些鲜明的充满反讽意味的语词，不仅委婉地表明了态度和心情，强化主题的表现，更使作品具有一番别样的风味。这一点学生若提及，可先适当展开，为第二部分作铺垫。）

这样的结局出人意料之外，却又在故事的情理之中。这样就在结构上形成承上启下的作用，一个转折却巧妙包容了前文情节，又增强了小说的故事性、戏剧化，在结尾处让读者唏嘘不已，回味无穷。

（设计意图：了解小说结局的设计艺术，并借其情理之中来引发对荒唐之处的思考，自然引出第二个板块的研讨。）

（二）关注小说的荒唐处，分析小说主旨。

小说结局的出现，从故事的内在逻辑看，确实似乎是合乎情理的。但是跳出小说叙述本身，我们就会发现这并没有改变事情本身的不合理性，文中的很多细节本身就不符合生活情理，给人荒唐感。正如我们所分析过的那些矛盾用语所体现的反讽语调。那么，这些荒诞的现象背后，到底隐藏着作者怎样的思考呢？

1. 姑娘是“我”的女神，“我在爱她”。那为什么还要漏数她？

明确：“我一辈子也不会把这样漂亮的女孩子转换到未来完成式中去；我这个心爱的小姑娘不应该被乘、被除、变成空洞的百分比。”

（设计意图：引导学生关注小说的矛盾处，提升阅读技巧，学会从矛盾点、错位点入手，深入理解小说内涵。）

2.“转换到未来完成式”“变成空洞的百分比”到底意味着什么呢？

明确：要理解这一点，我们需要先理解小说开头一句中“新桥”的内涵。小说开头让我们能立刻联想到小说《流浪人，你若到斯巴……》，然后明白主人公是二战的一位伤兵，故事背景是二战后德国重建时期。由此明白“新桥”象征的就是战后德国的物质家园的重建。而小姑娘则是“无忧无虑地、天真无邪地”“长长的棕色头发”“温柔的脚步”，是让人精神愉悦、心灵满足的美好事物。自然地，“空洞的百分比”显现的是精神的空虚，心灵的荒漠化。

所以，“漏数”并不能改变现实什么，但它表现着对美好事物的维护坚守，表现了主人公的一种精神追求。由此可见，这篇小说的故事文字浅层体现的是爱情对于一个处境堪忧的小人物具有如何强大的精神力量。从深层来看，则批判了德国战后重建偏重物质而缺乏精神关怀。

（设计意图：学会深入解读关键词、关键句，在对语句的品读中获得对小说主题新视角下的审视。这一过程，其实也是阅读方法和阅读技巧的传授过程。）

3. 读到这里，我们似乎觉得言意已尽，小说主题也已经层次丰富了。但伯尔是生活于二十世纪中叶的德国作家，那里活跃着马尔·海德格尔、卡尔·雅斯贝尔斯等一大批思想巨匠，身处其中的伯尔，真的能丝毫不受这些时代伟人的影响？其作品真的只是为了叙述一个爱情故事，一份当时小人物生活的日常记录报告吗？如果如此，为什么小说竟会有这么一个有悖常理的结尾呢？

这时我又注意到了作品中的那句话：这两分钟是属于我的，完全属于我一个人的，我不让他们侵占去。

这个语句中有一组非常有意思的语词：“属于我”“不让他们侵占”。

（设计意图：引出第二层次的研讨，激发学生的探究兴趣。培养细读文句、咀嚼文字、深层次细腻阅读的习惯。）

4. 结合这两个词，你在小说中读出了什么意味？ 请简要分析。小组讨论交流，形成简短分析报告后班级分享。

明确：这里我们能读到“我”与“他们”之间的对立，有“属于”和“侵占”之间的抗衡。

小说在故事叙述中提供了众多富有意味的细节，里面充满着隐喻的意味。“我”觉得自己像“一台计时器”“一台自动记录公里行程的机器 ”，而这样的人不仅“我”一个，小说中还出现同样处境的数汽车“矿工”；而另外人类群体——过桥人，则成了“空洞的百分比”“未来完成式”。甚至似乎决定着人们命运的“他们”，也被“数字”所控制，因“数字”而陶醉。于是，“数字”成为唯一的存在，所有的人都被消解了“人”的生动具体的特质。

（设计意图：借助集体智慧，在交流分享中深化对小说主题的理解，更好地贴近阅读本质，从文字、经验领域向更深的本质阅读挺进。通过自我阅读、小组交流和班级分享，追求学生的主体性阅读、文本的深度阅读，使语文课堂真正成为学生成长的一个场所。）

5. 小结

这种状况不免让我们联想起了马克思《1844 年经济学哲学手稿》中论断：“自由的生产和按照任何一个种的尺度和美的规律生产（这是有意识的生命活动的最突出的表现，它生产的产品不一定直接属于它的肉体）”“无论是自然界，还是人的精神的类能力——变成对人来说是异己的本质，变成维持他的个人生存的手段。”“工人自己的体力和智力，他个人的生命就是不依赖于他、不属于他，转过来反对他自身的活动，这就是自我异化。”李健夫也在《文学审美透视》中说，“人自身的异化主要是指人在他人与异己力量的压抑下人的个性的异化、人性人情的被压制。”

所以，小说荒唐故事结局的背后，更深藏着对“人本质”被异化的深重忧虑，对真正自由的思索，这体现了作者对人的存在价值和生存意义的深切关注。难怪柯小刚在《废墟、伤痕与伦理家园的重建》评价说：“海因里希·伯尔的写作处在两难中：一边是战争的废墟，另一边则是战后重建狂潮；一边是可见的残垣断壁的废墟，一边是深深隐藏在数字化效率社会的经济繁荣表象下的废墟。所谓‘废墟文学’绝非仅仅意味着‘战争废墟’或‘战后废墟’的文学，而是首先意味着人类在现代性处境中所遭遇的本质处境。”

（设计意图：逐步呈现小说主题的深层内涵，激发学生对文本的重新解读。拓展学生视野，为学生阅读思考提供新的路径和工具。）

6. 伯尔关于人的存在价值和生存意义的思考，你会如何评价？你觉得人该有怎样的存在形态？

明确：这是一个开放题，重在学生能各抒己见。

（设计意图：这既是对主题理解的深化，更意在激发学生认知“人”的内涵，引导规划自我的存在。）

7. 阅读拓展

伯尔借小说引发了我们的思索，其实他自己也一直是个不断探寻的思索者。他主要作品有中篇小说《火车正点》、长篇小说《亚当，你到过哪里？》、短篇小说集《流浪人，你若来斯巴……》，1971 年发表的《以一个妇女为中心的群像》是其全部创作的结晶，被诺贝尔奖评委会誉为“臻于顶峰”之作。请大家课后自主阅读前列作品中的部分，进一步走近这位被誉为是“当代德国的歌德”“德国的良心”作家，体味他所创造的德艺兼具的恢弘艺术世界。

海因里希·伯尔（1917—1985）是战后德国最早获得诺贝尔文学奖的作家。我们今天学习的《在桥边》就是其高超艺术技巧和深沉思考探索的有力证据。伯尔一贯主张作家应关注现实，干预生活。他的作品大多针砭时弊、暴露黑暗和批判现状。在艺术技巧上，他言简意赅，善于用直观的手法塑造出栩栩如生的人物形象，往往在冷静、朴实的白描中注入强烈的夸张，借以渲染气氛并进行讽刺，还吸取了蒙太奇、内心独白、闪回、联想、象征、纪实等现代表现手段，形成独特的风格。

（设计意图：通过作者简介深化对作品主题的理解，引导在更高的整体层面把握小说的价值。同时，唤起课外阅读兴趣，提示阅读研究方向。）

三、总结

回顾刚才的课堂，我们一起感受了《在桥边》情节运行的曲折变化，领略到“摇摆”和“欧亨利式结尾”的趣味。特别是在故事反讽的语调和荒唐的情节里，读出了小说对人的存在价值和生存意义的思考。所以，1972 年瑞典文学院授予伯尔诺贝尔文学奖时总结说，“他凭借他对时代的广阔视野，结合典型化的灵敏技巧，对复兴德国文学作出了贡献”。

确实如曹雪芹之言：满纸荒唐言，一把辛酸泪。都言作者痴，谁解其中味。在伯尔看似平常的故事叙述中，我们读出了对爱情生活的美妙描写，作者对社会现实的批判，还有荒唐故事背后对“人本质”的深沉思考。这是一篇充满“味道”的作品，有生活味、社会味，还有哲理味。

（设计意图：回顾课堂，强化学生的阅读收获和学习经验，收束课堂。）

板书设计

在桥边

海因里希·伯尔

——德国的良心 当代德国的歌德

《用文学形象帮助学生思维》写作教学设计

张阳成

【教学目标】

借助文学形象，帮助学生推进写作思考。

【教学难点】

文学形象背后的一般性意义。

【教学过程】

热身活动：关注生活，分享游戏体验。

今年，游戏“王者荣耀”备受关注，累计注册用户超 2 亿，其中至少有 3600 万中小学生，日用户超 8000 万。

1. 对于玩游戏，你有哪些美好的体验？

有胜利者的快感，忘记现实烦恼，可以培养人的合作能力……

2. 对于大量中小学生沉迷《王者荣耀》这款游戏，引起了社会的普遍担忧，有文章指出，“《王者荣耀》日流水突破 2 亿，多少青春希望在此埋没？”有媒体甚至称其为“亡者农药”。你觉得他们担忧的原因可能有哪些？

耽误学业，沉溺在虚拟世界中，玩物丧志。

活动一：厘清概念，选择思考路径

一方面认为玩游戏可以提高能力，愉悦身心；一方面又担心玩游戏会耽误学业，玩物丧志。

这个矛盾的核心：青少年玩游戏究竟会不会玩物丧志？（PPT）

预设：学生的思考在日常经验的层面滑行，无法深入思考问题。

（一）要深入论述这个话题，我们必须先来分析这个话题，厘清话题概念。

青少年：玩游戏玩物丧志的或玩游戏不玩物丧志的中小学生。

游戏：由公司或个人开发的以谋取利润为主要目的的商品。不同于无功利的游戏。

明确了这两个概念，我们的深入分析就有了抓手。从人的角度分析，为什么有的人容易陷进去，有的人却不会陷进去？从物的角度看，为什么现在的电子游戏那么容易让人“陷进去”？

（二）厘清概念，有助于我们开阔思维。

那么，有没有办法让我们的思维得以深入呢？

方法当然很多，以玩游戏的青少年这一角度为例，比如资深玩家可以反省自身经历或者思考同伴经历；关注社会的同学可以思考社会上类似的群体，如赌徒、瘾君子等。此外，我们所有同学还可借助一个资源宝库：文学形象。

	个人经验
路径选择	社会现象
	文学形象（PPT）

活动二：提炼话题，寻找文学形象

当然，文学形象带有相应的时代特征，不可能越过时间的界限来直接塑造玩游戏的青少年，但是，经典的作品总能揭示人性或社会的奥秘，穿过时间的限制而对我们今天的生活有所启发。

这就需要我们对现实生活进行适当地抽象提炼，找出它的一般性意义。比如玩物丧志的青少年，就是指陷于某种外物而不可自拔、迷失自我的人；与之相反，没有玩物丧志的青少年，是指能够抵制外物的诱惑而始终拥有自我的人。

玩物丧志的青少年	抽象提炼	迷失自我的人
玩物不丧志的青少年		拥有自我的人

我们通过分析迷失自我和拥有自我的文学形象，或许有利于我们深入理解玩游戏的青少年的心态。

迷失自我

拥有自我

问题：这两类人，在文学作品中非常多见，你能举一到两个例子吗？

迷失自我：孔乙己、祥林嫂、八年级学生（《流浪人》）、贾瑞、骆驼祥子、霍尔顿·考尔菲德（《麦田里的守望者》）、沙威（《悲惨世界》）。

拥有自我：屈原、司马迁、格斯拉兄弟、尤三姐、崔莺莺、罗密欧与朱丽叶、斯嘉丽（《飘》）、冉阿让。

活动三：分析原因，探究内在关联

我们选一个所有同学都熟悉的形象来进行分析：

祥林嫂：

- 逃到鲁镇做女佣
- 改嫁撞香案

- 不得摆祭品
- 被赶走做了乞丐

她的追求：符合三从四德要求的女人。

她的迷失：完全被封建礼教束缚，没有独立的人生追求。

人被错误的文化观念所束缚，就容易走向迷失。

人的行为选择都是受着他内心观念 / 文化习俗的深刻影响，比如阿拉伯人都要包块头巾，有些青年男女喜欢穿有洞洞的裤子。

1. 由祥林嫂深信封建礼教而迷失自我，联想到沉迷游戏的人可能奉行怎样的观念？

沉迷游戏的人可能认为：人要及时行乐；游戏中的成就可以满足自己的虚荣心。

2. 请借助一个你所熟知的文学形象，讨论青少年迷失自我或拥有自我的原因。

祥子：

- 买了车，被抓了壮丁
- 攒了钱，被侦探敲诈
- 买了车，卖车办丧事
- 堕落后，做杂工糊口

追求：拉上自己的车，赚钱过日子。

迷失：接二连三的打击。

这种人生中不可预知的遭遇，我们称之为命运。

我们可以称祥子的迷失，称之为与命运抗争的失败，经过一系列的努力与抗争之后，最终屈服于命运，不再抗争——彻底承认人生的失败。

由祥子不断遭遇人生的失败，联想到沉迷游戏的人，也可能遭遇了一连串的失败，但对大多数人来说，并非如此。比如家庭的矛盾，学业上的挫折。无家可归的失落，无路可走的迷茫，真的很容易让人沉浸到游戏中，寻求躲避。但游戏肯定不是你疗伤的港湾，而是把你伤得更深的利刃。

沉迷游戏才是终极失败（命运与人生）

格斯拉兄弟：

- 做最好的靴子
- 所有的钱都用在房租和皮革上
- 接了一份订货后要花很长时间去做它
- 宁可饿死也不愿多接订单

把靴子看作是他们生命的一部分，绝不肯为利益而改变自己。伟大的事业，是与自己的生命融在一起的。(做靴子是他们的生命意义所在)

屈原（以振兴楚国为己任）

司马迁（以完成《史记》为自己的人生使命）——人生的使命

史铁生、尼克·胡哲（生活的勇气）——挑战自我

尤三姐（柳湘莲）——忠于爱情

冉阿让——做一个善人

活动四：联系现实，表达深刻见解

借助文学形象，我们对“青少年玩游戏究竟会不会玩物丧志”这一话题的讨论深入到了人性、命运或人生价值的层面。如果你的朋友沉迷游戏，根据你对他 / 她的了解，你会如何劝慰他 / 她？（可以是名言警句式的，也可以是抒情式的）

要求：不以文学形象为素材。

1. 陶醉虚拟的荣耀是人生致命的毒药。

2. 人生的幸福有很多种，但任何一种幸福都生长在现实的土壤中，而不是在虚幻的游戏里。

3. 真正心有所托的人，绝不会踏上游戏这一虚无之途。

4. 我知道你这几年过得不容易，经历了很多挫折，这种迷茫、无助，会让许多人的心灵窒息。但是，我真的不愿看到你也被命运扼住咽喉，无法呼吸，沉迷在游戏的天地里无法自拔，我真的不愿。你这是向命运妥协，承认你的失败。我知道你不是这样一个轻易言败的人。在这世界上，还有很多值得你牵挂，值得你为之奋斗的人和事，它们需要你付出心血去浇灌，克服横亘于前的困难，战胜孤独寂寞时的无聊，这样，理想之花才可能现实的土壤中灿烂绽放。我会一直默默陪伴你！

总结：对于论述文写作来说，文学形象因其虚构性并不适宜直接作为证明观点的材料，但经典的文学形象往往凝聚了作者对生活的深刻理解，借助文学形象，我们可以直达对现实话题的深层分析。因而，以文学形象为媒介来深化思考，可以作为论述文写作的重要路径之一。

如何让你的语言更辩证

——通过俗语学写辩证语言

浙江师范大学　蔡伟

【课堂实录】

师：接下来由我给大家上课。你们是希望我讲得多一点还是少一点？长一点还是短一点？希望累一点还是轻松一点？

生：（七嘴八舌回答）

师：我看你们除了最后一句比较统一，都希望轻松一点，前面两答都互相矛盾——有人说长一点，有人说短一点；有人希望多说一点，有人希望少说一点。为什么会这样呢？等你们上完这堂课就会得到答案了。先看白板上这个题目。就这么一看，你们觉得老师今天要讲什么东西啊？

生：语言。

师：除了语言，还有什么？

生：（小声）思维。

师：呵呵，这上面有思维吗？

生：有辩证。

师：是啊，看到“辩证”一词，大家首先想到的就是“思维”。当然，我们今天要讲的内容离不开思维。但这个思维只能隐含在我们的讲解中，而直接要讲的应该是语言，辩证，辩证语言。有点绕，对吧？那只是黎明之前的黑暗，马上就会迎来柳暗花明。刚刚我们分析了标题，下面我想问大家一下，标题中的这三个词语认得吗？

生：（笑）认得。

师：真的吗？

生：（笑）真的。

师：（指一位学生）我看你笑得最灿烂，答得最响亮。来，你先来认认。你自己挑一个吧，认得哪一个？

生：俗语吧。

师：俗语是吧，俗语是什么？

生：我个人觉得俗语是比较通俗一点的话。

师：如果通俗一点的话就是俗语，那骂人的话不都是了？蒋介石的“娘希匹”算吗？不好意思，太粗俗了哦，但这就是蒋介石的口头禅。你不能说这不通俗吧？

生：（笑）骂人的话不算。

师：噢，俗语就是通俗里面不要骂人的话。“你妈叫你吃饭了”，这个是骂人话吗？这个够不够通俗？那它是俗语吗？

生：（笑）不是！

师：这个很通俗啊，“某某某你妈叫你吃饭了”，这个是最流行的一个通俗的网络语言嘛。如果它不算，那究竟什么是俗语呢？

生：我感觉俗语就是那种跟古代的文化有关系的语言。

师：哦，一定是要古代传下来的。那你的意思就是现代人太笨了，所以都没有俗语，都是古代的传下来的。

生：（笑）好像也不是。

师：现在再问你：你认识俗语吗？

生：（笑）不太认识了。

师：哎，不认识就对了，只有当我们把自以为都懂的、都认识的东西，变得似乎都不认识了、都不懂了，那证明我们这课就有成效了，老师这个书也就教成功了。好，请坐！现在还有谁认识这三个词吗？现在都不敢说了，都不认识啦？没关系，我不就是来教你们的吗？我一教你们就全懂了。呵呵，我听到有人在说蔡老师怎么这么厉害啊？蔡老师怎么什么都认识都懂啊？你们知道我为何都能认识他们呢？

生：百度。

师：你们怎么知道我百度啊？你们怎么不说蔡老师找《现代汉语词典》《辞海》，怎么就说百度？为什么呢？

生：（笑）蔡老师是潮人。

师：哦，蔡老师是潮人，对吧？你们觉得我很潮是吧？如果真的要说我潮的话，你就不要说找“百度”，找“度娘”那就更好了，对吧？说“度娘”不比说“百度”更潮吗？

生：（笑）潮！

师：好，那我就先教你们认识“俗语”。它究竟是什么？（出示 PPT）俗语是群众所创造的，反映人民生活经验和愿望，通俗并广泛流行的语句。它具有口语性、通俗性、哲理性等特点，又称“常言”、“俗话”等等。常言说、俗话说、俗语说都是在同一个概念之下。在座各位现在都认识了吧？

生：（笑）认识。

师：好，认识了那咱们就往下走。（出示 PPT）来，一起读一下。

生：（读 PPT）

1. 俗话说：明人不做暗事；可俗话又说：兵不厌诈！

2. 俗话说：人定胜天；可俗话又说：天意难违！

3. 俗话说：百事孝为先；可俗话又说：忠孝不能两全！

4. 俗话说：光阴似箭；可俗话又说：度日如年！

5. 俗话说：量小非君子；可俗话又说：无毒不丈夫！

6. 俗话说：好马不吃回头草；可俗话又说：浪子回头金不换！

师：好玩吗？难怪外国人在咱们中国没法生活，你刚跟他说“好马不吃回头草”，马上又说“浪子回头金不换”，让他相信哪一句啊？（生笑）各位同学，你们说到底哪一句是对的？

生：都对的。

师：那老外就更麻烦了，对吧？在中国他就觉得，要学我们的汉语真是比登天还难，难就难在我们的思维跟他们不一样，我们正说也对，反说也对。说我们战胜了美国，是我们赢；说我们战败了美国，还是说我们赢。所以他们会想，正说反说都是你们赢，有考虑过我们的感受吗？（生笑）同学们，你们没有思考过这个问题呢？我们这样说也对那样说也对，那不是没有统一的标准了吗？我们为什么可以这样说？这不违反逻辑吗？

生：没毛病。

师：要是我给你们来个兵不厌诈，你们喜欢吗？前面给你们设了个陷阱，这位同学马上就跳下去了，这就叫兵不厌诈。你们喜欢吗？

生：害怕。

师：是啊，不但不喜欢，而且害怕。反过来，你们跟我兵不厌诈，我也不喜欢，咱们可是同一战壕里的战友。那什么时候大家都喜欢“兵不厌诈”呢？如果蔡老师跟日本鬼子打仗的时候，兵不厌诈，你们爽不爽？（生笑）同样的道理，你们跟日本鬼子兵不厌诈，蔡老师也会觉得很爽。但这个标准是什么呢？标准就是，我们要有一个基本的原则：到什么山唱什么歌，见什么人说什么话。不同的角度，不同的范围，不同的眼光，不同的对象，说话肯定是不一样的。老师在家里跟夫人说话，与在课堂里跟同学们说话，肯定完全不同；那么，你们写作文写给老师看的，写给同学看的，写给爸爸妈妈看，能一样吗？一定要见人说人话，见鬼说鬼话，不能倒过来，见人说鬼话，见鬼说人话。（生笑）你要是在妈妈面前说妈妈我喜欢某某男生，弄不好一个巴掌过来，你这么年轻你就想谈恋爱，对不对？不行吧，你跟我老师说就不一样了……

生：（笑）也不行！

师：那是你没碰上对的老师。如果你跟我说，我一定不批评你，我会问你，你真的喜欢他吗？如果你喜欢他，那就得加把劲，你要用你的聪明才智和人格魅力去征服他；你现在考试80分，接下来考试90分，再接下来120分，那你就成功了。否则，你现在想都不要想！这样你会觉得舒服些吧？所以说话要看清楚对象，同理考试作文使用的语言同样如此。考试作文跟平时的作文的语言应该有差别的。说作文语言的辩证就在这里：你一定要注意你说话的对象是谁，你站的角度在哪里，还有你的语境是什么。另外，一定要记住你所说的一定是事实，举个例子，头发长见识短，对不对？

生：不对！

师：为什么不对？头发和见识没有什么关系，对不对？如果你们也把头发剃得跟老师的一样短，智商、见识会受影响吗？

生：不会！

师：所以这句话不符合事实。那“人不为己，天诛地灭”这句对不对？符合事实吗？

生：不对！

师：肯定不对，这是极端的自私自利，如果只为自己考虑，那就麻烦了。我们需要做到的是我为人人——

生：人人为我！

师：好，下面我们就来做第一个课堂练习。（出示 PPT）

1. 俗话说：宰相肚里能撑船；可我要说：________________________________。

2. 俗话说：人多力量大；可我要说：________________________________。

3. 俗话说：金钱不是万能的；可我要说：________________________________。

4. 俗话说：青取之于蓝而胜于蓝；可我要说：________________________________。

5. 俗话说：一寸光阴一寸金；可我要说：________________________________。

6. 俗话说：嫁鸡随鸡，嫁狗随狗；可我要说：________________________________。

请课代表找三个人到黑板上，六句里面前三句由你们写在黑板上，三个人可以齐心协力，也可以分工，我只认这一题是谁的不管你们是不是合作搞定的，所以谁要是写不出来，我要有惩罚的，结束的时候要给老师们唱个歌。（三位同学走上讲台）接下来三句，我们下面的同学一起来玩玩，空着没事干不行，先说哪一句？大家觉得先说哪一句好？

生：（七嘴八舌，其中一人比较响）五。

师：好，这位同学你先来接第五句。俗话说，一寸光阴一寸金，可我要说——

生：偷得浮生半日闲。

师：用一句诗做答，也可以。因为，诗用多了也可以成为俗语。能不能再俗一点？俗语俗语，不要太文雅。好，再问你：一寸光阴一寸金，后面那句是什么？

生：寸金难买寸光阴。

师：这个相对“俗”了点。我们再来看看第四句。青取之于蓝而青于蓝，这是《劝学》的经典文本，这个比较典雅，属于用多了而成为俗语的典型例子。那你们想想看，能不能说出比“青取之于蓝而胜于蓝”更俗的。

生：长江后浪推前浪？

师：长江后浪推前浪和青取之于蓝而胜于蓝，差在哪里呀？转不过来呀（指另一位学生）来，你来说一句。

生：姜还是老的辣。

师：嗯，姜还是老的辣，也就是你们对老师说：“老师啊，你算什么，青取之于蓝胜于蓝。”那我会告诉你：“我是老姜你是嫩姜，姜还是老的辣，老姜比嫩姜辣！”（生笑）最后一句了，嫁鸡随鸡，嫁狗随狗。这里可以填什么？（指另一学生）你说：嫁鸡随鸡，嫁狗随狗，可我要说——

生：男怕入错行，女怕嫁错郎。

师：很好。下面我们来看看黑板上三位同学写的：宰相肚里能撑船，贵人眼里不容沙。你们听到过这样的俗语吗？

生：没有。

师：那从今天开始有了，这是浙师大小教班的同学告诉我们的。（生笑）第二句：人多力量大，可我要说真理往往掌握在少数人的手里。也不错。第三句：金钱不是万能的，没有钱是万万不能的。也符合要求，有没有更好的？

生：有钱能使鬼推磨。

师：这个跟“没有钱是万万不能的”比较接近。当然，应该还有更好的说法，问谁去？

生：“度娘”。

师：对了，问“度娘”，“度娘”里面有八九十条类似的俗语，今后说话写文章可能有帮助哦！

师：下面我们难度加大，但是也更好玩。我们来看一看下面的桥段。（出示 PPT）

生：（读 PPT）

1. 俗话说兔子不吃窝边草，可兔子不这么想，既然窝边有草，何必东奔西跑，难道让别的兔子来吃？草亦不这么想，谁吃不是吃，为什么不让脸熟的吃！

2. 俗话说英雄难过美人关，可英雄不这么想，难道把美人留给庸人？美人亦不这么看，难道美人不该配英雄？

3. 常言说有钱能使鬼推磨，可鬼不这么想，难道推磨不该给钱吗？钱亦不这么想，钱给鬼不会祸害人，给人就不一定了。

师：同学们，这是不是太矛盾了？

生：（笑）不矛盾！

师：难道是俗语出问题了？俗语也没出问题，那是谁出问题了？谁都没出问题，似错非错，因为后半句是从一个新的角度，用新的眼光和新的思维来看问题，像这种句子，说明了什么？（出示 PPT）

通过新的眼光来审视俗语，对俗语加以新的解释，可使自己的语言更为辩证，而且生动形象。所以只要你动个脑筋转个弯，你也能把各种各样的俗语玩得溜溜转，不信我们再来练一个。我们要有新眼光，新思想，新思维，我们来看看能不能使自己的语言更辩证，更生动形象。（出示 PPT）

1. 俗话说宰相肚里能撑船；可是……

2. 俗话说嫁鸡随鸡，嫁狗随狗；可是……

3. 俗话说三个臭皮匠，胜过诸葛亮；可是……

时间关系，我们只要选择其中的一句来改造一下。说得好坏不要紧，我们只是玩一玩。看你们一个个眉头紧锁，有这么痛苦吗？（生笑）这么好玩的东东，给你们玩得那么痛苦，我罪过大了。（生笑，师指一学生）我看你眉头皱得最紧，就你来说一下吧。俗话说，眉头一皱计上心来啊。下面你随便选一句，选哪一句？

生：第一句吧！

师：好，第一句。宰相肚里能撑船，可是宰相不这么想，那宰相怎么想？

生：我的肚子这么小怎么能撑船？

师：是啊，“我的肚子这么小怎么能撑船？”问题是如果这样，只是直白地否定了前句，且句式也不统一。还有更好的吗？时间关系，就不为难大家了。我为了写这三句话昨天下午在办公室里绞尽脑汁，下面请看老蔡名言。第一句：可宰相不这么想，为什么我的肚里一定要撑船，就是撑也得顺着撑不能横着撑，你撑个小船可以，你要撑个航母我咋办？（生笑）第二句：可是鸡不这么想，你要嫁了我你不随我难道要随狗吗？狗也不这么想，鸡算个什么东西，怎么能拿我和鸡比呢？（生笑）第三句：可是皮匠不这么想，我们是臭的，难道诸葛亮是香的？为什么拿我们三个去顶诸葛亮？论修皮鞋，三个诸葛亮也顶不上我们一个臭皮匠！大家觉得这三句如何？

生：（笑）很好！

师：希望这是由衷之言。还有五分钟的时间，请谁用一句俗语来概括听课的感受。很难吗？那我给你们一点奖励：只要有谁能说出一句评价语，我们就可以下课用餐。大家都不想下课吗？宁可饿着肚子，也要陪老蔡坚守课堂吗？看有哪位勇敢者能用一句俗语来概括你听课的感受。你概括的对象可是老蔡的这节课，也可以是今天听的任何一节课或全部的课，要求只有一个：用一句俗语来说。

生："听君一句话，胜读十年书"。

师：君是谁呀？

生：各位老师。

师：好，这位同学没上当，我这里又设了个陷阱，我问君是谁，如果她说是蔡老师啊，那就狭隘了。为什么呢？那样就得罪了在座已经上过课的几位老师。（生笑）而她的"各位老师"就把君字涵盖了，不但夸了蔡老师，也夸了在座各位。由此可见，这位同学的语言表达已经达到合格标准。好，既然你这么说那我回敬你两句俗语：一句是"山河不足重，重在遇知己"，一句是"金银不足贵，贵在师生情"。前后两句的作者不一样，你们觉得哪一个作者厉害？

生：前一句。

师：前一句是中坛著名诗人鲍溶写的，那么你们知道下面一句是谁写的？非著名诗人，蔡伟写的。（生笑）它们是诗，但用多了就是俗语。前面一句，送给在座的各位老师，这两天有缘相交相会相知相遇，所有的山河，包括这里北边的尖峰山，南边的婺江，这些山河都不在话下，全在我们面前失去了重量。而后面一句是送给在座的同学们的，有你们在这里，和你们相处，什么金银财富都不在话下，我平时从不敢说视金钱为粪土，但是在师生情面前，那金钱就是粪土。（生笑）今天的课到此结束，谢谢大家！

【教学构思】

2017 年 10 月 22 日，第九届全国新语文教学尖峰论坛第二天最后一堂课，规定时间 30 分钟。授课对象为浙师大教师教育学院小教专业侧理班二年级学生。考虑到学生已经连续上了三堂课，已经比较疲倦；且作为大学理科生，对中学语文学习尤其是写作教学兴趣不大。因此，本人临时调整授课计划，减少课程内容，降低教学难度，注重体悟，强化实练，激发情趣，陶冶情操。

师生评课

“懂你式”评课

回浦中学　包建新

我以为评课有两种姿态，一种是“指导式”评课，就是从评课者的学养甚或是理论背景出发，指出、分析上课者的优点和不足，是“我”走向“你”的过程；另一种是“懂你式”评课，就是从上课者的具体教学活动出发，走近、理解上课者教学意图，并提出问题相互探讨，是“我”理解“你”的过程。一堂课常有听者不太理解的地方，因此“懂你式”评课常常表现为评课者与上课者相互对话。我喜欢“懂你式”评课。

今天上午听了四节课，先说说我听懂的那部分，不懂的部分等一下我想向四位老师请教一下。

听了四节课，我有一个强烈的感受，这四节课充分体现了“尖峰论坛”的“尖峰”二字。为什么这么说呢？

第一，这四位老师选择的都是较难上的教学内容。两位上的是作文课，一位上的是文言文课，还有一位上的是文艺随笔《说“木叶”》，属于论述性文体。好多开课的老师，如果能够选择的话，往往会避开这几种文体，文言文，教学腾挪的空间小，左腾右挪起来又会让人觉得不落实；作文，在写作实践和写作知识教学之间很难取舍，《说“木叶”》这样的文章，假如说让学生将这篇文章里所引用的诗都弄懂，恐怕需要两节课了，这样的课也不易上好。因为难上，所以“尖峰”。

第二，这四位老师上的课各有特色，很有境界。第一位老师——彭老师的课，如果用一个词来形容，那就是“举重若轻”。课堂上他提出的三个问题：为什么不是“说树叶”？为什么不是“论木叶”？读了文章之后是否同意作者的观点？三个问题很轻巧，但是带出了三个很严肃的问题，这三个问题涉及文章内容、文体特点、读者意识。提出的这三个问题虽然轻巧，但是所传达的内容却很深刻。因此用“举重若轻”来形容是很恰当的。第二位老师是钱老师，钱老师上课是从文人为什么喜欢画竹这一话题说起，再到文本，然后到读这篇文章的疑惑，在讨论疑惑的时候又逐步深入。逐步诱导，用一个成语来评价他的课，可以说是“行云流水”，课上得十分自然。第三位老师，董老师，我觉得她的课可以用“新颖别致”来形容。在中学教久了的老师恐怕都有一个体会，当我们一提到“论述”二字时，就会教学生面对事例的时候要学会分析，若不分析就不能自圆其说——学生经常忘了分析；把事实写得简单点，分析写得长一点，看上去就像论述文。这样教似乎也不错，但不知不觉引导学生对事实本身的把握。前阶段我写了一篇小文章，认为要教会学生评估事实，这一点我与董老师的想法是一致的。董老师从如何把握事实出发，提出了回归事实法、定义法、归因法这三种方法，很有现实意义。相对常规的教学内容，显得“新颖别致”。第四位老师，罗老师，他的课可用“娓娓道来”来形容。我以为“娓娓道来”对中学教育来说是一种高境界，于是我思考为什么他的课让人听起来有娓娓道来的感觉。我想：一是来源于他从容不迫的气质，在他的课里，我们似乎能感受到，他以他从容不迫的气质影响着学生；二是教学的起点来源于学生日常遇到的问题和日常要做的事，然后逐步引导学生走向深入。

对于这四节课我还有一些读不懂的地方，想请四位老师帮我们一起读懂。我的问题很多，但限于时间，我想请每位老师解答一个问题。

我想向彭老师提个问题：假如你的这堂课不讨论而是直接讲授，让学生只听不讲，这样的形式是否可以？

彭老师：感谢包老师的指点，只听不讲，形式上是可以的。

我为什么提这个问题呢？因为我觉得在教学法里面我们在研究时常赋予方法一种伦理色彩，而我以为方法本身不具备伦理色彩，不存在好坏之别。“满堂灌”可以说成满堂讲授法，或换一个名称：满堂直接教学法。当我们使用直接教学法来说一种方法时显得很先进，但用“满堂灌”来说似乎就显得落后。我的意见是不要给方法界定对错，方法只有适用不适用一说。一讲到底其实也可以很精彩的，为什么“木叶”就比“树叶”好？为什么“说”比“论”好？如果对学生来说有些难，就直接让学生听讲解比较好。当我们把用伦理的态度讲方法放下时，就不会为使用某种方法而不安了，我们会把关注点聚焦到适用不适用上。

我想向钱老师问的一个问题是，是不是学生把这篇文言文已经弄懂弄通后，才能来听这堂课？上课前是不是要做文言梳理的工作，如果要做该怎么做？

钱老师：这篇文言文阅读起来确实有障碍，注释也很多，我做了一点，将文章翻译放到了右边，上课前扫清字词障碍应该是这样一种做法，对重点字词进行检查并且多读。

我听明白了他的意思，文言部分就让学生自己学，因为这部分内容靠学生自己及手头资料就可以解决。文言文与白话文相比更难懂，但它首先是“文”而不是“文言”，因此着眼点还是在“文”。可文言文毕竟不同于白话文，“文言”还要做到落实。因此，我以为文言文教学要“依文带言”。当然具体操作起来可能还比较复杂。

我想向董老师提个问题，如果这个课我来上会分为三部分，回归事实法、定义法、归因法分别上一节课，因为每一部分对学生而言都不容易，所以慢慢来。那问题是：如果拆成三节课，课堂结构将会发生什么变化？

董老师：谢谢包老师的建议，这也是我接下来很想继续做下去的，在课题上说了是例举，我很想和大家分享这三个点，验证一下三个策略是不是都有效。我参考了逻辑学和有关论证方法的书，想把它一个个做成课例，但还不成熟，这也是我接下来要继续完成的。

原来是董老师想向我们展示更多内容，于是倾囊相授。期望董老师能够完成他的设想，不断丰富和充实。

罗老师想向学生传达一个主题，阅读可以提高写作水平，这个观点我十分赞同。我曾经讲到一个命题：阅读即写作。有人认为多写是提高写作水平的途径，我认为未必，学生写第十篇未必就比第一篇好，因为中间没有阅读的介入。阅读了，写作能力也就提升了，所以阅读即写作。我想问罗老师的问题是：阅读即写作是否符合你今天上课的主旨？

罗老师：其实我今天的课似乎有老调重弹的意思，而我在高中改过无数篇作文，发现写作问题常常是阅读问题，我慢慢领悟到技巧的东西较为浅层。因此，如何指导学生系统地读，就成了我写作教学的重要内容。我认为中学生哪怕是哲学方面的书也应该读，语文老师除了工作还需要读很多东西，即使不太喜欢也要全面阅读。我今天只是把自己的思考和感悟分享出来，我希望能够明确学生在各个阶段究竟要读哪些书。

教学生读书确实难；写作技巧的东西我们总结得很多，讲起来容易，但带领学生阅读就不容易了，语文教师自身要爱阅读，且能阅读很多的书，我认为语文教师都应该作这样的努力。

评课就到这里了。我总认为评课总是容易，上课太难，为了上好一堂课，老师课前不知道要花费多少精力。因此，我提议大家用热烈的掌声感谢四位上课老师。

立于“情”，思于“文”

金华一中　滕世群

听从蔡老师的“将令”，下面我代表听课老师做个简单的交流。我尽量把时间控制在30分钟之内。今天下午五堂课可以说异彩纷呈，是一顿十足的大餐。五位老师都做了精心准备，都是很成熟的名教师，他们的课给了我们很好的示范。

庄平悌老师的《走出感性思维的泥潭》，首先选题很有意思。日常生活中我们说话往往比较随意，这种习惯会带到写作中来，这是一个普遍的学情。作文中把话说得严谨、清晰，是个很高的标准，应当是我们在写作教学中不断追求的目标。第二，整堂课立足于写作实践，通过让学生修改作文的语言来修正自己的思维，使思维变得更清晰而有条理，从而“走出感性思维的泥潭”，课堂效果明显，可以说当堂见效。在此，我还想提醒大家思考的一个问题，是思维决定我们的语言，还是语言决定了我们的思维，还是二者是共生的呢？在课堂上我们可以不讲这个问题，但是作为老师，对于这个问题我们要进一步思考，做到心中有数。当然这个问题本身也不容易说清楚。庄老师的这堂课，通过作文语言修改，训练思维能力，我以为是走对了路子，对老师们是有很大的启发作用的。作文课，首先是语言训练课，如果脱离语言训练来讲思维，那么，和其他课又有什么样的区别呢？第三点，庄老师课堂上呈现的“心态归零”作文题目，非常适合今天的教学对象——大学生。现在的大学生，青年人很容易冲动，容易心态失衡，所以这堂课不仅仅是一次作文的教学，也是一次做人的教学，教作文和教做人，得到很好的结合，寓做人于作文之中，看似无心，实则有意。我觉得庄老师的这堂课简洁实效，朴素无华，是一堂很好的很精彩的课。向庄老师致敬。

李莉老师上的微写作课，可以说是一个很好的尝试。这几年浙江省高考大作文侧重论述性文章写作的考查，微写作这道题，或考查实用性文体写作，或考查文学类文体写作，是对大作文的一个补充，体现了写作考查的全面性。因此，不论是李莉老师说的北京卷，还是浙江卷，微写作都是一个热点题型，应当引起老师们关注。即便撇开高考，微写作贴近我们的时代，贴近我们的生活，加上篇幅短小，很适合平时的写作训练。所以说，这堂课的选题也非常好。另外，李莉老师对北京卷的分析给我们提供了很多信息，这些信息，是我们平时不容易注意到的，这也可以看出李老师在教学上用功之勤。这堂课虽然只有30分钟，但明确了微写作的概念，解释了微写作的来源和意义，介绍了微写作的教学方法，也展示了微写作教学的成果，课堂内容丰富而富于启发。通过这堂课，我们也可以看出李莉老师在写作、在语文教学实践中的探索。向李莉老师致敬。

第三堂课也是一堂很好并且很有创意的课。杨老师是一位博士，有学术的底子，又是一位激情四溢的老师，讲话中气十足，课堂上气场很强，又能挥洒自如。整堂课围绕“描情写景，字字逼真”这八个字来欣赏柳词的语言和意境之美，并且能够旁征博引，丰富学生对古典诗词的审美感受、审美想象。这堂课有几个亮点。第一就是杨老师对《雨霖铃》的个性化解读，这个解读别开生面。杨老师注意到了这首词中叙述者的转换，可以说是一个学术发现。能够有这样的发现，整个课堂就不会死气沉沉了。第二点，杨老师在解读“便纵有千种风情，更与何人说”这句话时，利用课外资料，解释这首词感情的纯洁性，并进一步阐释了至真至纯的感情对于一首词、对于诗人的重要性。这一点我深以为然。我记得周汝昌先生讲过，你要做一个词人，你必须是一个超尘脱俗的人，是一个纯洁的人。顾随先生也讲过，写诗首先要有一颗诗心。什么是诗心？就是这种至真至纯的心。第三点，杨老师在分析“多情自古伤离别”这一句时，认为词人将自我的离别之情上升到所有人的感情，这一点讲得特别好，讲得很深刻了。能否将诗人的独感上升到人类的共感，我以为这是衡量文学作品好坏的重要标准。王国维评价李煜的词说过，词从李煜开始“境界始大”，也就是说李煜的词并不是单单写出了他的亡国之痛，也写出了人类共同的生命体验。“问君能有几多愁，恰似一江春水向东流”，是词人的独感，也是人类的共感。李煜和柳永在这一点上是相通的，所以他们的词才被那么多人喜爱。杨老师一堂课上有这么些精彩之处，真是令人佩服。

第四堂课，陈老师的风格跟庄老师有类似之处，他们的教学风格简洁朴素。在议论文的教学中，尤其到了高三阶段，文章结构的教学是很见效的。所谓高考作文，我们常讲事先已经写好了，主要是指结构的方式，实际上也是思维的方式已经训练好了，考试的时候只要根据作文的内容进行填写就可以了。古人把写词叫做填词，我们也不妨把写高考作文叫做“填文”。起承转合是一种普遍适用的结构方式，通过教学起承转合这一个结构方式来培养学生的思维能力，和庄老师的课异曲而同工。整堂课呢，先拿例文进行分析，让学生明白起承转合的常式和变式，接着讲明起承转合的概念，等概念明晰了之后再做写作的训练，讲练结合，环环相扣。拿武功做比方，就是李小龙的截拳道，直截而有效。教学过程中，陈老师态度温和，循循善诱，学生态度积极，发言主动，师生互动，共同讨论，形成了良好的课堂气氛，可以看出陈老师是一位具有丰富教学经验的老师。

最后一堂课，上课的是来自江西的刘老师。刘老师这堂课给我们留下了深刻的印象。刘老师可以说是一位有深情的人，感情的表达上是豪放派而不是婉约派。我本来以为杨老师已经够有冲击力了，想不到刘老师的冲击力比杨老师还要强，让我的心脏都加快了跳动。像刘老师这样的老师，我觉得就是拿着一个菜单也能把它读成一首诗的，刘老师是一位本真的诗人，这样的素养不是哪个老师都有的。

在抒情文中，叶圣陶先生说抒情有两种方式，一种是直接的抒情，他以归有光《先妣事略》为例，以为“世乃有无母之人，天乎痛哉”便是直接的抒情。另一种是含蓄的抒情，他拿归有光《项脊轩》为例，以为“庭有枇杷树，吾妻死之年所手植也，今已亭亭如盖矣”便是典型。可能年轻时偏爱直接，中老年之后呢，偏爱含蓄。所以呢，我想刘老师的课一定能够得到年轻的同学们的喜爱，事实上，我们也看到了刘老师对学生的感染力之强大，所以学生的当堂作文才如此精彩。这是刘老师感发的效果。刘老师本身就是一篇很好的抒情文，所以感动了许许多多学生，使他们也变成了一篇篇小小的抒情文。刘老师是天生教抒情文的，我们要向刘老师学习，学习他做一个有真情、有深情的人。

秋日最美的风景

兰溪聚仁学校　童国强

各位同仁，各位前辈、同学们，大家上午好！

前几天我接到了蔡教授的电话，邀我参加第九届全国语文尖峰论坛的活动，心里非常激动。因为每一次接到他的电话，就是一个很好的学习机会。

今天，我作为一名初中的语文老师，美美享受高中语文教师的精心烹制的“饕餮大餐”，余味无穷。我用十分钟的时间谈一下我的学习感悟，剩下的时间留给每一位老师、同学和专家进行互动。

今天的四位大咖的堂课风格独特，亮点各异，精彩纷呈。

第一堂课，特级教师杨邦俊老师上的《记梁任公先生的一次演讲》，杨老师儒雅、充满激情，他的课也与众不同。假如说要我们初中的语文老师来上这篇课文，可能很不一样。杨老师发挥他的艺术才情，凭着对古文学的功底，还原梁启超演讲情景，把《箜篌引》和《桃花扇》演绎得淋漓尽致，让听课者身临其境，热血沸腾，如同在听梁启超在演讲，有了独特的体验与感悟。看杨老师他的网名（西楚阳人）、自号（清河居人），就可以看出他是有情怀、有涵养的文化人。用一句话来概括，我这堂课听课的感受可以这么说：散文解读，文化传承，重感染，有激情。

第二堂课，特级教师蔡宏丽老师上的《语言的艺术——语言运用之得体》。蔡老师优雅自信，颇有影响力。口语交际课，初中也有相关的内容，但初中教师只是教学生“与人打交道要有正确称呼，要有礼貌”。谦辞、敬辞等用法，蔡老师信手拈来。课堂内容大且丰富，深感中国文化的博大精深。很多词语的用法，类似于“椿萱并茂”，我以前没运用过，也没看到过。这堂课上，表面上看好像是在做一些高考题，但是在无声无息中，却把文化常识讲解得非常清晰到位，让学生增长了很多的新知识。用一句话来评价——口语交际，文化常识，重传授，有风雅。

第三堂课是东阳中学特级教师陈益林老师的《让绝句从你手上飞起》。陈老师是浙江东阳人，早就耳闻陈老师大名，以前曾读过陈老师的大作。在今天课上，我发现陈老师人很有特色，课更有特色。他的古朴、风雅，让语文课堂显得十分厚重。这堂课重点讲解古诗词的音韵平仄，这是古诗词教学中的难点。初中语文老师很少会去做这方面的功课，教这方面的内容。因为说句老实话，我们自己对此也是一知半解，所以自然不敢去讲。今天听了陈老师的课特别有收获。我用一句话来谈这一堂课——诗词鉴赏，音韵平仄，重讲解，有内涵。

最后一堂课，蔡伟教授的语言训练课《如何让你的语言更辩证》。蔡伟教授的语文课很有趣味，他会想出巧妙的方法来让学生领会语言文字的神奇魅力。我曾在20年前就已经领略过蔡伟教授课堂的风采。那时，他还在东阳中学当语文教师，他的语文课上的课前三分钟，学生用肢体语言来表达成语，生动有趣，上课的场景至今记忆犹新。这堂语言训练，跟初中的语文训练课，有很大的区别。可能初中教师做得比较多的是，给学生一个范例，再让学生去模仿。但是蔡老师非常巧妙地运用俗语，重在培养学生言语的思辨能力，课堂氛围好，互动性强。我用一句话来概括这堂课——语言训练，思辨游戏，深度体验，有趣味。

总而言之，今天的四堂课，给初中语文老师很大的启迪。有的语文课堂，师生嬉笑打闹，看似热闹，学习效率不高；有的语文课堂，教师亦步亦趋，小心谨慎，学生积极性不高。今天的四位大师的语文课，如同儒雅的学者，脚步稳健，风神潇洒，有趣、有味、有效。

今天的课堂，概括起来有以下四点值得初中教师借鉴：

第一个是重品读，重探究。初中语文课上很讲究学生的读，一读二读三读……但是我们高中的课，不仅要读，关键语句让学生读，最关键的是设置情境，引领学生去探究、体验，感悟思想、情感和文化，几位教师在朗读示范、情境模仿上做得非常到位。

第二点是重讲授，重文化。初中课堂，对老师一言堂的课，大家都没有好感。但是我们很多老师改不掉这个习惯，一直在讲简单、机械的知识点。著名教授孙绍振先生在他的《名作细读》的扉页上有一句话："在语文课堂上重复学生一望而知的东西，我在学生时代对之就十分厌恶。"从那时我就立志，有朝一日，我当语文老师一定要讲出学生感觉到又读不出来，或者以为是一望而知，其实是一无所知的东西来。如果说一位语文老师在课堂上老是重复学生一望而知的东西，而不去讲学生不懂的东西，这个老师肯定是不称职的。今天的四堂课，教师讲得看似比较多，但是他们的讲，是源于让学生对文化常识、诗词特点的探究和体验。如果老师不讲，让学生自己读，自己领悟，学生也许够不到那个水平。所以很多的时候，还是需要教师去讲解，"听君一席言，胜读十年书"，说的大概就是这种情况。当然，这是要求教师有真功夫的。

第三点是重技法，重趣味。初中语文作文训练，可能技法讲得比较多，怎么开头、怎么结尾、怎么描写……学生不喜欢语文课，更怕写作文。但是今天的四堂课，都很有趣味、有内涵。听完课后，心头涌动的是一种快感，余音绕梁，久而不绝。尤其是蔡伟教授的课堂上，笑声不断，其乐无穷。在笑声里，大家慢慢地学会了表达，慢慢领会了思辨的表达。

第四点，重表达，重思维。我爱吾师，我更爱真理。读书也好，写作也罢，不能鹦鹉学舌，人云亦云。这一点在我们初中语文教学中是个软肋。语文教师为应付考试，让学生死记硬背作文的现象也是司空见惯。学生写作时，主题的升华也好；阅读时，主题的理解也好……多以单线思维为主。今天的课，对于提升学生的思维能力，是一个极好的范例。

总而言之，在今天四堂语文课上，我这个初中的语文老师领略了高中的语文课堂独特的美。用一副对联来表达我的感受：浙江师大揶管才华横溢，尖峰山下论道趣味盎然。请大家加个横幅？——秋日最美的风景。我不知道我的这个横批是不是有问题，但这是对我学习感悟最好的诠释。谢谢大家。

优秀与伟大的结合

——评蔡伟教授《如何让你的语言更辩证——通过俗语学写辩证语言》

浙江师范大学　余丹　　金华教育学院　周伟珍

蔡老师是从中学特级教师走向高校教授的，他兼具高校教师深厚的理论修养，又有着一线名师丰富的教学经验。因此，他不但敢登上一线的课堂，而且总让人有耳目一新之感。那种高屋建瓴的亲和力与脚踏实地的学理性，是一般人难以企及的。

笔者不知道这是第几次去蹭蔡教授的示范课了。总之，笔者感觉每次听他的课总有不同的体验与感受。说他的课守规矩吧，他是那样的挥洒自如，无拘无束，一路生成不断；若说他的课放肆吧，他又是那样的中规中矩，有条不紊，丝毫不偏离预定的教学目标。

有专家说，老师按教学境界可以分为四类：以叙述为教学境界的平庸老师；以讲解为教学境界的较好的老师；以示范为教学特征的优秀老师；以启发为教学特征的伟大老师。笔者可以毫不夸张地说蔡教授的这堂课，具备了优秀与伟大两种特质。

首先，蔡教授上的课充满着示范辐射的价值。他的课无论是内容的确定还是方法的选择，都有着强烈的针对性，板块清晰，衔接自然，语言简洁明白而又充满着幽默机智。其设计的每一个问题、每一次活动都能引导学生进入写作状态，也能指导听课老师们如何设计教学，组织活动，推进教学过程。总之，他的课好在能模仿可借鉴，学了能用管用，且能取得教学的成效。

其次，蔡教授的这堂课一如之前的《你也能成为方文山》《杜甫〈登高〉》充满着创造性和启迪性。蔡老师精通教学法，能够自编教材和创造性地使用教材，他不仅是一位坚定而富有成效的学科任务的执行者，更是一位实操创范者和独立的课程研创者。

其一，蔡教授对这堂课教学目标的定位，明确要求是要培养学生更辩证地使用语言。目标直指学生认识事物思维品质的培养，是对课标中“注意观察语言、文学和中外文化现象，学习从习以为常的事实和过程中发现问题，增强探究意识和发现问题的敏感性，提高探究能力和探究成果的质量”“发展形象思维和逻辑思维，学习多角度多层次地阅读”“追求思维的创新、表达的创新”等内容具体落实到课堂教学中的实操示范。而对形而上的纲领性内容，如何转换为形而下的课堂行为，是广大教师的普遍短板，蔡教授的示范给了老师们最好的启发。

其二，蔡教授教学目标的实现，选用的材料是耳熟能详的俗语。对于绝大多数老师来说，估计都不敢把俗语引进课堂，因为一个“俗”字让大家望而生畏。然而这些熟得不能再熟的俗语，却在蔡教授的匠心独运下，成了相当贴切也相当有效的教学材料。蔡教授用一个写反义俗语的作业，轻而易举地把同学们的思考引入到对日常生活经验的提取和对日常生活的反思上。学生们搜肠刮肚地想答案的过程中，明显感觉到自己对熟悉的语言现象的留意是不够的，进而体悟到生活就是语文，语文服务于生活的道理。蔡教授的这一堂课，对目前课程意识普遍缺失、普遍薄弱的广大教师来说，显出可贵的启迪意义：重视学生的生活经验不能只停留在观念上，要有切实的课堂教学行为来帮助学生建立起课堂和生活之间联系的“桥梁”，才能实现在生活中学习祖国的语言文字，同时学会运用语言文字于日常生活中这一课程目标。要做到这一点，教师就应该具备围绕教学意图独立研发或者创新课程的能力。蔡教授就是具有这种能力的具有“伟大”特色的老师。

第三，蔡教授的垂范作用还表现在其课堂教学语言的运用上。这堂课讲的是辩证语言，因此，蔡教授努力使自己的语言充满辩证性。这种辩证性一是体现在对概念的理解上，例如当学生将语言与思维混为一谈的时候，他没有断然否定，而是说：“看到‘辩证’一词，大家首先想到的就是‘思维’。当然，我们今天要讲的内容离不开思维。但这个思维只能隐含在我们的讲解中，而直接要讲的应该是语言，辩证，辩证语言。”二是体现在对俗语的辩证使用上，蔡教授通过三个环节，对俗语作了创造性对举应用，让学生明白语言在遵守共同原则基础上，根据时间、地点、对象、场合的不同，可以对立使用，从而学会辩证使用语言。三是使用幽默的语言，增加辩证的力量。这堂课笑声不断，这笑声主要源于蔡伟教学幽默的课堂语言。例如，课堂结束，他仿用中唐诗人鲍溶的诗“山河不足重，重在遇知己”，写出了“金银不足贵，贵在师生情”，并解释说：“后面一句是送给在座的同学们的，有你们在这里，和你们相处，什么金银财富都不在话下，我平时从不敢说视金钱为粪土，但是在师生情面前，那金钱就是粪土。”学生在这样幽默辩证的语言中，升华了情感，也学会了表达。

语文专硕评课

一

10月21日上午的四节示范课分别是彭玉华老师的《说木叶》、钱爱峰老师的《文与可画筼筜谷偃竹记》、董环环老师的《规避论述不严密例举》和罗进近老师的《写为媒，读为胚》。四位老师都选取了有一定难度的教学内容，对师范生和新手教师来说，有着极大的借鉴意义。四位老师上课的风格各有千秋。

然而，经过对这四堂课的聆听，我发现这四位老师在教学方法上有一个共通性，即通过不同层次、不同角度的问题来推进教学，深入分析教学内容。彭玉华老师用"说'木叶'"、"说'树叶'"、"论'木叶'"三者的比较，来进入文本的核心。钱爱峰老师针对"论画"、"赠画"、"曝画"这三件事进行依次提问，逐步解决学生的疑惑。董环环老师通过不同的例子供学生思考和讨论，告诉学生如何使论述变得严密。构建模拟背景，创设生动的情境，使学生在解决一个又一个问题的过程中掌握知识点。罗进近老师则是根据提供的材料提出问题。但是这些材料又是不同方面的，如学生习作、高考满分作文等。层层深入，最终上升到整堂课的核心：写为媒，读为胚。

问题教学法是一直以来语文教学经常会采用的方法。但是，如何提问得有技巧，如何让学生能答得上来，这对于师范生和新手教师来说往往是一个疑难问题。这四位老师的讲课，让我看到了他们提问的妙处。有些恍然大悟之感，原来还可以这样提问的。

10月22日上午，我主要听了陈益林老师和蔡伟老师的课。陈益林老师的《让古典诗词真正姓"古"名"诗"》为我们讲授了古典诗词的平仄、韵律等方面的知识。对于我们来说，收获是比较大的。相对的，陈老师教授的知识对高中学生来说是比较有难度的，而且这样的知识对执教的老师来说也需要比较好的古典诗词知识素养。而蔡伟老师通过俗语来训练学生的辩证思维，让学生们发现一句话原来既可以这样讲，也可以那样讲，教会学生从正反两个方面来看问题。这堂课如果应用到高中写作课堂之中，亦可以让学生在愉悦的课堂氛围中学会议论文写作所必需的辩证思维。这两堂课的内容中所囊括的知识点是比较难懂的，对于执教老师来说，也可以称之为一个"巨大的挑战"。

面对较为"深奥"的教学内容，陈益林老师和蔡伟老师均运用了比较"接地气"的教学方法。陈益林老师用说土话和唱越剧这种贴近学生生活的方式，让学生认识中古音，认识古典诗词中独特的音韵美。蔡伟老师则以生活中熟悉的俗语作为贯穿整堂课的线索，促使学生从不同的角度看问题，帮助学生认识到了辩证思维的巧妙性。两位老师这种化"难"为"易"的教学艺术，很是值得我们细细品味和探讨。

研 175 班 任泳颖

二、新锐教师教学评课

彭玉华、钱爱锋、董环环、罗进近四位老师课堂教学的层次都十分清晰，教学环节设置循序渐进、步步提升。彭玉华老师教《说“木叶”》，通过“说‘木叶’”、“说‘树叶’”和“论‘木叶’”三者的比较，准确把握了文本内容、文体特点和读者意识三大学习点，且将教学重、难点处理得举重若轻。钱爱锋老师教《文与可画筼筜谷偃竹记》，设置了“论画”“赠画”“曝画”三个环节，以体现苏轼与文与可的感情之深。董环环老师教《规避论述不严密例举》，规避了以往“论点——论据——论证”三段式的演绎教学，从事实评估出发，以驳论的形式，逐一归纳出“客观事实归位”“自我定义归位”“多原因归位”三个论述要点，回归了语文教学的本质形态。罗进近老师教写作，围绕“写为媒，读为胚”的核心，强调阅读与写作相辅相成的关系，指引学生在有字之书、无字之书、心灵之书不同层次的阅读过程中获得吸收、体味、批判的思想表达的提升。

四位老师的教学结构设置比较完善，但还有一些美中不足的地方。彭老师提出的三个问题难度较高，缺乏引导的“支架问题”，学生的学习一时难以达到预期的效果。钱老师受时间限制，未能展开文章形式技巧的教学，没有突出苏轼散文特有的、特别值得学习的语言文字之美。董老师的课堂信息量太大，建议将三个教学点拆分成三个课时。罗老师仅为学生指明了“始于阅读、高于阅读”的努力方向，没有给出阅读与写作的具体策略和指导。

研175班 庞美美

三

《说木叶》是一篇文艺评论随笔，内容丰富而散漫，如何有效地学习这一篇文章，彭老师设计了两个主问题贯串课堂教学，旨在引导学生思考文本所表达的内容及外在的文体形式，教学内容精准，但在教学过程中过于关注学生的信息提取能力，而忽视了其对文本内容的理解与体验。

《文与可画筼筜谷偃竹记》：这篇题画记的内容是苏轼悼念自己的好友兼表兄文与可，钱老师以此为出发点，与学生分享自己的三个阅读疑问，来引导学生细读文本，探寻两人亦亲亦友的关系。教学过程中，文本解读细致而深入，但由于知人论世色彩过重而在一定程度上影响了学生对文本直观而细腻的感知。

《规避论述不严密例举》：董老师基于教学经验总结了学生的三大论述问题，有针对性地提出了相应的学习策略。在教学过程中，先是呈现样本以引发学生的反思，在学生触及了问题的本质后再提供相应的策略进行有效训练，教学目标明确，内容充实有效，但课堂容量过大一定程度上影响了教学质量。

写作漫谈：这是一堂写作课，但是罗老师别出心裁，没有在写作技巧的解析上下猛劲，而是挑选了两篇范文，师生据此交流写出优秀作文的秘诀，其目标在于诱发学生的阅读兴趣，培养其良好的阅读习惯。

研175班 施丽蓉

四

“尖峰论坛”除了充当分享教学创见、教学方法的平台角色之外，也是学习者培养自身教学智慧的又一窗口。从课堂教学来看，各地名师的教学反思向我们传递了新颖的教研信息与态度，从而引发思考、促成改变；从现场教学来看，公开课的交流模式不自觉地成为了准教师或在职教师们自我发现、培养智慧的鲜活案例。因此，对论坛的参与者而言，学习成效是双重的，而这两个维度上的成长又是一位中小学语文教师走向成熟的必然条件。譬如在 2017 年 10 月的“新锐教坛”板块中，浙江省教坛新秀、普陀中学高级教师钱爱峰在示范教学《文与可画筼筜谷偃竹记》时，就通过“预设从言到文的学习步骤”、“提供译文”、“以范读促梳理”、“找寻文学趣味”、“课前沟通学生”等手段，在提高课堂实效的同时，也使学习者们在身份把握、魅力展现、智慧积累上有了新的体会。

在本次论坛的“新锐教坛”板块中，浙江省教坛新秀、普陀中学高级教师钱爱峰为我们呈现了一堂精彩的《文与可画筼筜谷偃竹记》。

这篇课文出自人教版选修教材《中国古代诗歌散文欣赏》，是一篇文艺随笔，也是一篇悼念性的记人散文，在教与学上具有一定的难度。作为一堂公开课，钱老师首先在选材上做到了新颖与不畏难。而就课堂效果而言，有许多地方值得我们借鉴与思考。

首先，丰富的知识储备发挥出了魅力。当学生用“古人曾说‘宁可食无肉，不可居无竹’”来回答“文人为什么偏爱写竹”这一问题时，钱老师能马上反应并指出这句话也是本文作者苏轼所说，使学生增加积累的同时，也促进了问题解答的进度。而也正是因为这样的储备，本堂课的拓展部分才能挖掘到“为什么是偃竹而不是直竹”、“苏轼给文与可写的诗为什么好笑”这样准确而有深度的问题。

其次，善于在提问中引导学生。从赏析《筼筜谷偃竹》画卷的特点，到对作者情感的初步把握，再到文章内容的概括，都是逐级推进的。再次，以提高课堂（公开课）实效为目的，彰显教学智慧。这一点主要体现在三个方面：一是重点突出苏轼与文与可关于“竹”的交往部分，只对首两段的绘画方法作简单表述；二是在提供译文的基础上，以诵读的方式加速学生对第三自然段（文章主体）的字词理解；三是在课前及布置小组任务时与学生充分交流，打下了教学推进的基础。

最后，在时间紧张的情况下，依然舍得留给学生足够的思考时间。这既包括在完成课堂内容梳理与向拓展部分过渡时，耐心地等待与鼓励学生的自主提问；也包括在布置小组讨论任务时留出足够的空间。这对于一堂时间“有限”、节奏紧张的公开课实施来说实属难能可贵。

当然了，个人以为，本堂课的实施在精简导入、增加并跟进课堂及时评价两方面上还有进步的空间。

研 175 班 林岳斌

五、评杨大忠老师《雨霖铃》

杨大忠老师的课堂令我记忆犹新，它区别于普通的课堂，以“不同视角”为切入点，讲述了《雨铃霖》的诗文中，除了柳永的感受以外，其实还包括了柳永恋人的视角，给了我全新的体验，也更好地感受到了该词凄楚的氛围和柳永至真至纯的情感性；同时也以意象中的矛盾点引导我们感受到词中的真挚情感的复杂性。另外，杨老师在课堂上的引导艺术非常吸引我，就算同学们的回答有所不同，杨老师也能很好地接纳同学们的观点并同时非常自然地过渡到他自己的观点上，这也是杨老师上课的一个亮点。不过杨老师的上课方法还是比较传统，以“你喜欢哪一句词”作为提问模板，稍显老套，可以更有新意一点。当然，整体来说这堂课给我的体验还是很好的。

研 175 班 傅玉欣

六、百字凸显课之精华——杨邦俊教师讲课

西楚杨人谈任公，启迪我辈做学人。

寓情于课展唱功，喝彩满堂自众人。

研 175 班 黄海霞

七、评温州中学罗进近老师的作文课

15 分钟的时间，将一节写作课教成功，其实很难，但罗老师却找到了写作教学最该关注的点——阅读。阅读积累不但能将学生空泛的写作思维变得饱满充实，而且能提高学生语用能力、语言感知力。罗老师从不同角度“看问题”到不同维度“炼思想”，从不同层次“找立意”到不同经历“探阅读”，整个课堂围绕两个写作“话题”、两篇“满分作文”展开，推敲写作中“阅读积累”的关键作用，使整个课堂充满探索韵味。不过，可能课堂时间过短的缘故，整节课中，除了“阅读”这个重点，并没有谈到具体的写作技巧，也没有为写作的“阅读积累”限定一个有边际的框架，不禁有些“泛泛而谈”之嫌，课上所列的两篇满分作文，水平之高也容易让学生产生距离感，如果选用“一好一差”两篇作文，就更容易突出满分作文的优秀所在，使学生在比较中寻找到自己的不足。以上是我浅陋的一些看法。

研 175 班 王欣琪

八

温州中学的罗进近老师是一位对文字有真感情的语文老师。如果我是一名中学生，我会崇拜罗老师，我会去阅读、积累；如果我是一名教师，我会拜服于罗老师丰厚的涵养与教学智慧。而作为一名语文学科教学方向的研究生，我自愧不如又斗志满满，因为罗老师正是我想要成为的语文老师。这堂语文课，罗老师以两篇优秀作文为例，深入浅出地讲述了为何阅读、如何阅读。浓郁书香好氛围，理性认识有尺度，逻辑清晰层层深入！阅读，何止于阅读。

研 175 班 章勒依

九

温州市瑞安中学董环环老师的论据审辨课，其切入点设计得相当新颖别致。从社会热点话题实事出发引导学生探究论述中会出现的三种不严密问题并分析应对策略，调动了学生的积极性且有益于培养学生严密的逻辑思维。但想在一节课中同时呈现三个问题，反而因节奏太快而使学生一时难以消化吸收，此时若能缩小讲课内容，聚焦于一点进行重点分析效果也许会更佳。

十

参与论坛的两天时间里，我感受到了名师风貌。作为还未进入工作岗位的学生，这次论坛无疑是我们最能够接近一线教师的一次经历，而且是不同地区的名师。感触最深的是李莉老师

说到自己微写作教学的触发点，是在金华一中听课听滕老师汇报时，收到的一叠金华一中社团学生的随笔集。这种教学的敏锐度正是一名优秀教师必须具备的。她的微写作理念是基于学生成长，让学生真正感受到写作能力的提升。在课堂中，她结合高考真题道出微写作的真谛，给我们微写作的新思路，引导学生站在出题者的角度思考问题，以编写试题的形式让学生多方位思考，而不仅仅局限在传统“套路”的框架里。纵观整节课，一个“真”字贯穿了课堂。不管是针对与学生日常生活结合的题型，还是解析与学生阅读体验结合的题型，她都在引导学生写出真感悟和真水平。李莉老师说微写作是“麻雀虽小，五脏俱全”。在我看来，她的课更是时长虽短，干货良多。

研 175 班 朱思媛

十一

一个老师，一个课堂。“尖峰”教师走上讲台，给了语文课堂一万种可能性。温润儒雅、年轻朝气、踏实质朴、书生意气……每一个老师，都展现了属于自己的特色课堂。令人印象深刻的董环环老师，语言掷地有声，课堂巧用媒体设备，最令人感动的是课堂设置的立足点，基于论证的严密与准确性，帮助学生学会理性表达，而这恰恰是信息社会中孩子们最需要的，年轻老师身上深深的社会责任感由此可见，这是一堂令人感动的作文课。

研 175 班 郑婉婷

十二

来自湖北的特级教师杨邦俊老师在解读《箜篌引》和《桃花扇》的时候，巧妙地引入了“吟”和“唱”的艺术表现形式，还给在座的老师和同学表演了“吟”和“唱”，抑扬顿挫中充满了真情实感，帮助学生更直观地理解文章的主题思想。

研 175 班 胡颖倩

十三

对于几位老师的精彩表现可以用两个成语来评价，一是小试牛刀。几位老师在短短的十几分钟内给大家展示的仅仅只是自己课堂设计的一小部分，但在如此有限的时间内所展现出来的无论是教学内容、教学设计，还是教学理念都可谓惊艳。例如彭老师《说木叶》一课，所设计的问题：为什么是“说”木叶？为什么是“说”木叶而不是“论”木叶？按照作者的观点诗句“病树前头万木春”可以改为“病木前头万树春”了，你认为呢？这三个问题虽看似不起眼，但每个问题背后是有着清楚的目标指向的——对应的是内容指向、文体指向、思维指向。学生解决这三个问题后其实就已经掌握了课文内容，彭老师在课堂上不露声色引导学生通过问题探究来理解文章，同时又避免课堂陷入教师的单调讲解中去。所以当彭老师亮出其设计思路时让人恍然大悟，给大家提供了新的课堂设计思路。相信如果有更加充足的时间让几位老师尽情发挥，肯定能带来更加丰富、精彩的课堂教学。二是大家风范。几位老师课堂展示的分别是议论文、文言文和作文阅读教学，所选的都是实际教学中难啃的硬骨头，但几位老师对知识点的讲解可谓是游刃有余，尽显大家风范。如董环环老师上的《规避论述不严密举例》一课，她所选的例子如“宁波动物园老虎咬人”事件均源于学生身边生活，拉近了学生与知识的距离感，让学生有话可说，这类时事热点事件更容易激发学生的兴趣。然后董老师在学生的热烈讨论中自然而然地顺势导出客观事实归位、自我定义归位、多原因归位三种论述方法，不过遗憾的是由于时间关系，董老师并未能对每一种方法作进一步的教学。

从几位老师在有限的时间内所展示出来的课堂教学看，本次教学论坛无愧是尖峰论坛。

研 175 班 戴泳洪

十四

蔡伟老师通过对“俗语”、“辩证”、“辩证语言”三个词语的“认识”入手，与学生交流常见俗语的意义，在对几个典型俗语的反义语句的追问中步步深入，让学员在潜移默化中意识到俗语中所隐藏的辩证思维。

其课堂语言风趣幽默，与学员互动自然高效，在轻松诙谐的气氛中将日常俗语上升到思辨的高度，解决了学员眼中原本高深莫测的学术难题，给学员与听课教师一次知识的洗礼，一场美的享受。

研 175 班 付俊

十五、将“美”带入课堂

11 月 18 日，我们有幸作为听课的学生参加了 2017 年“浙师语文尖峰教学论坛”。在这一天的时间里，我们听了六位名师的课。这六堂课都精彩纷呈，带给我们独特的审美体验。提高学生的审美能力一直以来都是语文课堂教学十分注重的一个方面。美育对德育、智育和体育起到了重要的补充作用，能有力地促进学生全面自由的发展。而这六堂课则带给我诸多关于语文教学的审美教育的启发。

第一，通过音乐渲染气氛，营造意境美。音乐在语文教学中往往能发挥重要的作用。当人听到欢快的音乐，会不自觉地变得欢乐。当人听到悲伤的音乐，心情则会不自觉地变得低落起来。音乐给人的感受很大程度上是直观的，并且带有一种只可意会不可言传的意味。温州龙湾中学的高级教师刘佩老师和安吉县孝丰高级中学的徐瑛静老师即比较充分地发挥了音乐在语文教学中的作用。刘佩老师教授的课文是《江南的冬景》，徐瑛静老师教授的课文是《雨霖铃》。这两篇课文都属于美文，而两位老师都应用了配乐朗读的方式来让学生感受文中所展现的“美”。但是两位老师在具体运用上又有不同之处。刘老师首先让学生自己选择适合文章片段的音乐，再让学生配乐朗读，最后再谈自己对该文章片段的感受。让学生选音乐可以让学生对该片段所传达的意趣有大致的判断。而之后的配乐朗读则加深了这种情感体验，让学生对江南的微雨景色有了更深的体验。而徐老师是自己选择了合适的音乐来朗读，再让学生也配乐朗读，亦取得了不错的效果。

第二，从文本本身出发来赏析“美”。以衢州一中的王燕飞老师为例。王燕飞老师授课的内容是《荷塘月色》，同样是一篇百读不厌的美文。而王老师则紧紧抓住了“从文本本身出发”这一个要点，包括对修辞、语言等方面的赏析。王老师让在座的学生自己来寻找自己喜欢的句子，寻找体现作者情感变化的句子，让学生自己来赏析，表达自己的观点。整堂课的所有环节设计都是从文本本身来入手的，让学生们在朱自清优美的文字中真真切切地感受到了《荷塘月色》的“美”。课堂中，同学们的参与度都很高，也非常享受。

第三，创新教学内容，从另一个角度寻找“美”。以张阳成老师和陈晓娜老师的课堂为例。来自湖州中学的张阳成老师以《让文学形象帮助学生思维》为题，对在座的同学进行思维训练，旨在提高学生在论述文写作上的思维能力。以文学形象来训练学生的思维是一个非常新颖的切入口，能让学生感受到文学美的同时，也感受到思维的美。但是，在课堂的收束部分略显仓促，实际上同学们可以讨论得更加深入。来自塘下中学的陈晓娜老师以《寻典构类入语境——循源探析成语典故》为题，让学生结合历史典故学习成语。陈老师以《史记》的“楚汉争霸”中的成语为主要内容，让学生在具体语境中对成语有更深刻的认识，让学生在感受历史厚重的美感的同时，感受到了成语的魅力。

第四，引入其他学科内容，凸现文学的味道。很多经典文学内涵的意义是现在的高中学生难以理解的。以杭州学军中学的韦玲珍老师教授的《在桥边》为例。伯尔的《在桥边》就是一篇比较难以理解的文学作品。而韦老师将历史和哲学融入到了课堂之中，加入了德国二战后重建以及马克思哲学的因素，让学生更好地品味到这篇文学作品的“美”，感受到了文中的文化味、社会味、哲理味。

如何在语文教学中进行审美教育，提高学生的审美能力，即是这六堂课带给我比较深刻的启示。而在以后的语文教学实践中，我要怎样具体应用这些教学技巧，并对审美教育进行更进一步的探索，这又是需要思考的问题。

研175班 任泳颖

十六、浙师语文尖峰教学论坛评课

11月18日，六位老师为我们呈现了精彩绝伦、风格各异的示范课。其中，刘佩老师、徐瑛静老师、王燕飞老师和韦玲珍老师不约而同地选择了“文本细读法”来推进自己的课堂教学。刘老师上《江南的冬景》，先后以概括经典画面、对对联、配乐朗读的形式，让学生不断深化对文本遣词造句的理解，尤其在对联的环节，同学们基于不同社会文化背景，围绕一个字生发出众多出色的见解，随后逐渐明晰立于“景”之后的“人”。徐老师上《雨铃霖》，十分强调语境之于语义分析的影响，既有点染手法的具体分析、有文本内容的拓展延伸，也有以读一诵一吟三种不同境界的朗读方式逐级深化凄冷氛围的渲染，从而慢慢浸入伤离别、伤时序、伤仕途三层境界中。王老师上《荷塘月色》，以开放式提问和自主学习的方式引导学生学习本文个性化的语言，尤其是王老师高水平的评价语和过渡语，旁征博引，让学生既得到了更高层次的启迪，又收获了理性美的熏陶，最终由“景”悟“情”，在享受和思考中真切地体会到了朱自清淡淡的忧愁和喜悦。韦老师上《在桥边》，所提的问题看似简单，实则要求极高，第一阶段需要学生梳理“我”对工作、管理人员和心爱姑娘的态度，抓住了“摇摆”的重点；第二阶段分析小说的“荒唐”之处；第三阶段透过现象看本质，揭示战争遗留问题——人的“异化”。且三个阶段的分析都是在文本细读的基础上完成的，韦老师带着学生咬进了文字的深层，品出了语言的生活味、社会味和哲理味，实在是高！

张阳成老师和陈晓娜老师则进行了教学的创新。张老师上《让文学形象帮助学生思维》，凭借“事不同理相通”的道理，十分巧妙地将文学形象作为学生思维训练的载体，一方面，从祥林嫂、保尔·柯察金、闰土等文学形象中，概括分析出人物形象背后其决定性作用的文化观念状况，再次巩固了学生相关的知识；另一方面，将提炼的普适性结论作用于生活素材，培养学生的发散性思维。陈老师上《寻典构类入语境——循源探析成语典故》，从《史记》中的成语入手，归纳出四种学习成语、了解典故的方法，做到了“以点带面”高效教学。然而，示范课留给老师的时间太少，新颖的教学需要留给学生更多适应、消化的时间，因此两位老师的课堂教学出现了一些教学重点来不及讲或者课堂信息量太大、进度过快的问题，若是在受众群体稳定、课时充足的环境中，假以时日，相信两位老师的教学成果会更加惊艳！

研 175 班 庞美美

十七

《江南的冬景》

评：与这篇优美的散文相称，刘老师的课堂教学也富有雅致的语文味。刘老师在课堂教学中贯串了“拟标题”“对对联”“配乐朗读”等学习活动，这些“文人游戏”给课堂增添了文学气息，课堂富有感性。而课堂收束中师生对郁达夫“闲话体”写作风格的探讨，则为课堂教学增加了一份理性。但这堂课也存在一些不足之处：环节之间缺乏衔接与过渡，各环节之间跳跃性较大；教学环节过多而致使一些环节的学习浅尝辄止。

理念更新、转变与重塑：教学需要创新，教学设计需要创新，教师在课堂上教给学生的应该是自己所发现的、所理解的、所感悟的……

《雨霖铃》

评：柳永的这首慢词堪称抒写离情别绪的千古名篇。徐老师教学本文抓住了文本特点，引导学生在拟标题、品意象、朗一诵一吟中体会并理解词作所表达的情感及其所运用的表达技巧。教学重点突出，教学推进细致而深入，导入环节更是兼顾趣味性与知识性，拟诗词大会以知识竞答的方式让学生掌握一定的文学常识，学生从中获益匪浅。缺憾在于课堂教学中缺失了慢词这一文体知识的学习。

理念更新、转变与重塑：作业设计是教学设计的重要一环。新课程所倡导的因材施教理念应落实到作业的设计上，教学中面向全体学生，关注每个学生个性发展的要求，设计个性化作业，从而使学生通过自主思考，基于自己的经验去建构意义。徐老师采用设计层级作业充分体现了因材施教理念，与传统一刀切的作业设计相比，无疑是一项具有现实意义的改革。

《荷塘月色》

评：朱自清的《荷塘月色》是现代抒情散文名篇。王老师以作者的情思为主线设计教学活动，引导学生聚焦作者的文字，在文本细读中去发现、去领悟。教学中鼓励学生分享自己对文字的感受与解读，并乐于分享自己独特的阅读体验，课堂上师生的教与学在文本的发现中相互促进。在教师的引导下，学生于文字把握情思，于情思反观文字，反复中深化学习。教师得力的课堂组织能力也使得教学活动有序推进而受到良好的教学效果。美中不足，教学中可以减少针对个人的追问，而尽可能地面向全体学生，让教师的教服务于全体学生的学。

理念更新、转变与重塑：王老师的教学体现了“教以学为中心”的教学理念，先生后师，先学后导，教师不以教代替学生的学，引导学生在学习实践中尊重自己的体验和理解，基于此吸收教师的教来自主建构自己的知识体系，自主走向成长。

《让文学形象帮助学生思维》

评：张老师基于对学生写作困境的深刻认识，创新写作教学方法，唤醒学生日常语文学习中的阅读积累，借助可言说的文学形象，寻求思维的纵深发展。这一尝试是值得肯定的，教师在教学中积极有为，从学生感兴趣的游戏入手，引导学生习得议论分析的技巧，授之以渔。但课堂教学过程中教师没能把握好师生互动，教学在问答中显得零碎而拖沓，学生没能很好地领会教师所要分享的议论方法，教学效果大打折扣。

理念更新、转变与重塑：生本教学以学生为中心，并不意味着课堂教学要以师生对话的方式进行。只要尊重学生的主体地位，从学生的学习需要出发设计课堂教学活动，让学生从中有所思、有所得，就是学生需要的课堂。张教师立足于学生的学习需要，授之以渔，但因局限于师生对话的教学方式致使课堂教学零碎而拖沓，没能到达预期的教学效果。换一种师生互动方式，教师先向学生介绍“用文学形象思维”这一方法，并举以适当的例子，再让学生加以运用与分享，或许能把课堂化散为整。

《寻典构类入语境——循源探析成语典故》

评：这是一堂成语典故学习与积累方法课。陈老师立意深远，立足于优秀传统文化的继承与发扬，旨在引领学生走进中华成语，爱上中华成语。为此，课堂教学中陈老师尤为注重学习方法和策略的引导，让学生在寻典把握源流、语法建构类别、词语比较辨析中把握词义并以此建构成语库。为了激发学生的学习兴趣，营造良好的学习氛围，陈老师还设计了“主题词对抗大赛”“成语微型写作”等活动贯通课内外教学实践。这堂课教学目标明确、组织得法、内涵丰富，但由于涉及的成语较多，教学不够微而细、细而深、深而精，课堂教学脉络不够清晰，学习方法与策略的习得可能不够理想。

理念更新、转变与重塑：走出以考定教、以考定学的陋习，在求知中学习；回归本真的语文教学，兼顾语文学习的工具性与人文性，在语言学习中接纳文化的滋养；变“学会”为“会学”，课堂教学重视学习方法与策略的引导与习得。

《在桥边》

评：这是一篇外国小说，有着多重主题，既有浅层的表达，亦有耐人寻味的深层题旨。学生面对这样的文本，可能存在一定的学习障碍。韦老师很细心，课前主动了解学情，上课后先引导学生概括小说的故事情节并分享初读感受，在学生对文本有了大致把握后，进一步引导学生梳理小说主人公心理变化的脉络过程，带出单元话题“摇摆”技巧的学习，又在此过程中自然关注小说意料之外情理之中的设计，逐步深化到对文章主题的领悟。教学目标明确，思路清晰，内涵丰富、深刻，缺憾在于教师铺垫过大，破坏了课堂教学节奏，也不利于学生学习能力的培养。

理念更新、转变与重塑：以生为本，不是教师退出课堂，而是课堂上学生在学，教师在教，即教师的教服务于学生的学，学生的学受引于在教师的教。

研 175 班 施丽蓉

十八、简评韦玲珍老师的《在桥边》

听了六位名师的课，给我印象最深的是来自杭州学军中学高级教师、省首批浙派高中语文名师培养人选韦玲珍老师讲授的伯尔的《在桥边》——意味深、韵味浓、余味长。

在我的印象里，对于《在桥边》所表达的就是对美好爱情的向往和对德国战后重建中偏重物质而缺乏精神关注问题的控诉。韦老师的课堂似乎也是这样上的。但是韦老师在整堂课的最后从“这两分钟是属于我的，完全属于我一个人的，我不让他们侵占去”这句话进行了主题的升华——人本质的社会异化！这让我一下子感受到了这位老师的水平之高！整堂课从导入到收束，从问题到解问，从讲授到互动，都蕴含着生活味、社会味和哲理味的三“味”真火！

研 175 班 许玮芳

十九、评写作教学课《让文学形象帮助学生思维》

湖州中学张阳成老师的这节写作课，可以说是一次大胆的试验，总体上来讲效果不错，不过也有值得商榷和完善的地方。

整堂课由三处提问贯穿全场，几乎一气呵成。第一处是开篇的三个问题，“你们是否有美好的玩游戏的体验”“家长等在担忧什么”“青少年玩游戏会不会玩物丧志”；第二处是过程中关于文学形象的提问；第三处是总结升华时的提问“如果身边有人沉迷游戏，你会怎么说”。

任课教师在开篇的三个提问上花了大力气，看似与所讲的写作课主题无关，实际上是为了引出自己关于话题作文写作的想法，这是要同学生讲的重点逻辑思路，即分析话题要做到以下几步：1. 厘清概念以开拓思维 2. 继续深入思考下去的途径（个人经验、社会现象、文学形象）。

第二处的过程性提问自然是为了引导学生进行文学形象的探讨，主要包括两个方面，其一是对“迷失自我”的形象的分析，得出结论：人是观念的囚徒，由祥林嫂到沉迷游戏的人，沉迷其中而不自知；其二是对“拥有自我”的形象的拓展性分析。

总结升华时的提问则是告诉学生本节写作教学课的构思，促进学生自主生长力的发展，其脉络是：以文学形象深化对社会现实的思考，上升到对“主体观念”、“命运遭遇”、“人性思考”等方面的辨析。此外，在整节课的实施和教学过程中，任课教师存在的显著优缺点也是值得关注的。优点主要包括以下几个方面：

第一，教学设计有创新度。从个人经验、社会现象、文学形象这三个角度出发设计问题，由“沉迷游戏而迷失自我”引申到文学作品中的相似形象讨论，激发了学生的兴趣，并能够在主题上进行升华提炼，形式新颖。

第二，是该教师具备较强的教学应变能力。这主要体现在两个方面：1. 从容应对课堂生成。当教师问的是“因不自知而沉迷”，学生答的却是“因逃避现实而沉迷”时，教师能巧妙过渡。2. 发现学生理解产生误差时能够及时引导，如教师在课堂主题久不能显现的情况下提出因玩游戏而“迷失”自我这一层面。

第三，提供双向思考路径。虽然这节课设计的着重点是在“迷失自我”这一方面，但教师依然给出了“沉迷游戏而迷失自我”、“不沉迷游戏而拥有自我”两个讨论方向，可惜的是学生倒向了“迷失”这一边。

第四，在所有提问环节，教师都能做到对每一位学生的回答进行积极的回应和具体的评析。

当然，美中不足的是“关于如何深入的三个概念没有和前面的导入再次强调对应”、“提问的明确性不高（如开始时对“用文学形象来分析”的提问让学生产生误解）”、“每个教学环节中问题数量的设置安排不够合理”等问题还有待解决和完善。对于写作课教学而言，本节课是一次很好的启迪机会。

研 175 班 林岳斌

二十、文本细读走进作者——评王燕飞老师《荷塘月色》

现在的语文课堂对于经典文本的解读是一个难点。很多时候学生面对文本，对于文章的核心内容和情感基调实际上是一目了然的。语文老师面对的并不是渴望新知的疑惑者，而是自以为是的已知者。《荷塘月色》这篇课文是朱自清先生的代表作，对于文本中所呈现的荷塘的美丽宁静以及作者内心的情感变化，其实学生自己就可以理解。如果执教老师还是将教学重点放在文本内容概括或是情感基调梳理，这种一望而知的知识对于学生，毫无裨益。而王燕飞老师很好地规避了这一点。在教学的第一个环节，王老师就引导学生用一个字来概括对于文本的阅读感受。而接下来的大部分时间都在引导学生对文本进行细读，显然相较于“言语内容”，王老师更注重“言语形式”的解读。在文本解读的过程中，学生自然而然地贴近了作者的心灵。我认为王燕飞老师这一点做得非常好，应用文的解读重点在于提取核心信息，而文学作品的阅读目的在于理解言语形式。换言之，就是你关注的不仅是他“说了什么”，而应该是“怎么说”。引导学生打开文本的细节之处，在这个过程中享受发现之美，触摸作者的内心世界。

研 175 班 王萌萌

二十一、语文课堂呼唤审美教学

当前，在社会发展日益趋于现代化的背景下，为给 PISA 测试提供一个理论框架的典示，教育界纷纷开始研究“核心素养”。而作为传承中华文化重要媒介的语文学科，其核心素养主要包括“语言建构与运用、思维发展与提升、审美鉴赏与创造、文化传承与理解”四个方面的内容。这些内容无疑对语文教师的专业发展提出了更高更深层次的要求。如何在语文课堂教学中渗透新理念，如何巧妙运用新理念解决诸多师生发展问题，以及如何与学生共同品读文章以达到情感的升华等诸多新境界下的新挑战，都值得语文教师深思。语文教学，尤其是高中散文教学，要将核心素养中的审美内容作为重点来设计，其难度可谓非同一般。衢州一中的王燕飞老师，就迎难而上，以散文的审美教学为目标，结合文本细读方法，深情款款地引导我们走进朱自清先生的《荷塘月色》美文中，整节课张弛有度。师生交流融洽，师与生作为平等的阅读主体，皆沉醉于月下荷塘。课堂内容层层递进，从感悟语言之美妙到探讨思想之深刻，师生主体都真正做到了潜入文字，融合自己独特的思考与审美，用心感受作者的情思。在课堂导入环节中，王老师精心设计了这样的一个环节：让学生通过课前预习，用一个字概括自己的初读感受。这样一个看似寻常的环节，却极其巧妙地为即将展开的课堂教学做了深刻的铺垫。面对《荷塘月色》这篇既饱含美感，又蕴藏忧愁情绪的美文，王老师一开始并没有先入为主，掌控学生的情感走向，而是让其独立思考，体会情感。之后，王老师深入文本，提出了“请大家再一次细读文本，看看带给朱自清美好感受的荷塘月色之旅，是不是也同样能触动你”这个将情感逐步迁移到作为读者的学生身上的问题。这一问看似轻巧，实则深刻，蕴含了接受美学思想。再次，王老师让学生畅所欲言，到文本中寻找“美的证据”，从具体的字、词、句出发，深入细致地赏析了文章语言，并总结了学生的发言，升华了文字之美。最后，又回归到了课堂的初始内容，以学生最初提出的贯穿全文的“美”和“愁”两个表示心情的关键词，串联起文章的情感探析之线。“作者是否真正做到了‘以美解忧’”这一关键的提问，将课堂推向了高潮，引发学生的深度思考。在学生表达自己“赞成”或“不赞成”观点时，王老师又别有用心地插入“知人论世”环节，最终使学生对《荷塘月色》美文的情感有了精深理解。

王燕飞老师的《荷塘月色》一课，令人回味无穷。这堂课，不仅有对散文语言的独特审美赏析，也有对作者情感的准确把握，更有对每位学生个性体验的尊重。语文课堂呼唤审美教学，审美教学需要教师运用“文本细读、知人论世、情感迁移”等诸多具体方法来实现！

研 175 班 童晓玉

二十二、评《寻典构类入语境——循源探析成语典故》

回忆起自己高中时候学习成语的历史，无非就是平时的摘抄记录和最后高三复习时期的大量练习，因此，我本身对于成语并不太重视，甚至认为学习成语是小学生的事情。故初见课题时，我便觉得为高中生积累成语而特地开展一堂课，实在没有必要，而且用成语典故的方式去学成语，也早就不新鲜了。但是陈晓娜老师的这堂课，让我刷新了对于高中生学习成语的认识，成语对于高中生来说，并不简单。

成语积累对于高中生来说为什么重要呢？首先说来惭愧，我最大的感受来自于我们这群研究生学生对于成语积累之薄弱。在这个课堂上，对于陈老师提出的多数问题，比如“高屋建瓴”“安堵如故”的成语意思，比如“安”做使动用法的成语，比如“养忧为患”“养虎为患”之间的差异，我们不能快速甚至准确地回答出来。一方面是由于我们对于成语积累的懈怠，另一方面我认为，成语确实不简单。而成语是高考中必不可少的一部分，对于语文在高考中分量越来越大的趋势，我们重视学生文言能力的培养，重视成语的学习与积累是更好应对高考的必然趋势，更是提升学生语文素养不可或缺的一部分。

其次，成语的学习与积累与学生学习文言文有必然联系。陈老师以《史记》中刘邦集团和项羽集团背景下的成语为基础，从成语语义出发，分“寻典把握源流”“语法建构类别”“词义比较辨析”三个方面，引导学生积累成语的方法。文言文是高中语文的重点，也是高中语文的难点。而以成语为突破口，像陈老师这样在古文中搜集成语，关注成语中语法的运用，不同语境中相近成语的差别，都是在培养学生对于文言文的感知能力与运用能力。

最后，对于陈晓娜老师整堂课的建构，也是非常成功的。整堂课逻辑清晰，目标明确，张弛有度，在愉快轻松的氛围中让学生学会了成语积累的方法。这是经过陈晓娜老师精心设计过的一堂课，不仅教授学成语积累的方法，让学生“知其然”，更让学生知道为何要用这种方式去积累成语，做到“知其所以然”这是非常难得的。另外，陈晓娜老师十分具有亲和力，举止得体，在她的课堂中十分享受。

成语的学习与积累不是一件小事，陈老师所倡导的从成语典故出发理解词义，又从语法与词义相关的两个角度去积累成语的方法，确实应该在认真的讲授之后，贯彻落实到学生的日常学习中去。如此，成语的学习与积累，就不会再是一种死板的负担，而是一种有趣又有益的事情了。

研175班 章勒依

二十三、评《荷塘月色》

王燕飞老师的课堂，有三大魅力。

其一，极具学生本位意识。王燕飞老师在初期让学生进行文本细读时，会说出自己对学生的要求，但她的要求往往是考虑到每一位同学的接受程度。比如她说："请同学们再次阅读文本，找出打动你的文字，可以是一个词，也可以是一句话。"另外，当同学们站起来，畅谈自己感受的时候，对于每一位回答的同学，王燕飞老师都会在仔细地倾听后，对同学们的回答给予有针对性的反馈。课堂上做到及时、有效地反馈，对于学生来说，既是学习效果的直接检验，也是提升学习效率的最佳手段。

其二，充分展现文本细读的魅力。王燕飞老师的课堂立足文本，强调细读，是逐层深入的。为了让同学们循序渐进地走进文本，老师设计了自由阅读、小组合作阅读以及朗读等多种方式，让同学们在课堂上，既可以自由发表自己的阅读体会，还能够在朗读中体悟到作者隐藏在语言文字背后的情感。另外，王燕飞老师自身高强的文本细读功力，也从她最后对"且"字的品读中完美展现。

其三，课堂内容的安排别出心裁。王燕飞老师有意识地置后作者介绍，避免了让同学们带着先入为主的观念去看待朱自清先生文字的可能。这有助于学生紧扣文本，赏析语言表达的魅力。而在学生对语言有了真实的感悟之后，老师再亮出作者的处境，用作者当时所作的其他文章为证，进一步升华学生们对朱自清先生的认识。这样的课堂处理，是巧妙而又生动的。

研175班 伍慧钊

二十四

参加完第二次尖峰论坛名师讲课的活动，我有一些感触，我觉得每位老师都很用心致力于将语文课堂"活起来"，每位老师都有属于自己的出色的教学特色。其中让我印象颇深的是徐瑛静老师上的《雨铃霖》。导入部分便吸引了我的眼球，徐老师用诗词大会的形式围绕词人柳永与同学们展开了交流，既调动了课堂气氛，让学生快速进入学习状态，也是让同学们扩大了知识面，深入了解了词人，利于教学内容的展开。另外，徐老师还设计了"取标题"、"手法介绍"、"吟诵"等教学环节，丰富多彩。其中吟诵环节更是用了蔡伟教授的吟诵资料，十分有新意。让我印象深刻的还有徐老师的作业布置环节，她根据学生的层次设计了不同要求、不同难度的作业，充分尊重了学生的主体性与个性化发展，值得我们学习。然而，我还有一些反思，我觉得徐老师的课虽然丰富，但似乎没有重点。能不能只讲一个知识点并深入地带领同学们分析呢？学生知识面的全面固然重要，但知识的深刻程度也值得教师关注。以上是我对这次尖峰论坛名师讲课活动的拙见。

研175班 谢佳维

二十五

在蔡老师的带领下，我们有幸参加了语文名师的尖峰论坛，欣赏了几位名师的精彩授课，从中所学甚多，受益匪浅。我明白了这些老师能够在诸多同门中脱颖而出都是有道理可言的，他们的课堂语言都生动丰富，语调抑扬顿挫，气场够足，营造了师生合作交流的良好氛围。

在这里，我着重谈谈衢州一中王燕飞老师执教的《荷塘月色》。看了王老师的简介，应是硕士毕业不久，能有这样的课堂表现，已是不俗，值得我们研讨学习。开篇老师先让我们读课文，并用一个字概括出来初读后的感受，同学们纷纷说出自己的看法，最后归为一个“美”字，这便是此文的文眼。接着老师让我们在文本中找出作者感情变化的句子，并试着让我们找出带给作者审美享受的地方，谈谈自己的看法。这些问题引导很不错，符合学情，将学生的关注点集中在文本细读上。感受最深的是不论大家发言指向何处，王老师都能随机生成相应的回答，赏析解读都很到位，反映了她本人对于文本的把握程度很高。

在品读中，老师注意引导大家感受朱自清先生的用词美、修辞美、画面美，我们仿佛进入了这样朦胧的月色中，与作者共享这无边的荷塘月色了。这是老师提出新的问题，这样的“美”解了“愁”吗？将我们带入了新的思考，经过大家精读文本，这时王老师点出了作者选用的词句，比喻的物象，讨论之后觉得美不足以解愁。这样的安排很是美妙，让我们重视文章中描写用词的变化，明白作者深层次的思想内涵，不仅停留在文本表面。此外，师生的互动很好，更易产生良好的教学效果。

这时候老师娓娓道来作者当时的写作背景，我觉得甚好。现在很多教学设计刚开始就强调知人论世，而不重视文本解读，这就很容易导致我们在解读时掺杂太多外在的感情。就如老师说的背景只是辅助理解的材料，而不是主导你的判断，我也深以为是。

当然，我觉得能看到闪光点是主要的，我们也要关注到王老师课堂方面一些可以改进的地方，在此提出我个人的看法，在教学设计的时候可以讲问题的顺序切换一下，比如我们总结文章的文眼是美，那么美在何处，应该紧随其后，再是探讨感情方面的一个转变，这样会更加自然。另外在教学用语上可以更加规范，不要太口语话，说明我们要培养一个好的用语习惯，体现出教师的学科专业性。以上就是我的评课感受。

研 175 班 王维丽

二十六

本次“尖峰论坛”中的每一节课都让我受益匪浅，其中衢州一中的王燕飞老师讲授的《荷塘月色》给我留下了更为深刻的印象。我把王老师本节课中最突出的几个优点整理如下。

一、巧妙设计课堂问题，引导学生深入探究文本

王老师在课堂中先抛出“作者的情感何时发生了变化？”的问题，带领同学们寻找文本中体现心情变化的字词。然后和同学们分享作者荷塘之旅的独特的审美感受后，让同学们“找出文中能打动你的字词或句子”。最后又巧妙设疑“荷塘月色的这份美是否解了作者的忧？请你以文本为基础阐释你的想法”。经过师生的共同探索，我们才发现原来王老师一开始就为我们设下了“陷阱”，其实眼前的美景只能让作者得到片刻的休憩，而作者内心的忧愁一刻也没有消逝。到此处，我们才发现王老师通过巧妙的课堂设疑，已经带领我们潜入了作者的内心

世界。

二、带领学生进行文本细读，感受文本之美

王老师在整节课中一直把文本细读作为解读文本最重要的方法。首先，王老师每次提问时都要求同学们从文本出发来表达自己的感悟。其次，为了不干扰同学们对文本的理解，王老师特意把“知人论世”的环节放在课堂最后，这不仅可以培养学生创造性解读文本的能力，还有利于培养学生的思维力和表达力。最后，王老师通过援引金志华先生和木心先生的文学作品对文本进行深入解读，让我们进一步体会朱自清散文的独特魅力，感受文本细读之美。相信这节课将对我们以后的课堂教学具有深远的启迪意义。

三、熟练掌握文本内容，根据学生实际情况灵活调整课堂教学

首先，整堂课中，王老师对文本驾轻就熟的能力让我们惊叹。当王老师要求同学们“找出文中最能打动你的字词或句子”时，虽然同学们的答案零零碎碎地散落在文章的各个角落，但王老师都可以在同学们解读的基础上进一步从文字、修辞和情感等角度与我们分享更为深入的本文解读。其次，王老师最可贵的教学智慧体现在她能根据学生的实际情况灵活地调整自己的教学策略。这节课原本是为高中生准备的，但实际的教学对象是研一学科教学语文的学生。因此，王老师大胆地调整了课堂教学的策略，以文本的语言、修辞和情感为基础与学生进行深层次的探讨和交流，她甚至进一步转换角色，在教学中更像是一个熟悉的朋友与我们进行深切的交谈，让整节课变得更加自然、亲切。

总之，王老师的《荷塘月色》让我收获良多。我会反复观看王老师的教学视频，不断总结、消化、吸收，使之为我所用。

研 175 班 边璐青

二十七、评《在桥边》

韦老师是杭州学军中学的名师，谈吐大方，上课内容丰富而深刻，她执教的《在桥边》一课让我印象非常深刻。

首先，以《红楼梦》中曹雪芹的四句诗作为导入和收束，使得整堂课结构严谨，首尾呼应，浑然一体。《在桥边》是外国文学中的经典文学，而《红楼梦》则是中国文学中的经典文学，大部分人也许都没有想到这两者有何相通之处，韦老师抓住的正是“荒唐”二字，这样就把中西文学贯通起来，不仅毫无违和感，而且充满文学味。

其次，环环相扣，过渡巧妙。这堂课主要探讨了主人公的心理变化以及小说的主题。通过主人公的心理变化，学生便可了解全文。在探讨小说主题的过程中，韦老师才由“缝补了腿”补充了背景知识，而非在课前就先入为主地告知背景，这样做有利于学生细读文本，茅塞顿开。

最后，韦老师的旁征博引不仅为其加分，更为她进一步揭示课文主旨添彩。在此过程中，韦老师引用了马克思、李健夫、伯尔本人、高尔基等人的语录来引导学生关注到“人的社会异化问题”上，充分体现出韦老师深厚的文学哲学积淀，无形中也激发了学生的读书欲望。

总体来说，韦老师的这堂课是令我非常欣赏的。

研 175 班 盛艳梅

二十八、《江南的冬景》评课

刘佩老师的课堂结构简洁流畅，一气呵成！语文课上一定要有的是琅琅的读书声，尤其对一篇散文来说，郁达夫的这篇散文是很有画面感的一篇文章。刘佩老师紧紧抓住了这点，不论是初读感知，还是重点句子的赏析都离不开朗读，这对学生感知文本十分有益。

刘佩老师的课我将它归纳为三个部分：整体感知美，发现美，欣赏美。刘老师提出用“江南的冬景宛如——”的句式来表达，很自如地引导学生品味出江南冬景“如诗如画如美人”的美，整体感知了这篇美文。其次刘佩老师让学生再读文本，找出文中写冬景的几幅图画并加上小标题，引导学生走入郁达夫描写的情景之中，发现江南冬景美在何处。最后刘佩老师利用“补写对联”的形式，细细品味文章的意境美，由景入情，过渡引导地十分自然，把散文教学赏析品味这一教学重难点巧妙化解。

不仅是郁达夫的冬景让人留恋，刘佩老师的课也让人回味无穷！

研 175 班 葛舒怡

二十九

有幸以一位听课学生的身份参加了浙江省第九届“浙师语文尖峰教学论坛”，各位老师精彩纷呈的课堂展示让我对语文教学有了新的认识。其中学军中学的韦玲珍老师所上的《在桥边》，让我留下了深刻的印象。上课之初，韦老师引用《红楼梦》中的一句“满纸荒唐言，一把辛酸泪”，揭示了《在桥边》这篇文章充满讽刺、荒唐的艺术特色，以及其简单文字背后蕴藏着的深沉的主旨意义。紧接着，韦老师带领学生一起整理了文章的情节脉络，并以折线图的形式解释了小说情节中的“摇摆”现象，清晰明了。最让我印象深刻的是这堂课中的最后一个环节，韦老师在揭示文章主题的时候没有停留于“批判现实”这一层面，提出了“主题真的只停留在这了吗”这个问题，引导学生继续思考。之后又引用大量的资料，站在丰富资料的肩膀上，学生看到了当时背景下“人的异化”，人不再是一个“人”，而是一个麻木、机械的机器，整堂课上升到了“人的关怀”这一高度。课结束了，而我的思考却没有停止。

韦老师的这堂课给予我三点启示。第一，对于文章主题的探索，不能只停留于主流解读，而应该进一步探索，形成自己的见解，这是每一个读者的义务，老师作为特殊的读者，更应该如此，搜索资料、深入探究，并引导学生深入探究。第二，在语文课堂上引入适当的课外资料，可以让学生的视野更开阔，思考更深入，解读更多元。第三，一位优秀的语文老师应该做到不停留于文本，应进入各个领域汲取营养，从而让学生能够在语文课堂上学会思考，学会探究。

研 175 班 王瑶瑶

三十

11 月 18 日，有幸听了八位语文名师的课，感触与收获良多，每位老师的课堂都很精彩，其中令我印象最深刻的有三位老师。

徐瑛静老师上的《雨霖铃》，徐老师以多个小问题导入，问题包括了柳永的称号、生平等等，题目难易不同，确实在这节课开始就激发起大家的兴趣，活跃了课堂氛围，可是这几个问题并非是每一个都是和课文主旨息息相关，即问题的设计和课文联系不够紧密。接下来关于这首词的情感分析，徐老师也是以三个阶段取标题的形式，展开进行这首词的分析，和同学们的互动性很强，最重要的，徐老师很注重词的朗诵，以朗诵开始这首词，在分析完这首词的感情后，依旧以朗诵和吟诵作为课堂的结束，可以说很完整。

王燕飞老师的《荷塘月色》，抛出作者是否以美解忧的疑问，不断引导同学们深入文本，不断发现细节化的词句来分析，朱自清先生是抱着怎么样的心情去赏这样的荷塘月色，而作者又是否在这样美的景色下，缓解了自己的忧愁，环环相扣的深入文本，使得我们对这篇散文的把握更加清楚明晰，最后通过不断地细读文本，得出“美中含忧”的结论，在这一过程中，王老师紧紧扣住文本细读意识，重点引导学生深入解读剖析文本，让我觉得阅读了解这篇散文有一个主心骨，有脉络，也使我印象深刻。

陈晓娜老师的《寻典构类入语境——循源探析成语典故》，提出成语作为最主要也是最基础的语文知识，经常被大家忽视，而通过寻典把握源流、语法建构类别、词义比较辨析来更好地把握成语。这种方法确实充满了趣味，一改过去对于成语的枯燥解读背诵，而且通过对一个成语的典故分析等等，可以让学生获得更多的文学知识。这种方法使我想起另外一种互文型阅读的阅读方法，可以说有异曲同工之妙，不止是单纯地了解某一个成语的意思，而是通过不断扩大知识面，使得学生在了解这个成语的意思的同时，了解了更多古汉语知识或者文学知识。而且这样的教法，使得语文课堂趣味十足，例如陈老师在课堂快结束时，设计了一个小小的游戏互动环境，大家的兴致都很高，可以说是一举多得。就是这样的教法可能需要充分考虑到学情，了解学生的基础知识是否牢固的基础上进行扩展成语教学，才会有很好的效果，否则可能会加重学生的不理解。

研 175 班 黄雪纯

三十一、评《在桥边》

上周六，笔者有幸参加了在 2017 年浙江省继续教育“浙师语文尖峰论坛”，作为学生，听了诸位名师的课堂，感触颇深。其中，韦玲珍老师的《在桥边》一课尤其让我印象深刻。所以，就这一课，笔者想谈谈自己的收获与感想。

韦老师的这一节课，总体上给人一种如沐春风般的舒适、行云流水般的自然顺畅。为何使听课者感觉如沐春风？笔者认为是韦老师自身的形象温暖、大方，教姿教态恰到好处。那么行云流水一般，大概就是韦老师的教学设计精巧，将听课者带入课堂，沉醉其中，能够共同欣赏文本的魅力。

第一，韦老师在上《在桥边》一课时，采用了《红楼梦》中曹雪芹的“满纸荒唐言，一把辛酸泪。都云作者痴，谁解其中味？”导入文章，肯定学生对《在桥边》这一课文的阅读感受，激发学生探讨文本的兴趣。之后的上课过程中，韦老师采用了多种课外文本的辅助，通过互文的技巧，深化了文章主题，便于学生理解文本。

第二，紧紧围绕着文本来展开教学，让学生感受文学中语言文字的精妙表达。通过“文章主人公情绪的变化”“文中哪一句最能体现幸福感”“故事的结局合理吗”等等问题来不断深化解读，从文本中寻找答案，给学生独立思考以及表达的机会。对文本的解读过程中，韦老师在最后升华主题阶段，特别提出了自己的阅读理解，这是一个亮点。由“侵占”、“属于我”这两个词，明确了文章“人本质的社会化”这一深层次的理解，展现出了语文老师对文本解读的能力，也表现了文学作品多维度解读的魅力。

第三，突出学生的课堂主体地位。在学习的过程中，学生是主体，必须发挥学生学习的主动性。韦老师在教学中，注重学生的思维，倾听学生的表达，将学生放在第一位。比如，她在上课前与学生交流初读文章的感受，了解学情；又如，在课上给学生时间留白、思维留白，让学生更好地表达自己。特别提出一点，韦老师的提问手法多样，除了一般性的提问，还采用了追问的方式，如“文章中最能表现主人公幸福感的一句话是？追问：幸福的时间持续多久？文章中是如何表达的”，目的在于引导学生一步步深入理解文本。

以上，韦玲珍老师的《在桥边》一课，给了笔者愉悦的感受及审美价值。

研175班 廖玺玺

三十二、评《让文学形象帮助学生思维》一课

参加浙师尖峰教学论坛，我又一次学到了宝贵的经验。老师们的理论有高度，课堂有深度，给我们展示了“真语文”课堂。我们享受其中，收获颇丰。其中我对湖州中学高级教师张阳成的《让文学形象帮助学生思维》一课的印象最为深刻。

在课上，张老师给学生提供了一个新的写作路径——深挖事物本质，有效利用文学形象帮助学生写作。这种方式在锻炼学生写作能力的同时也教给学生分析问题的方法。这样的课堂，一举三得。其一，教会学生挖掘写作主题或材料的内涵，深入到事物本质中去。其二，提高学生的阅读能力，从多角度、深层次解读自己所遇到过的众多文学形象。其三，训练学生的思维往更深更广处蔓延。当学生能灵活地将自己的解读运用到写作当中去，“无话可写”，“写空话、套话”等空泛苍白的文章就会减少很多，学生有更强烈的表达欲，有更高的表达质量，从而会有更大的成就感。

从课堂实施来看，张老师的课结构清楚，逻辑严密。教学环节环环相扣、循序渐进，以“王者荣耀”这个目前大热的游戏作为导入，引起学生的兴趣，其后逐步引导学生深挖玩游戏人物形象，对其加以概括、分类，再探索相关文学形象，进而提出与写作主题的相通之处。课堂顺畅而有效，结尾之处若能将最后一个问题“如果你身边有人这样，你会怎么说”的现场微写作继续下去，看到学生听课后的创作，效果也许会更好。

总而言之，张老师的课堂真正做到了新课改所强调的以学生为本，真正达到了语文教学的目的，还原了语文课堂的本真。这样的课堂提醒了我们要秉承最新的教育理念，在日常工作和学习中投入到教育研究中去，勇于创新课堂，让学生学会思考，让知识和能力成为他们日后翱翔的翅膀。

研175班 朱思媛

三十三、简评尖峰论坛公开课之一

11月18日下午，我有幸能在现场聆听来自浙江多所中学的名师上的公开课。这些课都给我留下了深刻的印象，老师们精心设计的教学过程和课中蕴含的深邃思想也给予我颇多启发。

其中带给我最多思考的是湖州中学的张阳成老师的课《让文学形象帮助学生思维》。

一开始，张老师便出手不凡，他以时下社会上非常火爆的一款手游《王者荣耀》作为导入，台下的同学啧啧称奇。我的感觉，一是惊诧，二是好奇。他为什么把“王者荣耀”搬进语文课堂？接下来他会怎么讲？这个极具话题性且相当“接地气”的事物，使张老师成功地吸引了学生的注意。接着，张老师说，“目前有三千多万的中小学生玩这个游戏”，而且存在着许多负面影响，然后他问我们对此类游戏的体验。在得到同学的回答之后，张老师继而引出了两种人：都是面对同一件事物（比方都打“王者荣耀”），有的人“迷失自我”，有的人“坚守自我，拥有自我”。课上到这一环节，张老师再一次引导我们，“如果要对这两种状况做一个深层次的探究，该用什么方法”。有的回答“查文献资料”，也有的认为调查研究比较科学。一阵七嘴八舌的议论之后，张老师提出了他今天想要和我们分享的方法——以文学形象为媒介，深层思考生活现象背后的哲理问题。这个方法的目的显然在于拓宽学生的思维面，提高学生的思维张力，是一步好棋子。之后张老师继续沿着这个思路接着走，对同学们提到的文学形象和之前提出的两种人进行比较分析，将社会现象与文学形象联系起来。直至课末，再回到一开始的导入，此时我们对“王者荣耀”现象，已有了更为深刻的认识，也比起初有更强的表达欲望。

临近结束，我渐渐理解了张老师的设计意图。我想他是认为，在议论文写作当中，学生面对话题，总是浮于表面，堆砌、积累素材或发表论点，这样的作文肯定是无法令人满意的。学生毕竟年龄还小，阅历尚浅，也缺乏十分缜密的逻辑思维，要写出如同马恩一般思辨的文章，着实困难。那么如何深化学生的思维水平呢？平时学生读到的文学形象，便是极好的抓手。学生阅读到的很多的文学形象，都和社会有紧密的关系。尤其是推荐书目中的作品，相当多的是现实主义文学。恩格斯曾指出“现实主义的意思是，除细节的真实外，还要真实地再现典型环境中的典型人物”。学生既然积累了那么多的与现实相关的文学形象，老师何不再加一把力，让它们与现实社会联系起来，帮助学生深入思考呢？这样，学生的议论，才能上升到更高阶的层面，使文章显得有层次感。而且这些文学形象，本身就可做极好的论据，一举两得。

当然，张老师的这堂课，也存在些许不足。比如从王者荣耀现象到两种人再到文学形象中的两种人，之间的起承转合还不够自然，基本都是靠张老师的讲授来做过渡的，学生参与程度并不高，这是值得我们思考的。如何把学生的思维从一个问题顺畅地带到另一个问题，之间的顿挫，还需要进一步磨合。而且，前面的导入，虽然很有趣，但是如果稍微精简一点，或许会更好。总之，这堂课还有很多潜力可挖，值得我学习。

研175班 王恺

三十四、美感与专业的享受

——评“浙师语文尖峰论坛”六位优秀教师的精彩课堂

浙师语文尖峰论坛，汇聚了一批有想法、有专业视域、有精神美感的优秀教师，为我们展现了“尖峰”风采，也向我们传递了“语文人”该有的“语文态度”。作为尖峰课堂的参与者与学习者，除却心灵上的震撼与享受，我收获的更是一颗坚定的“语文人之心”。

六位教师，六堂各异的语文课。有的如同潺潺流水，缓缓流进学习者的心里；有的如同当头一棒，敲醒学习者麻木平庸的神经。有的独居慧眼，拨开迷雾抓住文本精髓；有的另辟蹊径，独特创造让人意犹未尽。他们均是合格的“语文人”，将语文的美感与自身的专业结合，展现着独属于语文的魅力。

第一堂课《江南的冬景》，让我们认识了温州龙湾中学的高级教师刘佩老师。这节课细腻且温柔，独具着刘佩老师的个人特色。教师个人的“美感”展现得淋漓尽致，举手投足间充满了“雅”的味道。而性情作用于课堂，更是细腻沁人。每一部分的构思丰富而精巧，有对联赏析、配乐朗读赏析等品读环节，充满诗情画意，与散文题材的契合，可见该课堂的设计者是一位能工巧匠。语文养人，成就一位外貌美丽的姑娘，一副飘着清香的灵魂与性情，正如刘佩老师的个人气质，而“教语文”养人，使知识的接受者在这人与课的完美结合中，体验美感享受与精神愉悦，正如《江南的冬景》课堂中的我们。

第二位徐瑛静老师带着《雨霖铃》低调亮相。通过“读、诵、吟”三个环节的架构，让学生在听老师诵读、自身诵读、听大师吟诵中品味词的韵味。学生参与到了课堂中，成为课堂的主人，学生在自我诵读中展现了自我，展现了自己对该作品的理解，收获到了成功的喜悦。这体现了徐老师以学生为本的教学理念。她的课堂没有教师的霸权主义，只有对学生的虚心表扬，这是这位老师身上的闪光之处，“语文人”的品质便可从中领略。

第三节课《荷塘月色》，教育硕士王燕飞老师如同一只春日的飞燕，带来了青春的气息。她的课堂提问语言是一门艺术，在如今语文课堂提问浅尝辄止的普通乱象中脱颖而出，“打破砂锅问到底”的精神在这位年轻干练的老师身上闪闪发光，语文需要这种精神，读懂文本也需要这种精神。印象最深之处是当我被点起朗读“这是独处的妙处，我且受用这无边的荷香月色好了”一句时，本以为就是注入情感地诵读，但王老师一个追问“你从这句中读出了什么？”见我犹豫不决，又问“‘且’与‘好了’可以看出什么？”这样的一步步追问，让我从模糊的朗读品析的大致感受中，逐渐建立了以语言为基础的清晰的言语认知，表达出了我心中的那份模糊感受，挖掘了自己的潜能，提升了自身的文本解读素养与语用能力，而这一切，得益于王燕飞老师的“追问”。将“追问”与“文本解读”做得如此之深，如此之活，值得我们教育硕士在读的每一位学习者用心学习。

第六节课《在桥边》(因均是课文讲授，故提前至此说)，学军中学的韦玲珍老师独具慧眼，为我们拨开“意识流”般的外国小说，带着我们去探测人性。这是一趟自我寻找之旅，这是一趟审视自我灵魂的跋涉，从“爱上一个姑娘”到“自我意识”，韦老师带着我们在语言文字中聆听人类心脏的跳动，让我们感受那“扑通扑通”的声音背后，人类自己的声音，这一趟旅行的意义，高过了大学里文学课上简单的人性阐述，这样的体验，至今想起仍让我心灵震颤，陶醉其中。

如果说课文中的师与生，是在文本这个舞台上恣意地舞蹈，让美的享受沁人心脾或直击五脏，那么接下来要说的这两位老师，便是专业的教育研究者，他们让我们看到了语文教学的另一种可能，那便是教与研的融合。

张阳成老师，湖州中学高级教师，六位老师中唯一一位男性教师，带着其独特的理性思维和专业视域，为我们另辟蹊径，提供了培育学生思维的新途径。尽管《让文学形象帮助学生思维》这堂课中张老师在课堂目标的明确、课堂导入环节出现了一定的失误，但这些都掩盖不了他对学生写作教学的独特见解。他是一位研究型的一线语文教师，他有着男性教师的理性，又有着对学生长期的实践观察，提供了一条我们闻所未闻的新路径，这一条路径提醒我们每一位专业硕士，要时刻以一位研究者的身份要求自己，“教”与“研”的统一，才会让自身的潜能得以最大程度地发挥。

最后一位陈晓娜老师，清新的外表与甜美的声音下，她独具一双灵动与聪慧的眼睛。《寻典构类入语境——循源探析成语典故》这堂课给我留下了极深的印象。陈老师选择了学生们最薄弱以及最头疼、老师们最怕也是最难上的部分进行了深入地探究。创设情境、寻找渊源，再带着学生循着这条渊源之路活学成语、活用成语，而这一过程的精彩呈现背后，一定积累了陈老师大量的时间与精力，良苦用心，由此显现。“语文人”的刻苦与追本溯源精神，“语文人”对祖先文化的挖掘意识，在张老师身上体现得淋漓尽致，也因此她的身上散发着古典美的气息，这使我对她肃然起敬。

尖峰课堂，让我在美感与专业的氛围中沉醉，良多趣味、回味无穷、受益终身。

研 175 班 郑婉婷

三十五

陈小娜老师的《寻典结构入语境》实际上是一堂高三语文知识复习课，这堂课从语文的特点和高中生学习语文的规律出发，开展了语文积累、梳理与探究的课堂教学。纵观这堂课，主要有以下三个特点：

第一，目标明确，紧扣任务群教学要求。这堂课有两个目标：追根溯源寻找实际中含有典故的成语；把握成语意义，按照不同含义特点构建知识库，有效地积累成语。这两个目标指向明确，紧扣语言的积累、梳理与探究任务群的要求，尝试在文本语境中解构词语，理解语意；在解构文言文词语中体会古今汉语的异义及贯通性。

第二，路径清晰，以活动培养学生的语文核心素养。为了达成教学目标，这堂课以活动作为学生语文核心素养培养的核心。以活动架构课堂，设计了三个教学环节，分别为：寻典把握源流，语法建构类别，词义比较辨析。三个环节中提出了许多实质性的方法，环环相扣，层层推进，课堂线索清晰，逻辑架构合理，弧度明显，很大程度上提高了学生的参与性。

第三，成效较好，提高了语言实践能力。这堂课为学生养成巩固和丰富语言积累，梳理语言现象的习惯，在观察、探索语言文字现象中自我建构语言文字运用的规律，提高探究与发现的思维能力做了一个很好的引导，让学生能够通过梳理和整合将积累的语言文字知识结构化，将语言活动逐渐转化为具体的语言学习方法和策略，并能在语言实践中自觉运用。长此以往，学生的语言实践与运用能力将会有很大的提升。

研 175 班 付俊

名师教学（下）

半张纸

杭州学军中学　韦玲珍

【教学目标】

1. 把握小说故事情节，学会贴着文本阅读，理解把握作品的思想主题。
2. 揣摩人物心理，深入体会人物内心的丰富幽微，学习主人公积极达观的生活态度。

【教学重点】

理解作品思想主题的表达，学习积极达观的人生态度。

【教学难点】

如何充分理解主人公的心理转变过程。

【教学时间】

1 课时。

【教学过程】

一、导入

有一个来自佛教的成语“拈花一笑”，说是佛祖在灵山大会上，接过大梵天王敬献的金色菠萝花，拈花不语。众人都默然不解，只有大弟子迦叶微微一笑。佛祖知他了悟了自己的大道，就传了他佛法衣钵。这故事让我联想到，小说解读不也正是追求作者“拈花”不语，我们却能从文字中了然其心思，微微一笑以求心会吗？这高妙的境界是多么令人神往啊！那我们就试试能不能与《半张纸》的作者斯特林堡一起完成“拈花一笑”。

之所以有这种渴望，是因为昨天大家预习后，提出了几个比较集中的阅读困惑。询问最多的是“主人公开始时绝望了，不想再去回想了；为什么后来又抬起头，骄傲而快乐呢”；其次是文中“为什么要写到一个飞黄腾达的朋友”“写到修女是为什么”，还有小说中的“半张纸”到底是有什么意味或作用”等等。那就让我们一起来研讨，为这些困惑寻找解答，以求能对斯特林堡的文字会心一笑。

二、追索主题，感悟情感

（一）熟悉内容，概括情节。

小说讲述了怎样的一个故事？文中哪句话最能概括小说的故事情节？

小说讲述了一个很生活化的故事，主要内容是一位刚失去妻子和孩子的男子在搬离过去住所时对之前两年生活的回忆。与此内容关联紧密的，小说中有两句话：“这里记录了短短两年间全部美丽的罗曼史。他决心要忘却的一切都记录在这张纸上——半张小纸上的一段人生事迹。”“在这两分钟里，他重又度过了一生中的两年。”但这两句话中能以最简洁的语言概述故事内容并暗示情感内涵的显然是后面一句。

（二）品味语句，体验情感。

1.“在这两分钟里，他重又度过了一生中的两年”，句子中的“度过”能用“回想”替换吗？为什么？

“回想”是对已过去事情的“回忆、追想”，明显地偏重于对事件本身的联想回忆，而“度”意为“过，经历”，既指时间的走过，更包含这一过程中的经历和体验。这是一种沉浸式的回溯，所以前面修饰性词语“重又”，就是强调了这个回忆是全面的、立体的，完全接近当时场景的体验。

可根据学生的回答追问以下几个问题；

（1）问：小说中主人公回忆了哪些事件？

根据同学的阅读一般能梳理出这样的“人生事迹”：

相恋——失业——新婚——朋友出走——妻子怀孕——丧妻夭子

（2）在经历这些“人生事迹 ”时，主人公有了哪些人生的情感经历？

热情、甜蜜——焦虑、恐慌——美妙、和谐——遗憾、伤感——惊喜、不安——悲痛、绝望

引导学生从文句中仔细感受主人公的情感体验过程。例如：

“最美丽”一词中能读出一份热烈，浓浓的爱意，写出了一对真心相爱的恋人间的甜蜜。

“静静地”“沉醉”中是一对爱好相同、心灵相契的爱人，沉浸于在舞台上神话境域的美及和谐，陶醉在如梦般柔美的爱河里的真实写照。

“他眼前一切都模糊了，就像溺死的人透过海水看到的那样”表现妻儿去世对他的沉重打击，他对生活悲观绝望了。

“佣工介绍所，女仆走了，必须再找一个。药房——哼，情况开始不妙了。牛奶厂——订牛奶了，消毒牛奶。杂货铺，肉铺等等，家务事都得用电话办理了。”语词快速闪现和替换，传达一种紧张、兴奋的情绪，“哼”“了”等虚词里夹杂着一丝不安、焦虑。可以让学生在朗读中细细体会。

2. 从主人公的生活事迹和情感体验中，你发现生活本身有什么样的特点？

学生自由思考，一般会认为生活总是变幻不定的，可能给你带来幸福，也可能给你带来痛苦。我们的主人公就经历了从“有”到“无”的变化，而其实，我们每个人的人生都交替着幸福和痛苦。因此“人生变幻莫测”“生活总是起伏不定”“人生无常”，这才是生活的原生态。

“在这两分钟里，他重又度过了一生中的两年”，这个语句中“两分钟”“两年”“一生”三个时间词紧密相联，凸现出作者想要强调主人公所经受这种“无常”“无恒”的幻灭感。这样的措词还出现在小说的其他叙述中，如“这里记录了短短两年间全部美丽的罗曼史”“他在短时期的焦虑之后又找到了另一个工作”“荣华富贵不过是过眼烟云罢了”，由此可见，在故事中出现“朋友”的情节，正是强化生活无常的普通性和深刻性，人人都可能经历，无论情感还是事业，只是形式和程度的差异。

3. 既然“人生如梦，人世无常”，他为什么不垂头丧气？

人生虚幻，但是小说结尾却写道：“他走出去时并不是垂头丧气的。相反地，他高高地抬起了头，像是个骄傲的快乐的人。”这是因为他知道他自己“已经尝到一些生活所能赐予人的最大的幸福。有很多人，可惜，连这一点也没有得到过”。结果也许虚幻，但过程和经历正是生命和生活赋予我们存在的意义。刘亮程《今生今世的证据》说，“我走的时候，我还不懂得怜惜曾经拥有的事物，……这些都是我今生今世的证据啊。”毕淑敏在《人生本没有意义》更直接指出“一个人的生命价值不在于它的长度，而在于它的深度和高度”。所以有些年轻人设想在自己的墓志铭就是：我爱过，我哭过，我活过，我是一个完整的人。年轻确实真正地爱过哭过活过，所以他得到过充实而完整的一段人生。

可根据学生的回答补充的学习活动：

（1）请为小说补出一段人物的心理活动。

没有，没有什么东西遗漏了，没有什么了。……噢，不！不！我不是得到了……我感到快乐，我为自己骄傲，我要……

心理提示：面对妻儿的离去和生活的变故，主人公开始时沉浸于痛苦绝望中，觉得失去了一切。但经过借助半张纸上人生事迹的回顾，他感悟到这两年生活中自己品尝了人生的酸甜苦辣。生活本身就是充满许多遗憾的，“有许多人，可惜连这一点也没有得到过”，所以，他觉得相对于这“许多人”，他是多么幸运的呀！而且倘若你永远停留在这两年，消沉下去，哪怕你活了100岁，你实际的生命长度也只有“这两年”。幸福是值得欣喜，痛苦何尝不是一种“幸福”呢？“他知道他已经尝到一些生活所赐予人的最大的幸福”。所以他觉得人要珍惜“曾经拥有”，把握“现在”，开拓“未来”，这样你的人生才能不断地充实。

所以，作者斯特林堡曾经说：“人活着必遭蹂躏。天堂和地狱在他看来并不是虚无的存在，而是都会在现实中得到兑现。当我们欢乐的时候，我们就生活在天堂里；当我们痛苦时，我们就在地狱。但谁又能说痛苦不是另一种欢乐呢？”

（2）你如何理解小说中“修女”和“L医生”出现的意义？

医生和修女都是“救死扶伤”者，只是一者在于肉体拯救，一个重于精神抚慰。但在小说中，这两位都没能让主人公的生活走出困境，无法为他留住生活幸福，支撑起他对生活的信仰。而最后让他重拾生活信心的是他自己的生活经历，真诚的生活态度，体现出一种对生活的尊重和直面现实的生活态度。

所以，面对生活，我们最好的方式就是直面无常，真诚踏实。许多人都曾对此进行过深刻的教诲，摩西奶奶（美）认为“我能做的只是尽力接纳生活赋予我的，让每一个当下完好无损”。罗曼·罗兰在《米开朗琪罗》里赞誉那样的人们，“世界上只有一种真正的英雄主义，那就是在认清生活的真相后依然热爱生活。”斯特林堡更是这种态度的践行者，这位高喊“我是瑞典最炽烈的火焰”的多才者，以最热烈的创作和最热情的生活在“度”着创造着他自己的人生。

在那个别有意味的“度”字里，我们读到了对人生无常、幸福易逝的感叹，更感受到积极肯定幸福对人的意义，肯定了人在命运无常之中对幸福的追求。

三、领悟结构，提升体悟

1. 小说标题和故事展开中多次提到半张纸，那“半张纸”在小说中有何作用？

“半张纸”是小说中最重要的意象，它成了小说贯穿始终的结构线索，成了小说的灵魂。具体地说，小说通过“半张纸”引出了主人公的回忆，倒叙手法使得小说情节悬念顿生，引人入胜。“半张纸”是主人公内在情绪发生转换的契机，半张纸是人生残缺不全的隐喻，对主题的深化起了重要推动作用。“半张纸”又只是一个横截面，它记载了主人公以往两年间的悲欢离合，但每段浓缩的人生经历，作家都只写了寥寥几笔。文章中大量的留白，给读者留下了丰富的想象空间。

知识补充——生活横断面的小说结构

生活横断面的小说结构方式是指小说家将故事时空浓缩到一个小小的点上，在精巧的结构中展开漫长的时间和立体的无限空间。

这种结构表面是“小容器，小切口，短时间”（即横断面），实际却是“大容量，含义丰，长时期”（空白，借助读者的想象，感悟），把大量内容留给读者自己去思考、想象、填实。换句话说，就是我们熟知的“以小见大，以实入虚，以点代面”，其结构特点只写特定的时间、特定地点发生的事情，内涵却可以很深厚。

正如《半张纸》结构的妙处在于：它所记述的故事从外部而言只持续了两分钟，但从内部深层而言，则持续了两年的时间，这使得人生如梦、人世无常的主题得到有效表达。“半张纸”这个大容器确实不简单，营造出了“在这两分钟里，他重又度过了一生中的两年”的神妙效果。

四、总结

读这篇小说，总让人联想起威廉·布莱克《天真的预示》：“一粒沙里看世界 / 一朵花中见天堂 / 将无限放在手中 / 永恒在一刹那珍藏！”它以一种非常简约的方式与小说《半张纸》形成映衬，因为小说从结构和内涵看，不妨说“半张纸上见一段生活事迹 / 半张纸上度人生情感 / 将真诚的生活信仰放在心中 / 永恒的幸福在一刹那珍藏。”

愿我们都能领悟这番人生哲理，都能感受到这篇小说艺术的精妙之处，当斯特林堡“拈文”不语时，我们能会心“一笑”。也希望在其他的一个个文本的字行里，我们也都能会心一笑。

基于逻辑思维力提升的高中议论文教学初探

——以微信“点赞利弊”作文为例

湖州市第二中学　贾桂强

一、新课导入

上课！同学们好！

我今天想与大家探讨的课题：基于逻辑思维力提升的高中议论文教学。为什讲“逻辑思维”，2017 年版《普通高中语文课程标准》提炼的语文学科核心素养，主要包括四个方面：语言建构与运用；思维发展与提升；审美鉴赏与创造；文化传承与理解。“逻辑思维”属于核心素养“思维发展与提升”中的一个方面。思维发展，主要有“直觉思维、形象思维、逻辑思维和创造思维”等四个方面；思维提升，主要有“深刻性、敏捷性、灵活性、批判性和创造性”等五个方面。“逻辑思维力提升”，主要是“深刻性和批判性”思维品质的提升。

议论文是一种以阐释、议论为主的说理文，例如社会现象评论等。议论文多是围绕“问题”展开纵向深入思考，有常规的思考路径：提出问题——分析问题——解决问题。目前，有三种议论文范式：1.“立论型”议论文，例如韩愈《师说》、朱光潜《咬文嚼字》；2.“驳论型”议论文，例如鲁迅《拿来主义》、毛泽东《论持久战》；3.“劝论型”议论文，例如《左传·烛之武退秦师》、李密《陈情表》。在“立论型”议论文和“驳论型”议论文中，“概念”起着至关重要的作用。这节课我们结合“微信点赞”，来探讨如何提升“逻辑思维力”，把文章写得“深刻”，富有“批判性”。

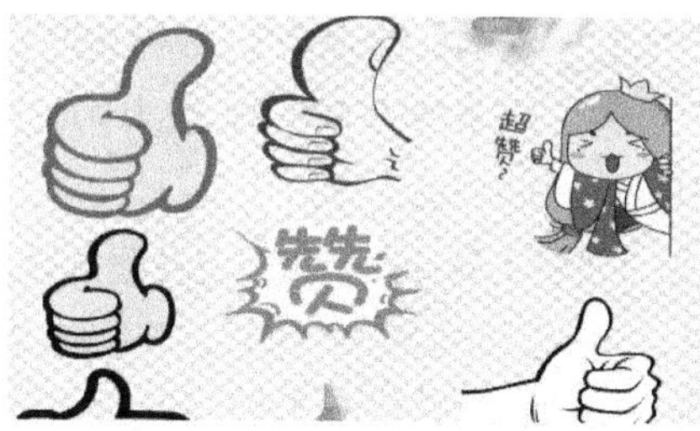

二、材料呈现

针对“微信点赞”的社会现象，写一篇议论文“论微信点赞”，写一段 50 字左右的开头文字。然后全班交流。

三、辨析概念：议论文写作的逻辑起点

韩愈的《师说》，关于什么是老师，韩愈给出了界定：“师者，所以传道授业解惑也。”鲁迅的《拿来主义》，关于什么是“拿来主义”作了界定：“运用脑髓，放出眼光，自己来拿。”都有一个清晰的论证起点。“深刻”分为两类：一类是结论性深刻，另一类是过程性深刻。过程性深刻离不开逻辑思维，逻辑思维是运用概念、判断、推理等思维类型反映事物本质与规律的认识过程。在这一过程中，“概念”起着至关重要的作用。

为富人说话，为穷人办事，这两个都不能少，你不为富人说话，最后的结果是什么，国家没有富人，全都是穷人，也就是说，穷人本身有希望变富，你打倒了富人，全国都是穷人。

——著名经济学家茅于轼

茅于轼在接受采访时，说："我这里所说的富人是指诚实致富，特别是兴办企业致富的企业家和创业者。"

没有抽象的"富人"，只有具体的"富人"。（有钱人，财产多。钱从哪里来？勤劳致富、贪污腐败、投机倒把等）

概念是我们思考的逻辑起点。有人说：中国人的主要思维方式是什么？形象思维。中国最初的文字就属于象形文字，甲骨文和金文都是象形文字，主要依靠形象思维。例如，"分"（用刀将一件东西分成两部分）"析"（左边是一大棵树，右边是一把大斧子，用斧子劈开木头）。形象思维的特点是模糊的、整体的，例如我们常说"只可意会，不可言传"。概念模糊是我们中国大多数人的思维弱点。那么，如何提高"概念分析"的能力呢？要懂得如何辨析"概念"。这节课，我们以"点赞"为例，作一探索。

辨析概念，有哪些方法呢？这节课，我们以"点赞"为例，首先辨析什么是"点赞"，大致有以下几种：

1. 词源阐释法。用手机、电脑等在网上点击"赞"的标记表示称赞，也泛指赞扬、支持。（《现代汉语词典》商务印书馆，第7版）不包括批评、反对等意思。

2. 比较阐释法。"差异性和矛盾性是议论文写作中概念辨析的出发点。[①]"引入相近的概念进行比较，透过表层的相似探索深层的差异，也许能使思考走向深入和精细。例如与"点赞"接近的词语"赞同"比较。点赞与赞同不能完全画等号，赞同是对微信内容或微信形式等做出明确的支持态度，相对赞同，点赞作为一种回应方式，除了与心理认同有关外，是否点赞还受到许多因素影响。

3. 分类阐释法。可以对概念进行分类分层多角度解读。没有抽象的"点赞"，只有特定语境下的具体的点赞。两个问题：（1）一般为哪些事情点赞？（2）这一类"点赞"的含义？（四人小组交流，推荐一位同学发言）

① 这条信息，图片不错，点个赞，认可型；

② 老板的人生感悟、老妈旅游风景照等，点个赞，礼节型；

③ 分享你的低落情绪，我为你点赞，并不带着恶意，也并不是要嘲讽，讥笑你，而是想要鼓励你，安慰型；

④ 发布链接，集满一定数量的赞，便会获得相应的奖品、门票或享受八五折优惠，点个赞，功利型（集满30个点赞，可以获得一杯珍珠奶茶等）；

⑤ 点个赞，成了"我在关注你"的潜台词，存在感型（人都渴望获得别人的关注，都想得到别人的认同和肯定）；

⑥ 出门没带伞，被雨淋了，点个赞，调侃型；

⑦ 朋友圈每条消息必留下一赞，被称为"点赞党"或"赞士"，盲目型；

⑧ 求点赞，拉票，如果不做，就进行道德指责，道德绑架型。

点赞的语境义：安慰、嘲讽、开玩笑、来过、已阅等。

小结：分析"点赞"概念，不是把词典义搬过来，而是要具体化，像用斧子把木头劈开。

---

① 叶黎明. 概念辨析：提高议论文写作的分析能力 [J]. 中学语文教学，2014（11）.

我们将“点赞”这个概念剖开来，经过两次分类，找到四种类型。这就是概念的分析。

四、同一个概念：议论文写作的逻辑底线

我们知道，开汽车要遵守交通规则。其实，人们要正确思考，也必须遵循一套思维的交通规则。其中有一个规则很重要：要在一个同一概念下讨论，就是要遵守形式逻辑中的“同一律”。我国著名学者、第一个提出中国社会主义市场经济理论的顾准先生也说过这样一句话：不应在大而全的范围中晃来晃去，要在“具体确定中”思考。我们来看一则故事，就容易理解了：

早年三个秀才进京赶考，遇到一位算命先生，三个秀才算了一下谁能考上，算命先生伸出一个手指头。秀才问是什么意思，算命先生说：“此乃天机，不可泄露，到时候自然应验。”

为什么伸出一个指头？大家猜猜。

三个秀才走后，算命先生的徒弟问先生，一个手指头到底什么意思，先生说：这一个手指头无论秀才考试的结果如何，都不会错：

可以解释为考中了一个；

可以解释为考上两个，一个没考上；

可以解释为一起都没考上；

可以解释为一起都考上了。

算命先生的“伸出一个手指头”可以有四种不同的解释，“一”到底指什么，不清楚，是模糊的。貌似正确，却是诡辩。偷换概念，是最常用的诡辩术。这其实违反了形式逻辑中的“同一律”的规则。

五、因果分析法：议论文写作的逻辑落点

文章有了鲜明观点，有了具体概念，但是对“点赞”的分析，还没有达到深刻程度。所谓“深刻”，是能够透过现象看到什么？（本质）外面的世界很复杂，我们要有一双什么眼睛？（雪亮的眼；慧眼；理性的眼）

运用因果思维，分析这些纷繁复杂“点赞”现象的背后，实则有着复杂的深层原因，例如：文化的、心理的、精神的。因果分析，是引导思路不断向纵深发展，引导说理不断深入的主要方法。在论述中，要善于提出“为什么”，以此引入深层次分析。人们为什么“点赞”？

上述八种“点赞”，任选其中一种，分析这一类“点赞”背后的深层原因，用特定句式表达：××型“点赞”，其背后的深层原因是……。我认为这一类点赞……。100字左右，推举代表发言。这样，便可完成文章的第三段，进行深度分析。

（1）文化传承的需要；

（2）庸俗的实用主义；

（3）精神世界的追求；

（4）不满情绪的发泄；

（5）人际关系的需求；

（6）羊群效应（人都有一种从众心理，从众心理很容易导致盲从，而盲从往往会陷入骗局或遭到失败）；

（7）商业活动的号召（虚拟的助人行为）。

黛玉认为点赞会掩盖真实的表达，背后的深层原因？

宝钗认为点赞拓展了社交的空间，背后的深层原因？

六、课堂总结

我们提倡怎样的点赞？有选择的理性点赞！生活中，类似“点赞”的社会现象很多，都需要炼就一双火眼金睛，看到事物背后的深层次的东西。议论文中的各种论证方式、议论的层次构思、思维的广度和深度都是建立在“概念阐释”的深层教学。如何“论证”，是有技巧的，希望大家课后阅读一些相关书籍。

古希腊哲学家亚里士多德说：“只有具有理性讨论公共利益能力的人，才适合成为公民。”

七、拓展作业

最后留一个作业，需要一生去完成：热爱生活，做一个有思想的人！谢谢！

《边城》教学预案

温州市语文教研员　周康平

【教学目标】

探究《边城》（节选）的“三美”。

【教学难点】

赏析《边城》的语言美、人物美。

【教学过程】

（一）导入并了解《边城》的主要内容

师：同学们读过《边城》吗？《边城》都说了什么？请一同学说《边城》的主要内容。

（提醒在注解①有介绍，请一学生读注解）

师：本文是注解介绍的哪个部分？

师简介自己旅游凤凰古城时的经历。去凤凰游玩，要坐船游玩，见一排船娘，大声呼：船夫？小姐？服务员？同志？均无反应。我们突然想到“翠翠”，一排船娘转头微笑。翠翠似乎成了一个代名词。在我心目中的翠翠是一个很美的姑娘。苏教版在选入时，我看了一下，天哪！怎么会选了这一幅插图？

（二）研析课文

1.师：这个是翠翠和傩送初次见面的速写，后来我再研读了一遍，发现这幅插图挺适合的。我后来再去查阅了一下沈从文先生的一些资料，发现沈先生在出版小说《边城》的时候也是选用了这一幅插图，并且说，黄永玉老师的版画是最符合他心目中的人物形象，也是较懂得他的心思。同学们现在一起来读读他们见面的片断，然后小组讨论一下，告诉我沈先生这样的理由。

2.男女分角色对读。

3.小组合作，发言。

教师引导学生赏析他们见面的片断。主要分析他们的对话。

预设：

“我是翠翠。”——应该是“你是谁？”——内心极其着急，希望能有人认识她。

“他不会，他答应来找我，就一定会来找我的。”——换成：不要乱说，你才喝醉了酒呢？

“以为欺负了她，就轻轻地说：你个悖时砍脑袋壳的！”——骂人骂得好可爱哦！

结论：不是容貌吸引了他们，是彼此身上的那种朴实、善良、幽默和野性。

出示沈先生作为佐证和结论：

沈从文：

“我崇拜朝气，欢喜自由，赞美胆量大的，精力强的……这种人也许野一点，粗一点，但一切伟大事业，伟大作品就只这类人有份。”

凌宇《从边城走向世界》：

因为《边城》要表现的是……另一种生命形式。

沈从文：

我要表现的本是一种“人生的形式”，一种“优美，健康而又不悖乎人性的人生形式”。…… 为人类的“爱”字作一度恰如其分的说明。

再体会这幅插图的妙处。

4. 师：这种“优美，健康而又不悖乎人性的人生形式”还表现在文章中哪些地方？

生找到发言。

5. 沈从文的这种“优美，健康而又不悖乎人性的人生形式”的寻找，我们能读出他的什么？

道明现实生活的缺失。

师总结为：

与其说是寻找翠翠，不如说是寻找一种失落的情感传统；

与其说是寻找边城，不如说是寻找一段远去的令人怀念的岁月；

与其说是寻找感觉，不如说是寻找一方不曾污染的人间净土。

6. 简介沈从文写本文的经历和一些想法。

出示两段话：溪水依然在流，青山依然苍翠如烟，可是一个诗意的神话终于还是破灭了。这个诗意神话的破灭虽无西方式的剧烈的戏剧性，但却有最地道的中国式的地久天长的悲凉。

——李锐《另一种纪念碑》

边城，这是一座包含深意的城：它给了我们翠翠纯真的回忆，给了我们爷爷与翠翠摆渡的那一段祥和时光，也给了我们三个年青人之间掩不住的美好爱恋；但是，城中关不住的，是命运的使然，是感情的无奈，是暴雨来临的恐惧。边城中，又有谁能把握住自己的幸福？

（三）结束

沈从文的墓碑：“照我思索，能理解‘我’；照我思索，可认识‘人’。”

诗化表达　诗性思考　诗意情怀

——《今生今世的证据》课堂实录及反思

浙江绍兴鲁迅中学　彭玉华

摘要：教学《今生今世的证据》，通过文本细读读懂文章，体会文章蕴含的诗性思考；借助文本改写，将散文改写成诗歌，赏析文本诗化的表达特色；最后由文到人，在整个文化谱系中读懂刘亮程的诗意情怀。

关键词：诗化表达 诗性思考 诗意情怀

【课堂实录】

一、感知初读，生成教学走向

师：同学们好，大家都预习了这篇文章，我想了解一下同学们预习得怎么样。这篇文章你读懂了什么？先用一个词概括，然后简要解释一下。哪个同学先来？

生：我觉得是“记忆”。

（师板书：记忆）

师：好，请简要解释一下。

生：整篇文章都是作者在回忆以往的生活，所以我觉得用“记忆”能概括这篇文章的内容。

师：其他同学继续。

生：我觉得是“怀念”。文章一开始说他走的时候，还不懂得怜惜曾经拥有的事物，还不知道向那些熟悉的东西告别，不知道就此离去；后面他又说有一天会对过往所依恋的一切产生怀疑，这说明对失去的那些东西，他会感到惶恐；后面还有很多地方，感觉他都是在一种幻境里面，回忆自己梦里面或者说旧时的情景；所以我觉得这篇文章表现了他始终是怀念家园的。

（师板书：怀念家园）

师：我感觉你讲得特别好啊，你看过《一个人的村庄》吗？

生：没看过。

师：回答得这么好，我还以为你看过了这本书呢。

生：我的感觉是“无奈”。文章说“我回到曾经是我的现在已成别人的村庄”，就是曾经承载自己情感的村庄，现在物是人非，所以充满着无奈。

（师板书：无奈）

生：我读到的是“迷茫”。他的家园和他走的时候相比，改变得特别多，原来记忆中留存的那些景象，现在都找不到了；随着时间的流逝，他渐渐的对自己的记忆产生了怀疑，然后自己心里觉得会不会是一场梦，进而感觉无处安放自己的灵魂，灵魂没有归处，感觉自己的记忆是不真实的，所以对他的过去产生一种怀疑和迷茫的感觉。

师：挺好，尤其是“灵魂无处安放”讲得特别好。

（师板书：灵魂无处安放）

生：我想到的是“消逝”。因为我觉得作者失去了他曾经生活过的痕迹，过去的生活在记忆中也逐渐消逝，他失去了他的物质家园和精神家园。

师：好，大家注意啊，她讲到了“物质家园”和“精神家园”。

（师板书：消逝　物质家园　精神家园）

师：还有其他同学谈吗？

生：我觉得是课文第一段中的一个词“怜惜”。就是他走了以后，他今生今世的这些证据都已经毁灭掉了，只能留存在他的记忆当中，所以他更加怜惜那些象征着他在这个世上活过的证据。

（师板书：怜惜）

师：好，我们暂时回答到这。老师觉得咱们的学生都很棒，我自己班上的学生都觉得这篇文章特别难懂，不知道作者刘亮程到底表达了些什么，可是现在我觉得你们读得很深入很明白了。我们把大家刚才的回答概括一下大体有这几点：物质家园的废失，精神家园的荒芜，还有时间的消逝，人在消逝的时间面前的恐惧等。我觉得已经读得很好了，你们是不是查了很多资料啊？

生：没有。

师：真的啊，那你们真不错。一般来说，读懂一篇文章可以从这些途径入手：从文本入手，通过品读文字读懂文章；也可以知人论世，通过了解刘亮程的相关经历来读懂文章；还可以把自己的生活和文章所写的生活进行对接，来读懂文章内容。这几个途径都可以，但最根本的还是紧贴文本，从文本语言的罅隙处进入文本，进而读懂文本。所以老师还是有些怀疑你们是真的读懂了呢，还是凭感觉给文章贴了一些概念化的标签。因此，我想检测一下，我找一句话，看大家能不能读懂它。

二、细读深入，读懂诗性思考

师：大家看文章的第三自然段，“我走的时候，我还不知道曾经的生活有一天，会需要证明。”请大家告诉我：为什么曾经的生活，有一天会需要证明。可以回答吗？

生：因为从后面看，他的村庄成了别人的村庄，他原本生活过的地方都已经消失了，他物质上的家乡失去了，所以他精神上失去了心灵的慰藉，也就是说他心灵的价值或者意义消失了，就是说他走的时候……（学生回答较凌乱）

师：讲得很长，也不错。但是老师想问你：这是你自己的看法呢，还是刘亮程自己在文章中表达的是这个意思？

生：我不知道他到底表达什么意思，因为我不敢确定自己是否读懂了他，我就是自己感觉是这样。

师：也就是说这主要是你自己的感觉。自己的感觉当然重要，但我希望大家试着从文章的其他段落或者其他文字来读懂这一句话，明白我的意思吗？就是刘亮程在文章中是怎样来表达对这句话的回答的。

生：我觉得可以结合第四自然段理解，第四段说：有一天会再没有人能够相信过去。我也会对以往的一切产生怀疑。他对曾经的生活产生怀疑，质疑自己是否曾经生活过，所以导致他第三段所说的：曾经的生活有一天会需要证明。

师：很好，这就是“曾经的生活有一天会需要证明”的原因。这里的“曾经的生活”有具体表现吗？

生：有。“我真看见过地深处的大风？更黑，更猛，朝着相反的方向，刮动万物的骨骸和根须。我真听见过一只大鸟在夜晚的叫声？整个村子静静的，只有那只鸟在叫。我真的沿那条黑寂的村巷仓皇奔逃？背后是紧追不舍的瘸腿男人，他的那条好腿一下一下地捣着地。我真的有过一棵自己的大榆树？我真沐浴过那样恒久明亮的月光？”我觉得这些就是他曾经的生活。

（师板书：大风、大鸟、大榆树）

师：挺好。那么继续追问：谁会证明以往的生活，用什么来证明以往的生活呢？刘亮程又是怎么表达的呢？文章中有吗？

生：有。

师：确实有，在哪？

生：第六段。

师：好，我们来把第六段改一下，把文段中的“没有”换成“有”来读一下，是什么感觉，我们一起读一下。

生（齐读）：如果有那些旧房子和路，有扬起又落下的尘土，有与我一同长大仍旧活在村里的人、牲畜，有还在吹刮着的那一场一场的风，谁会证实以往的生活。

师：诶，最后一句还能读成“谁会证实以往的生活”吗？原段是“没有……谁会证实以往的生活”，现在“没有”改成“有”了，应该读——

生：就能证实以往的生活。

师：是的，也就是说“旧房子、路、人、牲畜”这些东西能给证明以往的生活。

（师板书：旧房子　路　人　牲畜）

师：那么我们继续追问：为什么这些能证明以往生活的这些东西没了呢？刘亮程是如何表达的呢？

生：他开头就指明了村庄现在已经变成了别人的村庄了，后面继续说了它怎么变成别人的村庄的，所以说这些东西才会没有啊。

师：有一点你是讲到了。哪一段呢？

生：第七段。

师：是的，这一段讲到他的村庄成了别人的村庄，这一点与别人有关，那与他自己有没有关系呢？

生：有，第一段。

师：嗯，怎么说的？

生：“我走的时候，我还不懂得怜惜曾经拥有的事物，我们随便把一堵院墙推倒，砍掉那些树，拆毁圈棚和炉灶，我们想它没用处了。我们搬去的地方会有许多新东西。”就是说他在走的时候就没想到过这些。

师：嗯，总之与“我”有关，与刘亮程有关。还有下面的文句，“我走的时候还不知道向那些熟悉的东西去告别”，是不是也与他有关呢？读到这里，我们就明白了，这篇文章确实饱含了刘亮程对家园废失的无奈，严格的说是家乡废失。

（师将原来的板书擦去一部分，换成：家乡废失的无奈）

师：这样我们就将这种理解落到实处来了，而不是讲几句套话。如果我们再进一步看一下第六段的最后一句话：即使有它们，一个人内心的生存谁又能见证。大家把这句话齐读一遍。

生：齐读这句话。

师：我们把这句话的“生存”能换成生活吗？也就是：即使有它们，一个人内心的生活谁又能见证？

生：不行，我觉得“生活”的境界比“生存”更高一些。

师：是吗？有不同看法吗？

生：我觉得前面所说的旧房子、路、尘土等更多指的是生活层面的，也就是物质生活；而一个人内心的生存主要指的是内心的想法，是灵魂的皈依；前面这些东西是不足以见证精神和灵魂的。

师：也就是说“生存”更多的是指心灵上、精神上的东西，而精神家园靠这些东西是难以证明的；这样就有了一个从物质上的家乡到精神上的家园的层进。

（师将原来的板书擦去一部分，换成：家园荒芜的慨叹）

师：这样一来我们也就很容易理解文章最后一句话：物质上的家乡废失了，身体无处安放；精神上的家园荒芜了，心灵无所皈依；所以所有回家的脚步都已踏踏实实地迈上了虚无之途。

师：家乡、家园的问题解决了，还有一个“消逝”，时间的消逝，我们该怎样来读懂呢？我们还是来关注一下第三自然段的第一句话：“我走的时候，我还不知道曾经的生活有一天，会需要证明。”请大家告诉我，这句话包含了几个时间词？

生：走的时候，曾经，有一天。

师：嗯，分别代表什么时间？

生：“走的时候”“曾经”是过去，“有一天”是现在。

师：“有一天”仅指现在吗？

生：还包括未来。

（师板书：过去　现在　未来）

师：我们再来看一看，文章的题目是：今生今世的证据。“今生今世”包括什么样的时间范畴呢？

师：包括过去吗？

生：包括。

师：包括现在吗？

生：包括。

师：包括未来吗？

生：包括。

师：老师告诉你们，这篇文章表示时间的词语有多少处呢，一共十七处。你们课下去数一数。有人说，刘亮程所有文字背后的密码就是时间。从这个角度理解，文章表达了作者立足现在，回望过去，而对未来产生了一种恐惧。我们可以归纳为：时间之思。

（师板书：时间之思）

师：这种“时间之思”，表达的其实就是人的“存在之思”，就是对人在时间长河中如何安放自己身体和灵魂的思考。

（师板书：存在之思）

师：黑板上的这些词语，虽然一开始我们就读到了，但更多是一种感觉；后来我们是从文字入手，通过文本细读印证了我们的阅读初感，这才是可靠的。

三、改写文本，体悟诗化表达

师：毫无疑问，刘亮程的这些思考是很深刻的，但显然不是刘亮程独创的，同学们看到过表达类似主题的其他文章吗？

生：表达类似主题的文章，我第一个想到的是古时候的《诗经》，具体诗句我忘了，大意是打仗的士兵回到故土，结果看到故土长满野草，我觉得表达的主题和这篇文章有些相似。除了《诗经》，我们这一单元前面的这些文章表达的都是这一主题。

师：这单元前面的文章学过吗？没学过吧。你们老师说是先上后面的《赤壁赋》的，《赤壁赋》里有类似的表达或者思考吗？比如说关于时间之思的有哪两句？

生：哀吾生之须臾，羡长江之无穷。

师：很好啊，刚才同学说到的《诗经》里的诗句，有同学能背出来吗？

生：昔我往矣，杨柳依依；今我来思，雨雪霏霏。

师：你背的这几句和刚才同学讲的不是一回事，不过这里面确实有着时间变化。按照刚才这位同学的思路，表达类似主题的文章，从远古时代的《诗经》开始就已经有了。老师也找了一些写过类似主题文章的人，大家看看。

师投影：

- 孔子
- 陶潜
- 崔颢
- 苏轼
- 莎士比亚
- 鲍勃迪伦
- 曹文轩
- 刘亮程

师：孔子的大家知道吗？比如——

生：逝者如斯夫，不舍昼夜。

师：陶潜是谁？陶渊明。他的《归去来兮辞》知道吗？

生：田园将芜兮，胡不归？

师：崔颢的呢？

生：日暮乡关何处是？烟波江上使人愁。

师：莎士比亚的呢？

生：活着还是死去，这是一个问题。

师：嗯，关于存在之思的吧。

师：鲍勃迪伦的呢？

生：一个男人要走过多少条路，才能被称为一个男人……答案在风中飘荡。

师：还有我们这一单元前一篇文章《前方》的作者曹文轩。这样来看，在刘亮程之前很长的时间里，古今中外就有很多文人墨客写过表达这些主题的文章。可以预见的是，刘亮程之后，还会有很多人写文章来表达这些类似的主题。那么我们不禁要问：刘亮程的独特之处在哪呢？或者说刘亮程是怎样来表达这些主题的呢？我觉得这才是我们学习这篇文章的核心价值所在。

（学生沉默）

师：大家有没有想过，文学有很多母题，比如爱情、亲情啊，千百年前很多人写过这些主题，千百年后还有很多人写这些主题。刘亮程显然只是表达家园之思、时间之思、存在之思这些主题的文人中的一个代表，那么他与其他人的不同在哪？有同学回答吗？试试看。

师：有些为难吗？我提示一下啊，大家看看黑板上写下的这些表现家乡印记的东西，当然还有很多没写下来，有什么特点？如果用一个更大的东西来笼罩这些东西，是什么呢？

学生：村庄。（声音不大，零零落落地）

（师板书：村庄）

师：是啊，就是村庄。这样来看，旧房子啊，卷棚啊等这些东西就像诗歌里的意象一样，而村庄就是一个刘亮程散文中的一个整体性的核心意象。所以有人说，刘亮程的散文是诗性散文，他的表达是一种诗化的表达。

（师板书：诗化表达）

师：按照这个思路，我们试试看，能不能选取文章的一个段落试着改写成一首诗。比如说第二段，我们把它改写成一首诗，好吗？

生：改写，并声情并茂地朗读。

我走的时候
还不知道
向那些熟悉的东西告别
不知道
回过头说一句
草
你要一年年地长下去啊
土墙

你站稳了，千万不能倒啊

……

师：读得太好了，感觉就是一首诗吧。（其他学生鼓掌）

师：其实啊，刘亮程也写了一首诗来表达这篇文章的主题，大家要不要看一下。

生：要啊。

师投影：

我走的时候
还不懂得怜惜曾经拥有的
事物
院墙、圈棚和炉灶

我走的时候
还不知道告别那些熟悉的
东西
房子、土墙和野草

我走的时候
还不知道要证明曾经的
生活
我真的见过大地深处的大风？
我真的听见过一只大鸟在夜晚的叫声？
我真的有过一棵自己的大榆树？
我真的沐浴过那样恒久明亮的月光？
我真的沿着那条黑寂的村巷仓皇奔逃？

现在
墙上的白灰和泥皮
早已脱落得一干二净
曾经歪扭的土墙
重新回到了漫长等待的土坑

现在
谁还能说出
一棵草一棵木头的全部真实？
谁还能看见
一场一场的风穿过一个人慢慢松开的骨缝？

现在
一只早年唤醒人们的大红公鸡
一条老死窝中的黑狗
一缕照在午后门框上的夕阳
还有
在它们中间度过童年、少年、青年的我
以及
那些快乐、孤独、无人感知的惊恐与激动
是否与尘土一样归于沉寂？
是否变得毫无意义？

当家园废失
谁会证实以往的
生活
当家园废失
谁能见证一个人内心的
生存
当家园废失
所有漂泊的
生命
都已逝去了今生今世的证据！

师：大家觉得真是刘亮程写的吗？当然不是，这是老师根据这篇文章改写的，我们一起来读一遍。

（生齐读）

师：同学们说这篇文章是不是就是一首诗啊，所以我们读这篇文章，就是通过刘亮程这种诗化的表达来读懂文章蕴含的诗性思考。诗的极致就是哲学，或者说哲学的极致就是一首诗。于是有人把刘亮程借助“村庄”这一载体表达出来的诗性思考叫做“村庄哲学”。

（师板书：诗性思考　村庄哲学）

由文到人，感受诗意情怀。

师：为什么刘亮程要或者说能够借助“村庄”这一意象来表达他对命运、存在、时间的思考呢，也就是表达他的“村庄哲学”呢？

师：大家课前可能也了解到，刘亮程可以说是一个地地道道的农民，他出生在新疆古尔班通古特沙漠边缘的一个叫沙湾村的小村庄，在那里呆了三十八年，干过农活，当过农机管理员，对村庄风物和人事有着深入骨髓的了解。后来搬到乌鲁木齐去了，《一个人的村庄》这本书，包括今天我们学习的这篇文章，是他到城市之后，回望失去的家乡而写出来的。而现在呢，刘亮程又回到了村庄，他在新疆边缘又找到了一个尚未被城镇化的小村子——菜籽沟，做起了菜籽沟艺术村村长。

师投影：

刘亮程头像

- 新疆沙湾村农民
- 新疆菜籽沟村长
- 扛着铁锨闲逛的闲锤子
- 夜晚四处游荡的守夜者

师：显然，刘亮程是想找到失去的曾经的家乡，安置自己的身体，并借此找到家园，安放自己的灵魂。但问题是：刘亮程真的还能找到家乡吗？他真的能回到故乡吗？大家的看法呢？

生：不能。（大部分学生回答）

师：为什么不能？

生：文章最后一个自然段，他说：当家园废失，我知道所有回家的脚步都已踏踏实实地迈上了虚无之途。寻找家园的路径是虚无的，所以他是找不到自己的家园了。

师：这个回答角度很好，回到文本找寻答案。你的意思是说即便他回到像菜籽沟这样的比原来沙湾还要荒远、孤僻的地方，他也仍然回不到他所期望的故乡了。

师：还有其他看法吗？都认为回不到吗？有没有认为能回到的？

生：我的想法和刚才同学一样，他回不到故乡了。因为他过去在家园的生活所留下的证据都已经消失了，他连证明都证明不了了，所以回不去了。

师：问题的核心在于，即便物质的东西还在，或者还能找到，但他内心的那种漂泊，那种生命的孤独，那种在时间面前的恐惧等等，这些作为人的最本质也是最深沉的思考，没有人能够找到答案，更不用说消除，正如哲人所说：我们永远在回家的路上。

师板书：？

师：但是我们也可以从另外一个角度思考，放到整个家园文化谱系中来看待刘亮程，请看投影。

师投影：

- 陶渊明的“桃花源”
- 苏轼的“赤壁”
- 艾略特的“荒原”
- 卡夫卡的“城堡”
- 索罗的“瓦尔登湖”
- 史铁生的“地坛”
- 苇岸的“大地”
- 张炜的“野地”
- 刘亮程的“村庄”

……

师：这些人大家都知道吗？有的我们可能不知道，比如艾略特、苇岸、张炜等，他们都有一个相同的特点，都有一个共同的文化追求，都在寻找精神的家园，他们找到了吗？

生：没有。

师：真的没有吗？

师：这些人里面，陶渊明、苏轼、艾略特、卡夫卡、索罗、史铁生等，已经消逝在时间的长河当中，但是风流并未被雨打风吹去。今天，当我们谈到苏轼，我们自然会想到赤壁；谈到卡夫卡，我们立即就会想到城堡；谈到史铁生，我们马上就会想到属于他的地坛。这样来看，放到人类发展的文化长河当中来看，他们找到了吗？

生：我觉得应该找到了。他们所找到的无论是城堡还是村庄，不仅仅是原先的物质生活，而是通过作品将那些人类追寻的淳朴善良的精神带给我们后代的每一个读者，启迪我们的心灵。

师；是的，即便像菜籽沟这样偏远的村庄，最终也有可能被飞速发展的时代吞噬，刘亮程最终也会在时间的隧道中渐行渐远。但只要美丽的中文不老，只要璀璨的中华文化长存，千百年后，我们的后代一定还会读到这个刘亮程，以及属于他一个人的村庄，以及蕴含在文字背后的村庄哲学。这样来看，刘亮程应该找到了他的故乡，在中国文学史上的故乡，也给我们留下了他今生今世的证据。

师板书：！

师：从这个角度来看，这篇文章让我们读到了刘亮程的诗意情怀，读到了他在家园文化谱系中的重要意义。因此这个扛着铁锨在村庄中游荡的闲锤子，其实是一个村庄守夜者，是源远流长的家园文化的守夜者。

（师板书：诗意情怀　村庄守夜者）

师：散文家冯唐说得好：用文字打败时间。套用这句话，我们可以说刘亮程：让村庄证明存在。

师投影：

用文字打败时间！

让村庄证明存在！

附板书：

	今生今世的证据	刘亮程
大风	家乡废失的无奈	？
大鸟	家园荒芜的慨叹	
房子	时间之思	！
路	存在之思	
村庄	村庄哲学	村庄守夜人
诗化表达	诗性思考	诗意情怀

【课后反思】

《今生今世的证据》不好教，学生觉得读不懂这篇文章，即便是有些同学有些感悟，也能讲到“物质家园的失去”和“精神家园的荒芜”。但大多是模糊的初感，甚至是借助辅导资料勉强贴上的一些概念化的标签。因此如何帮助学生读懂这篇课文是第一个需要解决的问题。一般来说，读懂文章有这些路径：紧贴文本，从文字的罅隙进入文章的内核，最终获取文心；知人论世，从作者经历入手，结合作者的创作风格来读懂文章；利用互文性文本，比如作家作品集中的其他文章，或者作家的相关解读文章，在互证中读懂文本；通过生活对接，调动自己的生活感受，与作者的生活视域交融，在将心比心中读懂作者和文本。就《今生今世的证据》来说，大多数课例都采用知人论世、互文深入、生活对接的方式进入文本，虽然也能够在一定程度上读懂文本，但总觉得隔了一层。而本课例采用的是文本细读，通过细读弄清文段、文句之间的逻辑联系，从而真正地进入文本读出自己真实的体会。

实际上引导学生读懂文章，只是教学这篇文章的第一步，是难点，但不是重点。毫无疑问，刘亮程在文本中表达出来的思想是深沉的，但并非独一无二；古今中外表达类似主题的文章实在太多；而刘亮程的高明或者说独特之处在于，他借助了“村庄”这一诗意的载体并通过诗化的表达来表现这一主题。也就是说，诗化的表达才是“这一篇”文章的独特之处，也即文本的核心教学价值之所在。而由文到人，放到整个“家园文化”谱系中来看待刘亮程，在读出刘亮程诗意情怀的同时，其实也是在回答，在“家园荒芜”的今天，阅读刘亮程的意义到底是什么。基于这些思考，本课的教学指向最后确定为：在诗化表达中体悟诗性思考，进而读出作者的诗意情怀。

按作者“怎么写”来指导学生“怎么读”

——兼议《老王》教学的切入点

浙江省宁波中学　李克刚

散文教学内容如何选择和确定？当前比较一致的看法是“品味作者有张力的语言来领悟作者独特的思想情感”。

那么如何引导学生识别作者有张力的语言应该是散文教学内容的切入点。笔者以《老王》的教学为例谈谈如何通过引导学生识别作者有张力的语言来组织课堂教学。

不管一位作家如何写作，写作过程总是理性的过程，作家通过谋篇布局来表情达意总是在精心布局之中水到渠成。这种理性体现在作品中总是以或隐或现的线索流露出来的。如果能够引导学生敏锐地抓住这些线索，我们也就抓住了支撑整篇文章的骨架，从而牵一发而动全身，学生就能慢慢走进作品内部，逐渐触摸到作者的心灵，领悟作者的独特情感。

那么《老王》这篇文章，是由哪些语段连缀而成组成本文中牵一发而动全身的骨架呢？

活动一：提纲挈领

（一）问题设置

细读全文，你能否发现本文中牵一发而动全身的骨架？

（二）共同经验

1. 我常坐老王的三轮。他蹬，我坐。一路上我们说着闲话。

2. ……看见老王直僵僵地镶嵌在门框里。往常他坐在蹬三轮的座上，或抱着冰伛着身子进我家来，不显得那么高。也许他平时不那么瘦，也不那么直僵僵的。他面色死灰，两只眼上都结着一层翳，分不清哪一只瞎、哪一只不瞎。说得可笑些，他简直像棺材里倒出来的，就像我想象里的僵尸，骷髅上绷着一层枯黄的干皮，打上一棍就会散成一堆白骨。

3. 几年过去了，我渐渐明白：那是一个幸运的人对一个不幸者的愧怍。

（三）存在问题

文中的第七段是过渡段，为何是第七段而不是第八段与文章的首尾组成文章的骨架？

活动二：顺藤摸瓜

问题设置一

结合后文，分析第一段“我常坐老王的三轮。他蹬，我坐。一路上我们说着闲话”在文中的作用。

共同经验

1. 点明老王的身份和职业。（蹬三轮）

2. 说明“我”照顾老王的生意。（“我”常坐，别人不敢坐）

3. 说明彼此关系亲近。（接近亲人）

4. “闲话”统领第二至四段，我对老王的介绍来自平时坐车的“闲话”。

5. “蹬三轮”统领第二至六段，对老王的介绍都与“蹬三轮”有关。

存在问题

对“说闲话”的理解最初没有形成共识。

问题设置二

第八段对老王的肖像描写，作者一改前面叙述时的惜墨如金，而是泼墨如水，这段文字在文中有何作用？

共同经验

1. 突出“我”的“害怕”和“糊涂”。

2. 为“我”后文的“感到抱歉”作铺垫。

3. 说明老王已病入膏肓，为后文老王的死作铺垫。

4. 为“我”几年后的反省作铺垫。

存在问题

对此处肖像描写为“愧怍”的铺垫作用理解不深入。

问题设置三

作者在文章结尾说“几年过去了，我渐渐明白：那是一个幸运的人对一个不幸者的愧怍”作者因什么而感到“愧怍”？

此问题经过学生讨论应该从“老王对作者一家的态度”和“作者对老王的态度”两个角度来分析。于是引申出两个小问题？

1. 老王对作者一家是怎样的态度？（集中分析第六段）

2. 作者对老王是怎样的态度？（集中分析第十至十四段）

共同经验

1. 老王：这是请我帮忙的（烦老王送他上医院）

钱先生是我的亲人（送钱先生看病，不要钱）

不能收没有钱的人的钱（你还有钱吗？）

（1）义气（请帮忙怎么能收钱？）

（2）淳朴（众人远之老王走近）

（3）仁爱（哑着嗓子悄悄问我）

2. 老王说：“我不吃。”

（1）我不想吃（为什么不想吃？没有食欲？）

（2）我不能吃（为什么不能吃？身体不允许？）

病入膏肓之人，哪有什么食欲？怎么吃得下去？

3. 我……转身进屋去。他赶紧止住我说：“我不是要钱。”

（1）老王见我进屋，知道我就是去拿钱。这是我对待老王的常态。老王给我拿来东西，我一定要给他钱。

（2）“我不是要钱”（我生病了，我送你们东西，不是用东西来你们这里换钱。你误解我的意思了。）

（3）“我”说：“就免得托人捎了。”（“我”知道老王生病了，“我”为什么不去看看老王？老王生病了，明明白白说来送“我”香油和鸡蛋，“我”为什么自己不亲自送过去并借此机会看看老王？）

（4）老王在临终前，把自己仅有的一点遗产（这遗产也许是用三轮车换来的呀）送给他认为最亲近的人，认为仅有的亲人。可是“我”没有读懂“老王”，可见“我害怕得糊涂了”。

（总）“我”真的“糊涂”吗？“为什么，每想起老王，总觉得心上不安”？估计不“糊涂”，心理有自己的盘算吧：老王倒在“我”家里了怎么办？老王死在我家里了怎么办？老王是给“我”送香油和鸡蛋来的呀！“我”能够脱得了干系吗？“我”的不糊涂在于“自我保护”，“我”一定要给老王钱也就顺理成章了。老王对“我”来说，就像他的三轮，是一个载人的工具，老王又何尝不是我们家的工具呢？一个运输工具。别人把你当作唯一的亲人，你们把别人付出当作一笔笔交易，当作一种运输的工具。“心上不安”也在情理之中了。

存在问题

对“对话语言”的言外之意的揣摩不能深入。

活动三：管中窥豹

问题设置一

作者在文章结尾说“几年过去了，我渐渐明白：那是一个幸运的人对一个不幸者的愧怍”。

1. 作者因什么而“愧怍”？

2. “愧怍”有什么内涵？

3. 谁是一个幸运的人？谁是不幸者？

共同经验

1. 因忽视了老王的真正存在而“愧怍”。

2. 在沉思反省基础上的深深忏悔。

（1）在那个黑白颠倒的社会里，“我们”虽受打击，社会地位低下，相比老王的生活，“我”有固定的生活来源，从经济状况来说“我”是幸运的人；老王的社会地位高，却被同行排挤，没有固定的生活来源，从经济状况来说他是不幸者。

（2）在那个黑白颠倒的社会里，“我”虽受打击，但淳朴的老王却把我们当做自己唯一的亲人，在他的心理留给我们足够的位置，“我”是幸运的人；而我由于身份的原因，没有读懂老王的真情，在我的心中没有给老王留下一丝缝隙，老王是不幸者。

（3）时间老人让我有足够的时间来反思和忏悔自己，改过自己，不再重蹈覆辙，“我”是幸运的人；当我明白了我的错误，有机会来改正弥补的时候，时间老人没有给老王足够的时间让我来弥补老王，从这一点考虑，“我”是不幸者，终生背负愧怍，老王更是不幸者。

（4）我有能力，更有勇气，写下我的忏悔，时刻提醒自己，我是幸运的人，我最终在心里给老王留下了足够的位置，并且陪伴我一生，老王也是幸运者。

存在问题

对“幸”与“不幸”不能进行辨证的分析，理解比较肤浅。

问题设置二

我们通过文中的一些重要语段的分析对本文进行了比较深入的解读，回头再看看这些语段，它们确实是本文有张力的语言。这“张力”[课程论专家说“有张力的语言是作者谋篇布局、表情达意的关键处（用力处）”]具体如何来表述呢？

共同经验

1. 统领全局处

2. 精雕细刻处

3. 传神动人处

4. 违背常理处

5. 情感流露处

6. 暗示主题处

存在问题

学生对这些语言有一些感觉，确实是作者的用力处（作品的关键处），但是不能通过具体的语言现象来发现带有规律性的现象。

活动四：鉴往知来

问题设置

学完本文，我们重新认识了作者杨绛，请在新的体验基础上对作者杨绛说几句话，表达你学完本文的独特感受。

共同经验

1. 不能发现自己的错误依然执迷不悟的人是愚蠢的人，能够发现自己的错误并及时改正的人是聪明的人，能够把自己的错误记录下来让后人不再重蹈覆辙的人是有智慧的人。

2. 人总是在遗憾中走着自己的路，只有不断地反省忏悔，才可能让自己的遗憾少一些吧！

3. 我愿像您一样，时刻忏悔，鞭策自己。

存在问题

学生写的话语带有些许虚伪的成分。（现在的学生为何很少被感动？）

教学反思

1. 高中阶段的语文教学如何体现与初中阶段的语文教学的不同呢？笔者认为最大的不同应该是教学生阅读的方法，而不仅仅是引导学生一起来分享阅读的体验。

2. 作者的写作是理性的，我们的教学也应该是理性的。如何教学生阅读的方法呢？是否应该顺着作者“怎么写”的思路来引导学生“怎么读”呢？

3. 本次教学在方法上的尝试能够比较好的把学生带入文本，但是这种阅读教学的切入方式肯定不符合学生的阅读方式，是否违背了阅读的规律呢？笔者深感疑惑。

《鸿门宴》教学设计

——探究几个不可忽视的细节

浙江省衢州第一中学　徐雪斌

一、教学定位

针对大学本科生、研究生及中学语文教师，执教传统经典篇目《鸿门宴》。《鸿门宴》这篇文章对于听课者来说是很熟悉的，如何教出新意，做到“文旧课新”，这是我教学设计的出发点。

叶圣陶老先生曾说：“语文教师是引导学生看书读书的。一篇文章，学生也能粗略地看懂，可是深奥些的地方，隐藏在字面背后的意义，他们就未必能够领会，老师必须在这些场合给学生指点一下。”（《谈教学的着重点》）

《鸿门宴》中就有些许深奥的地方，它需要语文教师带领学生仔细理会、深入探究。作为一篇经典文言文，《鸿门宴》被收录到苏教版必修三教材，并被安排在专题四“寻觅文言津梁”的“仔细理会”板块中。的确，只要认真研读，仔细理会，就会发现文章有几个细节不可忽视，需要我们研究探索。

而本次上课时间只有20分钟，绝不可能面面俱到，甚至也不能把所有细节一一品读剖析，故只有以点带面，择要代表。择取其中的两个细节，从中品读出刘邦的性格形象，感受《史记》被誉为“史家之绝唱，无韵之离骚”之独特魅力。

二、品读细节，仔细体会

细节一：持剑盾步走

沛公逃席一节，有这样一句：“沛公则置车骑，脱身独骑，与樊哙、夏侯婴、靳彊、纪信等四人持剑盾步走，从郦山下，道芷阳间行。”

《汉书·高帝纪》有关沛公逃席一事，也是这样记载的：有顷，沛公起如厕，招樊哙出。置车官署，独骑，樊哙、靳彊、滕公、纪成步从，间到走军。

樊哙等四员大将为何不骑马，反而“持剑盾步走”？这似乎不合常理，骑马逃跑不是比跑步逃跑快吗？是他们自己要“步走”，还是沛公让他们“步走”？

有人说，樊哙等四人如果都骑马逃跑，会闹出较大的声响、动静，这样就会被项羽阵营知道，从而导致不能成功逃跑。这样的解释，看似有理，却经不起推敲，骑马就一定会闹出动静吗？只是四五匹马，并非千军万马，怎么就一定会闹出大声响呢？更何况，完全可以用皮革什么的包裹马足以消声，这样的办法古代战争中不乏使用者。有人说，马不够。这也不可能，樊哙等四员大将来鸿门赴宴时，难道是走着来或跑步来的吗？显然，不可能缺马。有人说，是樊哙等人自己不想骑马。这更不可能，傻子都知道骑马逃命总比跑步逃命更快、更易成功。那么，樊哙等人之所以放着有马不骑，而要“持剑盾步走”，只有一种可能，那就是沛公命令他们这样做的。

沛公为何要让护送自己逃跑的四员心腹武将“步走”呢？我们可以设想，倘若被项羽发觉，派兵来追击，那么这五人中最有可能逃跑的，只有沛公一人。这不仅因为樊哙等四人会拼死护主，更因为五人中只有沛公是骑马的，用文中的话说，就是“独骑”，骑马当然会比跑步快。更何况他们又是抄小路走的，项羽的追兵必须干掉樊哙等四人，才能追到沛公。反过来，我们设想一下，倘若樊哙等四人也是骑马的，虽然他们一开始骑在沛公后面，为沛公殿后。但是，在夜里，在项羽追兵的追击之下，樊哙等四人因为都是武将，骑马打仗的水平肯定高于沛公，在这种逃命的情势下，他们的马稍不留心就会跑到沛公前面，而把沛公落在后面，这样沛公就危险了。由此可见，“持剑盾步走”这个安排，很有讲究，这个细节的背后，反映出刘邦的心机极深，连自己的心腹都不放心，的确是个多疑、自私、冷酷、狡诈之人。司马迁用“持剑盾步走”这个容易被人忽视的细节，来刻画沛公的内心世界，使得人物形象立体丰满，可谓巧妙至极。

细节二：孰与君少长

项伯夜访张良一节中，沛公问张良“君安与项伯有故”，在张良详细言说前因后果后，有这么一段：沛公曰：“孰与君少长？”良曰：“长于臣。”沛公曰：“君为我呼入，吾得兄事之。”

《汉书·高帝纪》：会羽季父左尹项伯素善张良，夜驰见张良，具告其实，欲与俱去，毋特具死。良曰“臣为韩王送沛公，不可不告，亡去不义。”乃与项伯俱见沛公。沛公与伯约为婚姻，曰：“吾入关……岂敢反邪！愿伯明言不敢背德。”对比可发现，《汉书·高帝纪》根本没有这一沛公和张良的对话细节。

“孰与君少长”这一问法，显然是不合对话的逻辑的。因为，沛公问的目的是比较自己与项伯的年龄大小，以便采取相应的对策，并不是为了比较张良与项伯的年龄少长，所以，正常逻辑思维下，应该问“孰与吾少长”。难道是沛公口误，抑或司马迁笔误？

非也！其实，这一细节也恰恰反映出刘邦的内心世界，形象地凸显出刘邦的性格特征。项伯知恩图报，为了报答张良早年救命之恩，在生死关头夜驰之沛公军，私见张良，欲邀张良与俱去。张良出于对韩王的信义，出于对沛公的忠诚，把这一重要信息告诉了沛公。毕竟“旦日项羽要击破沛公军”的消息来得太突然，沛公毫无心理准备，而且此时他的实力与项羽差距甚大，于是沛公连发两个“为之奈何”。倘若张良不把这个消息报告给沛公，而是与项伯一起逃走，那么刘邦怎么死都不知道。从这个意义上说，张良对沛公是忠心不二的，但是沛公完全信任张良吗？从沛公的问话“君安与项伯有故”中，可以看出沛公此时对张良是心有疑虑的，直白地说，就是有怀疑的。一个“安”、一个“故”足以表现这种不信任、这种疑虑。当然，张良怎么会听不出沛公问话里的言外之意，于是张良详细地交待了与项伯有故的来龙去脉，以释疑，释沛公心中之疑。同样，聪明的刘邦从张良的详细回答中，也明白张良已经感觉到自己对他的不信任了。而在这样危急的形式下，沛公是绝不可失去张良这样的谋士的，而自己刚才的问话，显然会让张良不舒服，于是必须想办法安抚张良。因此，沛公一反正常的对话逻辑，问了“孰与君少长”，言外之意，就是我和你张良，我们俩那是没说的，就像亲兄弟一样，我们之间是不分彼此的。

由此可见，“孰与君少长”这句话，是刘邦为了安抚张良，专门说给张良听的。司马迁用这一细节，活现出刘邦城府极深、狡诈多端的性格特征。

其他细节：斗卮酒、生彘肩

樊哙闯帐后，“瞋目视项王”，而且“头发上指，目眦尽裂”，而项王虽然“按剑而跽”，却不无赞赏地说“壮士！赐之卮酒！”项王手下“则与斗卮酒”。樊哙拜谢后，竟然“立而饮之”。之后，项王赐彘肩，结果樊哙被赐“一生彘肩”，而樊哙竟然“拔剑切而啗之”。

项王明明说“赐之卮酒”、“赐之彘肩”，为何最后赐给樊哙的却是“斗卮酒”、“生彘肩”？“斗卮酒”到底是多少酒？“生彘肩”大约几斤？究竟是樊哙的什么东西打动了项王，使得项王对于贸然闯宴的樊哙不但不怒，反而赞赏其为“壮士”，又赐酒，又赐肉，还赐座？

其他细节：项伯是叛徒吗？

项伯是项羽的族叔，是项家军的重要人物，从辈分看，还是项羽的长辈。这样一个身份的人，怎么会在两军即将交战的关键时刻，跑到刘邦阵营去通风报信呢？在鸿门宴中，为何又处处帮着刘邦，“常以身翼蔽沛公”，使得“庄不得击”，难不成他是项羽阵营中的叛徒？

其他细节：操、持

张良问：“大王来何操？”用“操”字，表明在张良心中，沛公和项羽是同等地位的，这也符合张良为沛公手下的身份特点。而沛公却回答：“我持白璧一双……”用一“持”字以表示对项羽的恭敬，这也符合沛公的性格特点，连对自己部下张良讲话，都刻意表现出对项羽的尊重、恭敬、臣服，这不正表现出刘邦城府极深、戒备心重、多疑虚伪的性格吗？

这样的细节还有很多……

三、总结

《史记》的确无愧于“史家之绝唱，无韵之离骚”的赞誉，司马迁真不愧为大家，他善于抓住一些细节，灵活巧妙、生动逼真地刻画出人物的内心世界与性格特征，使得人物栩栩如生、跃然纸上。而这些细节，学生或许是发现不了的，即使发现了，可能也领会不到隐藏在字面背后的意义，这就需要我们教师给学生点拨引导，而老师要做到这一点，必须沉下心来，认真研读，查阅资料，仔细理会。

文本解读中的细节挖掘

桐乡市高级中学　杨大忠

【教学目标】

1. 培养年轻教师文本解读中的细节挖掘能力。

2. 综合作品思想、主题、背景等因素合理解析文本中的细节。

【教学时间】

20 分钟。

【教学过程】

一、总述

对青年教师的要求：如何以教参为基础，以自己对中学文本的深入理解为切入点，在课堂上教出自己的新东西。

二、事例说明

（一）注重细节的内涵与意蕴

1.《祝福》中卫老婆子的“醉醺醺”

“新正将尽，卫老婆子来拜年了，已经喝得醉醺醺的，自说因为回了一趟卫家山的娘家，住了几天，所以来得迟了。她们回答之间，自然就谈到祥林嫂。”

解析：卫老婆子对祥林嫂再婚后生活的态度：“现在是交了好运了。”“她年底就生了个孩子，男的，新年就两岁了。我在娘家这几天，就有人到贺家墺去，回来说看见他们娘儿俩，母亲也胖，儿子也胖；上头又没有婆婆；男人有的是力气，会做活；房子是自家的。唉唉，她真是交了好运了。”

明确：卫婆子“醉醺醺”的“真言”中流露出的对祥林嫂再婚后生活的肯定，说明了无论封建妇道思想对妇女们的钳制多么严苛，在内心深处，妇女们追求幸福的欲望和理想都是不会泯灭的。这正是人性光辉思想的闪烁，在无边的暗夜里越发熠熠闪光。

2. 天地圣众的“醉醺醺”

“我在这繁响的拥抱中，也懒散而且舒适，从白天以至初夜的疑虑，全给祝福的空气一扫而空了，只觉得天地圣众歆享了牲醴和香烟，都醉醺醺的在空中蹒跚，预备给鲁镇的人以无限的幸福。”

明确：受到民众膜拜的“天地圣众”代表了什么？无疑是旧的封建制度，封建礼教当然也是其中的一部分。“天地圣众”的“醉醺醺”象征了什么？显然是封建制度在新思潮冲击下虽然出现了开始松动的迹象，但生命力依旧旺盛的社会状态。

3. 两个“醉醺醺”的总结

“醉醺醺”的社会加上“醉醺醺”的个人，攒集成一个令人窒息的大牢笼。

“在这淡红的血色和微漠的悲哀中，又给人暂得偷生，维持着这似人非人的世界。我不知道这样的世界何时是一个尽头！”（《纪念刘和珍君》）

（二）对作品中次要人物的解析

举例：小说《清兵卫与葫芦》中清兵卫的母亲仅仅出现了两次：

1.“清兵卫常常买了葫芦来玩，他爸妈是知道的。”

2.“母亲吓得只是战战兢兢地不敢出声。”教员走后，“清兵卫的母亲却哭了起来，唠唠叨叨发了许多没意味的怨言。”

解析：表面上看，清兵卫鉴赏葫芦的天赋是被父亲与教员联合扼杀的，但实际上，清兵卫的天赋被扼杀，母亲在这件事中扮演的则是令人惊愕的帮凶角色。只是这种角色掩藏在母爱的外衣下，以母爱的名义天经地义地存在着，让人难以看出来。

（1）母亲的转变过于突然的社会暗示。志贺直哉就是这样通过母亲态度转变的突然性，隐晦地鞭挞了毒害日本民众的军国主义思想与强权政治，从而使小说具有深刻的社会警醒意义。

（2）母亲的眼泪是促使清兵卫转变的催化剂。在清兵卫眼里，平时对自己无比慈祥的母亲这次竟然也站在了父亲这一边。这才是一把杀人无形的软刀子啊！对母亲无比尊敬的清兵卫看到母亲的恐惧、眼泪与痛苦，加上父亲的拳头与巴掌，他怎么能够不认为自己玩葫芦是不务正业呢？

总结：结论小说中的母亲，绝不是可有可无的人物，她的出现，加深了小说主题的深刻性，使小说更具社会警醒意义。

三、总结

文本解读是青年教师的必备能力，文本解读的角度与方法是多样的，以上所论只是豹之一斑。留心观察，善于观察，眼前必将是一片湛蓝的天空。

名师评课

关于生成与预设的感想

瑞安中学　金晓涛

首先，我想问大家一个问题，你能分辨出来今天的课堂上哪些是预设的，哪些是生成的？很难。因为在好的课堂上，很多的生成是预设下的现象。不过今天有个例外的情况，徐雪斌老师提到的“为何出现‘步走’这种矛盾的写法”是他自己课堂上不曾预设的问题，而由此展开的探讨就是精彩的生成。我认为的“生成”，包含了“生”——生长，也包含了“成”——建构。具体来说有以下三点。

一、生成

1. 生成是不背文本或话题的延展。以《拿来主义》为例，老师问：在占有、挑选或使用或存放或毁灭之后，宅子便是新宅子，文化便是新文化吗？试用比喻论证来表达。老师的预设是，假设你我他想置办一个书房，到商场购买东西，不同的人的选择不同，由此形成焕然一新而面貌各异的书房。课堂上，有同学回答：宅子主人是拿来主义者，主人是新主人，宅子也是新宅子，他迎来不少志同道合的朋友，于是，有了更多的新宅子，这样文化成为新文化。这个答案与预设不同，不过结合全文，可视为不背文本的延展。

2. 生成是对话、活动中的生长。陈智峰老师通过追问，终于让学生关注到辛弃疾用典时对人物的不同称呼，从而体验到诗人的情感态度。杨大忠老师由“醉醺醺”入手追问，令人惊叹的情况出现了。学生借由中人的介绍得知主人公的遭遇，不仅如此，还能读出“封建礼教违背人性”、“鲁迅的批判意识”和“女性对幸福的理解”(学员发言)。

3. 生成是基于经验和游戏的建构。李克刚老师在与学生的交流中动态展示了由课到类的建构，每类又有四个环节，每个环节又有若干个关键环节，梳理整合成一个令人称奇的网络。而在管中窥豹的每个关键处，李老师都结合学员给出的话进行分析，尽量基于学生自己的知识经验生成知识的建构。学生“可能不理解教师讲解的语句，但他肯定理解自己加工生成的语句”，这也是为什么在指导学生校对答案时，有经验的教师总是让学生修改完善自己的答案，而不是让他们抄写答案。正如刚才所说，好的课是在动态中建构，学生动起来，秉持“游戏精神”，体验者参加“游戏”的那种自适愉悦，由此来看今天下午的课堂，学生参加面广，参与度深，尽管连续5节，大家依旧神采奕奕，没有困乏之态。

二、预设

备课是教师必备的基本功。备课还有个说法，就是教学设计。

1. 备学情。好的设计师会据学情而设计。今天学情复杂，有本科生、研究生、中学教师、大学教师，执教老师都能结合学情做出调整。比如李老师做了应急的设计，把在场老师分为2

组来进行活动。

2. 备学时。平时上课时间一课时 40 分，这次微课堂 20 分钟。杨老师的设计就随着时间的变化，做了多次调整。

3. 备文本。“文本的规定性严格制约着接受活动”，让师生“不至于脱离文本的意向和文本结构而对文本意义做随意理解和解释”，当然，老师也可根据文本特点做出好的设计。如《烛之武退秦师》的设计。此文出自《左传》。《春秋》：“晋人秦人围郑。”《春秋》其他二传也都仅“晋人秦人围郑”寥寥六字，而本文“洋洋”378 字。设计利用了这一特点，通过对比，让学生发现本文的三补——补首尾，补说辞，补人物，从而赏析左传的结构绵密严谨、记言曲折传神、记人生动形象的特点，建构起对左传作为文史双巨著的认知。

三、一点建议

第一节。让研究生扮演考试院命题专家命题难度大。对大学生扮演的一线教师的教学设计与研究生扮演的命题专家拟制的考题进行比较，推导出教与考不统一，这比较难有说服力。建议使用学考高考试题，让老师进行教与考的比较分析。

第二节。本课关键词是“思维力”，不过分类阐释法的分类逻辑性还不够。其罗列的至少八种类型不完全是并列的，可以再进行分类，如先分交际型、自我型等，然后交际型下分礼节型、安慰型等。

第三节。老师和学生品第二个“醉醺醺”时，有一学生联想到“众人皆醉我独醒”，这其实是很深刻的生成。因为“皆醉”正体现了鲁迅所描述的社会环境的特征，老师应及时给予肯定，并在学生答话的基础上加工生成更好的答案。

第四节。老师举出“步走”课例，继续生成，对照不同史书的叙述细读文本，品出刘邦性格，这个地方，可以继续思考：为何史记不如汉书那么写，仅仅是追求简炼而已？这样可以有更好的延展和深入。

第五节。课堂中有个细节，执教老师追问刘裕是什么武帝，学生答出“宋武帝”。这里可以再追问四人出现的次序安排，这样就可以让学生进一步发现：孙权（三国）——刘裕（宋）——刘义隆（刘裕之子，败于拓拔焘）——拓拔焘。词人借此揭示历史兴忘，有很强的警示作用。

情意与理趣

东阳中学　陈益林

一位情意与理趣兼具的语文教师，应该是一位有温度、有情怀、有才情、有思想、有方法的知性与诗情并行不悖的老师。

一堂情意与理趣兼备的语文课，应该是诗意、幽默与点拨、启迪共生的语文课。

李克刚、贾桂强、杨大中、徐雪斌、陈智峰等五位名师开出的阅读指导课或作文教学课，普遍都呈现出情意与理趣兼备的特点。

李克刚老师的叙事文教学课：《文本精读教什么：〈老王〉》，分集体备课、代表汇报、老师示课、师生共议四个环节，教学环节设计层次清晰，兼顾师生，互动充分，民主、平等意识在课堂上得到充分彰显，学生的主体意识，教师的主导作用得到了很好的发挥。教师在阅读技法的点拨时，语言准确、精炼，归纳清晰巧妙。提纲挈领、顺藤摸瓜、管中窥豹和鉴往知来这四种阅读方法的提炼，教学的三重境界的推出，让人有茅塞顿开的敞亮愉悦感。考有考的理据，教有教的理据，读要想到考，考中体现教，考与教不要成为两张皮。此类课堂金句的不时蹦出，充满教学机趣。

用很简单的问题考人，人们常会开玩笑说："请别侮辱我的智商。"我们的不少语文课堂是存在着侮辱学生智商的现象的。浙江省高考阅卷中始终致力于打击"套话作文"。"套话作文"的两个突出的特征：一是所用材料极其俗滥，二是思维始终停留在一个平面。作文教学很容易出现思维平面化，教师一言堂的现象。贾桂强老师的《基于逻辑思维力提升的论述文教学初探：以微信"点赞"利弊作文为例》，选取的材料有"情"有"趣"；动漫展示，字源探究，纵向挖掘法，辩难激思法，多种教学技法的综合运用；立论型、驳论型、劝论型三种议论文类型的归纳，"点赞"是什么，为什么"点赞"，你认为"点赞"好不好，思维的纵深拓展；下定义阐释法，比较阐释法，分类阐释法，辨析概念的三种方法的归纳传授，以及因果分析法的剖析，让整堂课既有"情"的强烈感染，又有"理"的深刻领悟。

杨大老师的《文本解读中的细节挖掘：〈祝福〉》一课，抓住卫老婆子的"醉醺醺"与天地圣众的"醉醺醺"，指导学生怎样贴近文本，细品微言大义。又以《清兵卫与葫芦》为例，引导学生体会名作中小处不小，闲笔不闲的笔法机趣。父亲的打是硬实力，母亲的哭与絮叨是软实力，软实力有时胜过硬实力。俏皮幽默的语言，让语文课堂妙趣横生。以鲁大海是唐僧的转世这样石破天惊的奇谈，引出语文教师广博宏富的学识修养的重要性。什么是好的语文教学法？学生喜欢就是最好的语文教学法！杨老师的语文课堂气场极大，时常会有振聋发聩的警句妙语。

徐雪斌老师的《鸿门宴》阅读教学，通过"独骑与步走"的细节，与"与君孰少长"的琐碎对话的深读细品，尺水兴波，领略刘邦的性格特征。

杨大中、徐雪斌老师的课堂教学深得易中天、钱理群、孙绍振、刘心武、鲍鹏山等名家名作细读深思的阅读法三昧，引导学生沉下心来，读得进去，悟得出来。两位老师的课堂，让学生读得有味，悟得有道。

陈智峰老师的《守正与创新:〈永遇乐〉》阅读教学课，独出机杼，抓住词中“孙仲谋”“寄奴”“元嘉”“佛狸”“廉颇”等称呼作为教学切入口，是谓“创新”；从名、字、小名、年号等多变的称呼中，深入体察词人复杂的情怀，又坚守诗词教学的正道，是谓“守正”。整堂课，有巧思，有涵泳，有熏陶。

白璧难免有微瑕。富于激情是杨大中老师课堂的突出优点，但一味高亢激越，刚猛雄烈，也容易引起审美疲劳。如果能在刚柔相济、轻重疾徐的节奏融合上下点功夫，效果一定会更好。陈智峰老师以冷峻之态上豪放派作品，入情动容不足，课堂的情韵难免打了一些折扣。如果陈智峰老师能对古诗词的格律知识作点深入研究，上起古诗词来一定会有更高的修为。

精彩的语文课堂是师生共同的庆典

慈溪教师进修学校　孙旭红

有人说，春天不是季节，而是内心。跟其他专家不同，我是怀着学习的心情站上讲台的，这是其一，其二是和我的母校来场聚会。特别是今天看到这么多年轻的学弟学妹，看到一张张年轻的面孔，我仿佛回到我那段激情燃烧的岁月，人也就不自觉地年轻起来。一切都是最好的安排！所以，再次感谢母校浙师大，感谢蔡老师搭建平台！

回顾上午五位名师的微课教学，像一个个微镜头，紧张紧凑紧密，再一个个慢慢回放，又发现每个镜头都那么精致精美又精彩，像极了当下放映的一部大片《厉害了，我的国》，让我感动。我感动于名师们对语文教学的实践和探索，感动于“老课文”“新发现”渗透出的鲜活的成果，感动于新课标下名师思考的敏锐度以及引领我们前行的加速度，于是，我在内心呐喊：厉害了，我的师！所以我今天的发言有了这样一个标题：《精彩的语文课堂是师生共同的庆典》。

语文课是一门飞扬智慧的课程，让学生从各种束缚、禁锢、定势和依附中解放出来，唤醒、扶植、张扬和激荡智慧的个性光芒，这恰似今天名师们给我的三点启示：情感体验、开放思维、言语实践。

一、情感体验是迸发智慧的起点

教师上课的情感，影响学生上课的情绪。积极的课堂经历，带给师生饱满的情绪体验。因此，语文课堂能够为学生的精神补钙。

比如，彭玉华老师和李莉老师两位老师的课就是这方面的典范。他们来自同一所学校，学科背景相同，个人喜好也相同，选择的作家也相同，都钟情于刘亮程。不同的是一个高大，一个小巧，一个有大文化胸襟，一个有小女人情怀。

彭玉华老师极富才气大气霸气，面对学生不易亲近深度文本的现实，他化重为轻，启问：你读懂了什么？巧妙地引领学生找到思路的出口，用学生已有的生活情境，来反思生存的内心。如果说这一问是让学生对文本有整体的感知，那么第二问“生活为何需要证明”，则让学生走进了文本的细节之中，围绕这个问题，让学生走进文本更深处。彭老师似乎总能捕捉问题的切入口，顺势而为，不着痕迹。他的第三问，“有没有类似主题的文章”，从文本辐射到课外，调动学生的情感体验，直到第四问“为什么借助村庄表达情感?”把对于整片课文的理解推向高潮。从物质到精神到哲学，层层深入，步步高升，师生之间对话充盈着生命的气息和语文的味道，使课堂时刻爆发出共创共生的灵性，很富理趣和情趣，这才是新课堂想要的生成。彭老师的课上出了家常菜的味道，上出了优质课的品位，可谓是一场“理性的思考、诗意的策划”。

相比大男人，李莉老师更显得小女人。她小得精致而美好，用女教师特有的温柔和细腻，将“情感视点”切入文中。其实，《寒风吹彻》这篇文章，网上有各种声音，其独特的言说方式与学生的生活是有距离的，但李老师显然喜欢这样的挑战，她的过人之处就是牢牢把握文本的特质，从文本特质出发预设教学，展开教学对话。她巧妙设问：“你读出了什么？最能打动你内心情感的是哪一处？”等，用调动学生情感的问题，进行发力，为与作者直接对话打开了一扇门。情感的闸门一打开，我们不仅仅只是在读文本，更是在读自己的生活，在作者、文本和生活中找到某种融合，达成对生命密码的解读。李老师的语言不仅温柔，还异常坚稳，看似力微，却势不可挡，通过特别优美的领读，让藏在文字下的文章的立意和作者的情感都流淌出来，特别是那句：“我生命中仅有的温暖，都给了你们”，饱含着对生命的关爱，折射出民胞物与的胸怀，即使凄凉也慷慨，即使失意也苍劲，充满着生之渴望以及爱的力量，使教学彰显出人内心温暖的美好，使情、意、志得到最大的融合，再次印证了“阅读教学活动是一种生命活动，一种生命对话，一种生命的感悟”的道理。李老师深谙此道，用情感点燃学生的智慧，使课堂的生成无比精彩。这就是在引领学生精神成长的课，是好课。两位老师一男一女，一开一合，一起一落，一唱一和，非常有看头，非常有听头，更是非常有嚼头，真是中国好搭档！

二、开放思维是锤炼智慧的基点

课堂是最有教学之源的。我要点评的另一对，同样是群文阅读的精彩案例。周康平老师和韦玲珍老师，也是相同的选择，一样的小说教学，只不过一中一外，一长一短，当然也是一男一女。这样两组男女配对，再现蔡老师的审美，想来是极好的，可是他自己却在写作教学上孤身奋战，把成双成对的机会留给别人，把孤独的思考留给自己，足可见他高风亮节。

周康平老师和韦玲珍老师这组搭档也确实没让他失望。两位老师用极好的文学功底和专业素养，把小说教学的理解层次、赏析层次、探究层次进行巧妙的落实。周老师在《边城》中将开放性思维引进课堂，以图导入，触发视觉，激活课堂，通过“对鱼的解读”、对“翠翠是谁？”用法的追问、对“打动的是什么？”的再追问，阐明主旨：“追求的是优美的，健康的，又不失悖乎人性的美好”，引发我们的共振，这是每个人要寻找的一方净土。周老师通过对小说人物线条进行多角度的铺展，以多样化的教学活动过程，创造了对学生有意义的、具有情感色彩的教学情境，留白了有悬念的教学镜头和教学故事。虽“绕了原路”，但终究“愚公移山”，至少让学生学得有趣，学有所思。纵看他的课堂，还有一点体会：教师的教学智慧太重要了，面对学生对象的改变，学情的改变，他沉着稳重，大胆割舍，化繁为简，降低课堂的密度和容量，这是成功的基石。

相比，韦玲珍老师则善于将小说深刻的主题进行多维度的提炼。她以问题导入，用开放的思维，大胆设想，以内容激活对话，让学生自由进入，还原作品本来的情景。她紧紧抓住“半张纸”这条线索，引发展开，同时，巧妙设计有层级关系的四个问题，丰富作品内涵，拓展了容量。整堂课，韦老师都带着问题，贴着文本，在努力打开文本的褶皱处，让学生在情景再现中，在开放互动中，逐渐悟懂一个道理：人间有真爱，人生有温暖。这种“化轻为重”的教学，就是教学艺术的再现。这就是有魅力的课，有魔力的老师！

三、语言实践是提升智慧的焦点

布鲁纳说：我们要用思想创造一个可能的世界。没想到，今天蔡老师给我们搭建了一座

“宝典作文”的皇皇大厦。无需评课，因为蔡老师本人就是教师的风向标！他有太多的优点：善于思考，勤于笔耕，快人快语，多才多艺，出简书写专著，吹笛子品艺术，用心用情，向美向善，他既有文学的功底，又有跨界的技艺，使得他看起来像一位圣人！我惊诧于他工作的节奏，一天当做两天使，一人当做两人抵；我也惊叹于他工作的效率，明明还在飞一样的奔跑，却在群里看到他刚刚撰写的通讯稿。他的学术品德和人格魅力让我深深折服。特别是今天他展示的一堂写作课，更加应证了这一点。蔡老师今天的课真是匠心独运，他跟其他老师的研磨课不同，他喜欢挑战，善于创新，不落俗套，将“PK”的新形势引入课堂，用“奖励机制”激活小组与小组之间的较量，展开声势浩大的言语实战，在实战中，悄无声息、水到渠成的揭秘写作的技巧，迸发智慧的光芒！居然还把新时尚玩得那么溜，让我们年轻教师为之汗颜。整节课，其言语之幽默、节奏之明快、逻辑之清晰，为我们所追捧。应该说，在我们百般呼吁写作为哪般，哀叹作文指导无法可循的时候，他却一反主流，给我们一招定乾坤，教我们如何写金句，有胆有勇有谋，有法有趣有用！这种不按规则出牌的创新精神，就是对传统“师说”彻底的革命！真可谓是“教活书，活教书，教书活”！值得一提的是，蔡老师是前辈，又是名师中唯一的高校教授，按理，他不需要跟名师同台竞技，也可以少操这份心，但是他敢于担当，勇挑使命，以身作则，奋力前行，用他犀利的眼神和活跃的思维，乐此不疲地萃取着各种教法精华，津津乐道传授给我们，为什么？不为名不为利，全在于他心中有使命，装着我们这些一线的老师，想我们所想，求我们所求，践行着他对语文教学最初的情怀。

良师有方首推悟，高徒得法唯在魂。其实，要教好书，做好课堂这一块，难度究竟有多大，我想只有我们做过这些一线的老师才有更深的体会。所以，我对这些用心教书的前辈一直都是深怀敬意的。我最难受的是不能为那些不爱学习不善改变的老师的未来做出一点保证，这使我深深自责。

好在，春天已经来了。随着新课标的落地，我们的语文教学也将迎来新的春天，让我们怀揣着希望一起上路！

我写了一段颁奖词送给参加本次活动的各位老师和同学，也以此致敬主办方——浙江师范大学浙派语文教育研究中心，致敬我们可亲可敬可爱的蔡教授。

一群人，一堂课，
一个梦想，一种精神，
他，来自高校，
他们，来自基层，
他们为了共同的目标走在一起。
以课领训，另辟蹊径，
他们探寻着高中语文教师专业成长的新路径。
心揣期待，胸怀激情，
他们开始了一场停不下来的新转型。
婺江问学，尖峰论道，
他们，既引领着一次意义深远的再出发，
也引领着“未来+”语文教学改革的新走向！

专硕课程

主编按

朱艳文，原曹宅中学信息技术高级教师，后因工作需要调任宾虹小学教科室主任。其专攻微课设计与应用，取得了不俗的成绩，先后获得省地市与国家级多个一等奖，承担浙江省多门微课程的研发。并承担了国培计划、浙江省双名工程、石嘴山市名师名校长等多项高端培训课程主讲工作，获得广泛好评。而语文专业学位教学硕士最为欠缺的是将现代教育技术与语文教学整合的能力。在“多师模式”的实施过程中，笔者认为可以充分发挥朱老师的特长，来弥补学院导师课程的不足，故经过院研办与校研究生院同意，专门设计了一门《现代教育技术与语文教学》课程，这是我们开展多师模式以后所作出的大手笔，当时为一些教授所担忧，怕一位普通的小学教师力不能逮，难以完成一门专硕课程的教学任务。但朱老师不负众望，不但坚持了下来，而且获得了专硕的高度评价，获得 99.50 的超高平均分。为此，朱老师写了一段感悟文字，而专硕们更是用文字来表达他们对于朱老师教学的赞美与感谢。此集中我们选编了朱老师的一个教学设计及其教学感悟和部分研究生的评课文章。

教学设计：《用 PowerPoint 做数字故事》

【学情分析】

汉语言文学专业硕士学生平均年龄在 21 岁左右，其最大特点是接受知识的能力强，理解力强，但是由于受学科属性所限，接受新知识、新技术的态度和能力较缓慢，需要重点将数字故事与学科教学紧密地联系起来，激发学生们的学习兴趣。

【学习目标】

知识与技能目标：了解数字故事的概念、特征和作用；感知并理解数字故事的叙事方法和创作过程；理解信息表达的多种形式与效果，掌握表达的方法和技巧；能够有效地将信息技术与其他学科进行整合，解决生活中的真实问题。

过程与方法目标：通过观察、听讲、阅读、模仿和思考，在作品创作、动手实践的过程中，经历数字故事的创意、设计、制作及表达的全过程，初步掌握信息技术与其他学科整合的方法。

情感态度与价值观目标：体验数字故事在情感表达上的重要作用和艺术效果，通过生活中的真实情境，感受技术与社会的关系，形成综合运用信息技术解决问题的意识和行为。

【主要内容】

1. 让学生们了解数字故事设计基本流程。
2. 让学生们学会用 PowerPoint 制作数字故事。
3. 通过使用 PowerPoint，让教师掌握多媒体的整合方法。
4. 通过电子相册的制作，让学生能够根据学科教学的需求制作出相应的数字故事。
5. 通过多媒体资源的整合，培养研究生创新的意识和应用多媒体的能力。

【重点与难点】

重点：数字故事的创作与表达。

难点：数字故事的艺术表现和表达技巧。

【教学方法】

任务驱动法、实验法。

【教学环境与资源】

1. 能够连接互联网的计算机教室以及投影仪等。（电脑上安装 PowerPoint 2013）
2. 从互联网或其他方面获取图片、背景音乐等创作素材。
3. 通过《学习指导》获得作品的制作说明和软件操作步骤。

【教学课时】

2 课时，80 分钟。

【教学环节】

教学环节	教师行为	学生行为
引入新课 3 分钟	教师从传统的“讲故事”说起，引出数字故事的概念、特点和作用。 1. 概念：数字故事是将“讲故事”与现代信息技术结合而形成的一种艺术形式。 2. 特点：数字故事是文字、图片、音乐、视频等多媒体元素的艺术组合。 3. 作用：数字故事通过生动感人的故事情节，借助信息技术增强其表现力和感染力，充分展现了作者的思想意识和情感态度。	1. 学生听讲，了解数字故事与传统故事在创作方式、讲述方法和表达效果上的区别。 2. 设计意图：将数字故事引入课堂，完成“了解数字故事的概念、特点和作用”的学习目标。在本环节中，学生利用传统的“讲故事”进行知识迁移，初步了解什么是数字故事。经过这个环节的学习，学生能够叙述数字故事的概念。
感知欣赏 7 分钟	1. 典型 PPT 版数字故事案例赏析。 2. 引导学生进行案例分析： 数字故事的叙事特点、情感意义和表达效果。	1. 学生边观看示例，边听教师讲解，形成对数字故事的深入感知和领悟。 2. 学生进行讨论并解析，了解作品生成过程中需要哪些素材和效果。经过此环节的学习，学生能够知道并描述出数字故事的叙事方法和创作过程，产生创作热情。
数字故事设计流程 10 分钟	1. 故事编写：根据自己想要表达的信息寻找最契合的故事，故事不需要太长，但是一定要引人入胜、发人深省，能使人通过阅读故事领会主题。 2. 设计脚本：脚本是在文本写作完成后，把故事中的主要情节提炼出来，并用多媒体元素重建故事情节，其间需要标注出所用到的媒体元素及其呈现的时间长度。 3. 故事板设计：用情节串联图板来组织故事呈现的流程，即把脚本和可视化材料连接起来，以便最后创作作品时使用。 4. 收集编辑素材：选择最恰当的素材来展现故事，明确传达自己所经历的情绪和想法（声音、图片、动画、视频）。 5. 编辑合成素材：选择最便利或者最擅长的工具，将素材进行可视化编辑，把图片、声音、文字等进行合理布局与呈现。 6. 展示与共享：最终的作品可以作为私人资源，也可以进行公开，让自己的作品得到共享和反馈。视频：flv 格式、wmv 格式、avi 格式、asf 格式。动画：swf 格式。	设计意图：让学生了解数字故事的设计流程，为下一步创作数字故事打基础。

续表

教学环节	教师行为	学生行为
创作故事 45 分钟	1. 引导学生将课前准备好的照片插入 PPT（一页幻灯片放一张照片）。 2. 指导学生在 PPT 中将图片素材进行调整和编辑。 3. 指导学生在幻灯片中加入必要的文字说明或艺术字，要求语言简练，与主题相关。 4. 指导学生对幻灯片中的各对象添加动画效果。 5. 指导学生添加幻灯片之间的转场效果，并设置使其自动播放。 6. 指导学生选择符合主题的背景音乐，并在 PPT 中添加，使其自动播放。 7. 教学疑难解答和指导学生。 8. 引导学生将数字故事保存成不同的格式。	1. 学生按照教员引导，将素材插入。 2. 学生根据个人需求和喜好，将图片进行调整。 3. 学生根据自己所做的数字故事的主题和素材，加入必要的文字，并设置文字格式，要求与主题整体风格搭配。 4. 学生通过指导在 PPT 中添加动画效果，实现各种不同的效果。 5. 学生根据喜好和材料需要添加转场效果，设置自动播放的时间间隔。 6. 学生选择与主题相符的音乐，进行编辑并插入到数字故事中。 7. 修改、润色、完善作品。 8. 根据需求，将做好的数字故事保存成不同格式的文件。
讲故事 10 分钟	师生共同讨论讲故事的技巧。 1. 讲故事的技巧：发音清晰、准确，音调要随着情节的变化抑扬顿挫，声情并茂，娓娓道来，动作恰当，表情自然。 2. 教师指定几位学生在全班演播并讲述各自的数字故事，由全班同学共同点评，从故事情节、蕴含意义、艺术质量及讲述技巧等方面进行讨论和交流。	学生听别人讲故事，准备自己讲故事，积极参与交流与点评。 设计意图：本环节利用“讲故事”活动，完成“理解信息表达的多种形式与效果，掌握表达的方法和技巧”的学习目标。让学生展现自己的作品，亲历创作数字故事的完整过程，感受创意、设计、制作与表达的乐趣，享受信息技术在艺术创作中的美妙之用。在本环节中，学生要利用自己的作品，有技巧、有效果地讲故事，积极发言，诚恳、坦率、友善地进行点评。以深化“体验数字故事在情感表达上的重要作用和艺术效果”的学习效果。每个故事都蕴含着一定的道理，给人以各种各样的联想和启示。让学生相互交流自己的感悟，能够更好地体会故事中的道理，体现了数字故事的教育意义与社会价值。

续表

教学环节	教师行为	学生行为
归纳总结 5分钟	1. 数字故事设计要点——怎么做好：聚焦主题与故事：故事第一（Story First），画面第二，音乐第三。 2. 如何设计一个好故事：掘生活之源（真实性），寻生活之本（情感性），展思考之力（意外性），展示案例《三则小故事》。 3. 真实性：基于真实的事实，不是简单的"镜像"纪录生活，而是观察与思考生活，具有典型性，以"叙述"为主，启发思考。 4. 意外性：有一个照亮整个故事的主题。欧亨利式结尾，故事冲突，深度互动，唤起心底的震撼。 5. 好故事，需要完美的表达。好故事需要拟定一个好标题《大山的故事》，好故事需要呈现在合适的场景并做好定位。	

【教学反思】

本次课的设计注重知识的横向联系，在Word和PowerPoint之间搭起了一座"综合运用"的桥梁；注重信息技术与语文课程的整合，让学生领会"数字故事"的精髓；注重信息技术的真实应用，贴近学生的生活实际。本次课的教法并不追求"热闹"和"花哨"等表面形式，而是要求学生认真地听，耐心地读，深入地思考，沉稳地操作，积极地创新，踊跃地交流。整个教学过程处于一种平和顺畅、朴素自然、简洁高效的状态。

【参考文献】

http://blog.sina.com.cn/s/blog_8d0376d701011jxx.html

国内网站：

- 数字故事网站

http://www.shuzigushi.com

- 全国中小学电脑制作活动微博英语创作项目

http://wben.mintenglish.com/Mintel/wben/index.htm

- liyuping的空间

http://i.youku.com/u/profile/type_video_id_UMzcwMjcwNDI0.html

国外网站：

- Storybird –Artful storytelling

http://storybird.com/

- The Educational Uses of Digital Storytelling

http://digitalstorytelling.coe.uh.edu/

教学感悟：感受信息技术与语文课程糅合之美

本学期应蔡伟教授之邀，为语文专业学位教育硕士开设了《现代教育技术与语文教学》一课，承担了浙江师范大学2017级语文研究生的《信息技术与语文课程整合》这门课的教学工作，时间为一个学期，共36课时，每周3课时，平生第一回，感触良多。《信息技术与语文课程整合》的创新之处在于将信息技术与语文课程深度融合，以技术为辅，提升语文教学创新能力，为智慧语文教学打下基础。在教学中，使用案例教学方法，让学生更深刻理解语文教学设计的技巧，运用信息技术手段优化语文教学，为学生今后在教学过程中提高教与学的效率、改善教与学的效果、创新教学方法和教学手段等打下基础，感受技术与语文课程融合之美。

本学期主要讲述了“信息技术与语文课程整合”的途径与方法以及教学研究的新发展，并讲授PPT高级制作，让PPT“高大上”的技巧；了解数字故事的概念、应用，通过案例讲评加深了解；掌握运用PPT创建数字故事的方法；讲述五种语文微课程录制等基本方法，并着重讲解用摄像机加一体机制作微课、用录播教室制作微课、用Camtasia Studio软件翻录视频等制作及后期编辑视频的方法；了解常见中小学电子白板多媒体教室设备的开关及使用、常见电子白板多媒体教室设备的连接、自带手提电脑在多媒体教室的连接、如何使用东信同邦的录播教室、如何使用一师一优课平台的资源等；针对语文学科特点，结合相关信息化环境与手段，讲述语文课程信息化教学设计思路与方法，主要有四种模式：移动学习及其在语文教学中的应用、Mooc及其在语文教学中的应用、电子书包及其在语文教学中的应用、微课及其在语文教学中的应用；教学并实践了微信公众号的制作与推广；构建信息技术与语文课程整合的评价体系，并运用典型案例进行评价，讲述教育信息化领域的新技术，如VR技术、大数据等在语文学科教学中的应用与展望。

通过本课程的教学，我对语文课程教学有了更深刻的体会，比如微信公众号的制作推广、对数字故事的教学以及完成全班分工制作微课程作业，都需要有深厚的文学功底。在教学期间，我的设计在技术中贯通语文的教学内容及作业，提高了自身的语文水平。

经过半年的学习，让语文专业教育硕士学位成为语文老师里的信息专家，结合任务驱动法教学，每位学生申请了微信公众号，并学会了用秀米网编辑、推送文字、图片、视频等资源，为他们走上工作岗位做好铺垫。全班完成了两门微课程，一门是40节内容各异、情节丰富、富含人生哲理的《数字故事微课集》；一门是《初中文言文鉴赏》，每位同学负责一篇初中文言文，这样初中阶段的文言文微课都有了。以作业代测试，以实践操作代考核，整个课程实用而接地气，让学生提前感受一线教师的教学及常规工作，加速就业后对教师职业的适应。

语文专硕评课

何曙晗：上朱艳文老师的课也快半个学期了，初次听到《信息技术与语文课程整合》课程的名称时，还颇感奇怪，信息技术如何能与语文课程相融合。可短短两个月的时间，朱老师便打消了我的质疑。

《信息技术与语文课程整合》，指在语文课程教学过程中把信息技术、信息资源、信息方法、人力资源和课程内容有机结合，共同完成课程教学任务的一种新型的教学方式。而这样一门复杂的融合型新兴课程，其教学操作难度之大，对任课老师教学素养要求之高，都是显而易见。而朱老师将语文与信息技术两门课程的融合便颇为成功。

一、理论指导实践，学以致用

与传统信息技术课全是在机房“埋头苦干”所不同的是，朱老师的课堂是时而在教室学习理论，时而去机房实践操作，理论与实践相结合，甚至是理论先于实践。朱老师重视理论课的教学，根据当今信息科技的不断变化，将信息技术中能应用至语文教学中的新技术理论做深入细致的分析和研究，进而使得两门学科得以相融，这是与操作实践课的不同之处。理论的先行，再加之实践，这样一种“理论 + 实践”的教学模式，能令大家快速、扎实地掌握相关知识，既让理论在实践中升华，又让实践在理论的指导下更加熟练，促进大家更好地掌握计算机知识。

二、学习素材丰富，激发兴趣

朱老师的课最大的特点便是多样的学习素材。初次见面，老师便赠送全班同学每人一页 3D 书签，顿时激起大家对于课程学习的热情。朱老师对教学内容都进行了大胆、灵活、创新地处理，没有墨守成规地进行语文信息技术的教学，而是融入有趣又丰富的生活化素材。理论学习中，朱老师以生活为着手点来上课，例如如何在淘宝中寻觅语文微课录制工具，又如如何用 3D 打印来制作精美的书签，这使得原本枯燥乏味的理论学习变得让人兴致勃勃起来。而丰富的练习素材避免了过多的重复性内容，像数字故事、微课的制作，让大家每次实践练习都有新鲜感，这样可使大家集中注意力，促进教学。

三、教学手段多样，提高效率

朱老师利用网络技术与多媒体技术的直观性、形象性和生动性的特点，以多种新兴教学手段最大限度地去调动大家的感官去感知课程知识，将课程中抽象的内容、教学的重难点化难为易。比如在学习如何制作语文微课教学视频时，朱老师便拿出自己录制的微课来代替自己讲解，一个专教大家制作微课的微课视频，将语文微课教学融于之中，提高了大家的注意力，改善了大家的学习状态，这样既节省了教学时间，又有利于启发众人积极思考。

总而言之，朱老师的课颇具特色，也令我受益匪浅。

胡颖倩：朱老师教授了微课制作、PPT 制作、音频剪辑等等，而这些都是身为一个老师必备的基础技能。朱老师将理论与实践相结合，将抽象的文字说明与具象的操作相结合，教给我们的不仅是一种技术，更是很多种方法，“授人以鱼不如授人以渔”，这对即将走上教师这个工作岗位的我们而言，无疑是最需要的。

潘卢璐：一位善于运用现代教育技术的教师，很容易吸引学生的眼球。比如，在朱艳文老师课上提到的制作 PPT 的技术，这些技术所呈现的视觉效果就很炫酷。所以说，教师还需要改变自己的固化思维模式，接受新技术、新思想，提升自己的语文教学能力。

王颖婷：朱艳文老师讲授的《信息技术与语文课程整合》，内容精彩且贴近日常教学实践，可操作性和实用性都很强。朱艳文老师上课时不拘泥于内容，常常想到一点就扩展开来仔细讲，在软件操作过程中，也能够随机应变，巧妙地处理问题，带给同学们很大的启发。在朱艳文老师的课堂中，我们学会了更加精细地制作 PPT 以及更实用的操作技巧，也在此过程中思考如何让信息技术更好地与语文课程结合起来，如何通过把信息技术引入语文课程来实现教学创新。

教学创新也需要信息技术处理能力作为支撑。掌握良好的信息处理技术能够帮助我们更好更快地处理教学事务，也能够促进教学创新的形成。

朱思媛：《信息技术与语文课程整合》是一门符合时代趋势的课程。随着科学技术的发展，语文课堂避不开信息技术手段来辅助教学。比如现下已经普及的多媒体教学。朱艳文老师还和我们展望了未来的语文课堂——人手一个 ipad 的智能化教学。所以，对于即将成为中小学教师的我们，掌握信息技术，将其与语文课堂结合，势在必行。课上，朱老师给我们展示了激光制作的书签和名牌，这种形式复古、有趣，能引起学生的兴趣，有利于教师吸引学生注意力，作为课堂的导入或者辅助物教学，相信能事半功倍。此外，微课作为课堂的补充，我们以后也会用到这种技术，朱老师教授我们制作微课的方法，也是对我们教学技能的一种提升。总之，这门课让我受益良多。

黄海霞：我国对教育越来越重视，每年在教育上的投入比重也逐步增多。各中小学基本已经实现多媒体的覆盖，甚至连幼儿园都开始人手一台 ipad。以语文课程为例，师范类院校已经开设了信息技术与语文课程整合的课程。这就表明教育对教师的信息技术的素质要求也越来越高。在朱艳文老师的课堂中，我们意识到如今的教育并不局限于书本，而是可以将信息技术和现代教育融合。这种全新的教学形式会激发学生学习的兴趣，从而更好地实现与文本的对话。

任泳颖：在一开始上朱老师的课时，我就感受到了新奇。朱老师为班级里的每一个同学都制作了书签和名牌，上面都有刻着我们的名字。起初，我们都很惊讶，觉得制作这些很麻烦，但是朱老师却告诉我们这都是运用激光技术制作出来的，并不费事。朱老师的第一节课就让我们感受到了现代教育信息技术的魅力。对学生来说，这种方式很新颖也很直观。之后的课上，朱老师更是展现了信息技术在语文教学中发挥的巨大作用。朱老师的课堂的创新之处在于将教学内容时时与最新的最有用的信息技术结合起来，突显了课程的前沿性。同时朱老师的课堂还讲求实践，强调信息技术的运用。我们大部分的课时是在机房进行的。在课后朱老师布置了包括数字化故事和微课制作等在内的作业。我在制作过程中，对朱老师教授的信息技术运用得更为纯熟了。

和各种各样的名师的互动交流的过程也是我们学习和成长的过程。在名师的身上学习到的不同方面的创新意识，也是我们日后教师职业生涯的宝贵财富。教师创新意识的培养能够切实地帮助我们在以后的教育教学过程中突破已有的教学思维模式和固有的思维框架，在教学理念、教学内容、教学方式等方面进行不断地创新。

谢秋香：我们已经进入信息时代，电教媒体无疑能让师生的双边活动充满激情和活力，因此朱艳文老师的《信息技术与语文课程整合》这门课，对于今后要踏入课堂讲课的师范生具有很强的指导作用，其操作性与实用性都是较强的。例如数字故事的制作，将感情融入教育传播中，既可以激发作为设计者的教师的工作热情，又能增进学生的学习兴趣和创造力。再如微课的设计教学，提高了我们的知识讲解与总结能力，开拓了视野。

王云霄：朱艳文老师的《信息技术与语文课程整合》课程，让我们学会了如何从语文教师的学科角度来使用计算机帮助自己的教学，如何更流畅更便捷地把计算机技术融入到语文学科教学中。现代技术的发展，为我们的语文教学注入了一股新鲜的活力，利用现代化技术，能够帮助我们上出更多精彩的语文课。朱艳文老师授课认真负责，语言生动，课堂效率高，授课内容丰富详细。同时，朱老师非常注重启发和调动学生的积极性，前两节课老师还为每位同学制作了精美的书签，课堂气氛非常活跃。课后，老师会布置适当有效的作业，检测教学效果的同时，也能够让我们得到锻炼的机会。几节课下来，同学们都收获颇丰，对这门课程的兴趣也越来越浓厚。

王瑶瑶：朱艳文老师带给我们的是最前沿的教育资讯。在信息化的今天，教育无论在形式还是在内容方面都发生了巨大的变化。翻转课堂、微课、白板等形式纷纷涌现，要成为符合时代要求的老师，就需要不断革新自己的教学理念、教学技能。而朱老师给我们打开了新教育的大门，让我们看到了信息时代信息化的教育形式，并提供了丰富的信息资源。在日常的学习和训练中，我们也渐渐掌握了信息化的教学技能。这种能力的提升，不单单在于提高教学技能，也在于提高了我们的教育研究能力，即用新方法去研究新内容。用信息化的手段去研究教育中不断涌现的信息化教学内容及手段，拓宽了我们的视野，也拓宽了研究的领域，让教育能够跟紧时代的脚步。

边璐青：朱艳文老师的课堂教学总是那么新颖、独特，她的每堂课都能给我们带来惊喜。朱老师关于 PPT 的教学浅显易懂而又朴实实用。她“讲练结合”的教学模式，不仅让我们以最快的速度掌握课堂知识，还给我们提供了展现自我的平台。尤其感谢朱老师把数字故事和微课作为本门课程的学期作业。在完成作业的过程中，我积极地和其他同学交流经验，经过不断地修改和精心锤炼，不仅熟练地掌握了 PPT 的操作技术，还积累了许多语文教学的经验。总之，朱艳文老师的课让我受益匪浅。

方梦瑶：朱艳文老师的课比较“新”，《信息技术与语文课程整合》，乍一听有些新奇。在课堂上，朱老师介绍了许多新概念与新技术，如3D打印、电子化教学、数字故事等，使我大开眼界，尤其是上第一节课的时候，她向我们展示了激光打印技术运用于教学会产生的“化学反应”——她将每个人的名字打印到木板上，让每个人认领，同时寻找“有缘人”，这个签到方式特别有爱，能使得教师与学生、学生与学生在较短时间内建立起情感联系。

她的课又是非常“接地气”的，理论课上，她教授了数字故事、微课等概念，实践课上，她布置任务，细致地教学生如何制作，而这些都是可以直接运用于语文教学的，能够为教学带来许多意想不到的便利。她的课使我受益匪浅。

感慨于科技进步给课程带来的变革的同时，也激励自己决不能被时代淘汰，要成为一个新时代的“新新教师”。

童晓玉：朱艳文老师的《信息技术与语文课程整合》一课，拓宽了我对语文教学方法认识的视野，使我对将来要从事的语文教学有了更浓厚的兴趣。之前只知PPT的简单操作，如今已学习了丰富多样的玩转PPT的方法，收获颇丰，学期还未过半，我已学会了三项技能。首先，我学会了如何将PPT制作得更精巧，运用各种未被我开发的隐藏在PPT软件中的技术，特别是动画、蒙版等效果的制作能吸引学生的眼球；其次，我学会了用PPT制作数字故事，将一个本该用长篇大段讲述出来的故事用简短的几句话串联起来，再配上图片和音乐，数字故事也深具感人效果；最后，我学会了如何制作微课，微课的设计其实并不难，重点是将知识点和重难点在短短的十几分钟内梳理清楚。在越来越发达的信息技术支持下，相信语文课程的设计，也将越来越有趣，融丰富深刻的知识于多样的技术中，使师生能在快乐的环境中提高语文素养！

李帆：上朱艳文老师的课，我感觉老师的知识很渊博，对语文课也了解了很多。老师上课会给我们讲很多方法，教大家如何做，对我们的问题也会做非常耐心的解答，对待工作责任心强，对我们的作业要求也很严格，让我们能真正学到语文技术相关知识。

孙凯灵：朱老师的《信息技术与语文课程整合》课不仅对师范生有指导作用，对中小学在职教师来说也有着较为实用的价值。随着现代信息技术的发展，教学也在不断地发生变化。先进的多媒体技术日渐被作用于课堂，并带来了较为良好的效果。譬如数字故事相较于纯文本，更容易吸引学生的注意力，将学生带入情境中去，使之受到感染。因此，对身为师范生的我们来说，将现代信息技术更好地运用到语文教学中去，是一项不可或缺的技能。

黄雪纯：对于语文学科来说，更需要借助信息技术，充分利用信息技术作为课堂的补充和辅助。朱艳文老师的课上，我们可以学到包括微课、课堂PPT的美化、动画等信息技术。不论对于小学生或是中学生，语文课堂作为一门语言类的学科，都更应该是丰富多彩的，不仅仅局限于课本上知识的学习，也不应该只是面对枯燥的课本，而《信息技术与语文课程整合》这门课，能更多地将信息化的元素运用到语文课堂。

通过信息技术，可以更加丰富和扩展除课本外的教学资源，不论是图片、音乐或者是视频，都能通过信息技术更好地呈现在课堂上，使得同学们对语文课堂更加感兴趣，语文课堂对于学生来说，会更加具有吸引力，可以在愉快的氛围中学到更多的语文知识，而不是课本上枯燥的文字。

谢佳维：朱老师的课对于师范生来说非常的实用。随着现代信息技术的发展和新课程改革的推行，语文教学引入了多媒体和互联网这样的现代信息技术。如果教师无法掌握这样的技能，就无法与时俱进，无法引起学生的兴趣，因此，掌握实用的信息技术技能也是我们日常学习的重点。

廖玺玺：首先，从教师外形上看，朱老师外形优雅，声音甜美，在上课的时候给人一种如沐春风的感觉，这就很好地说明了朱老师课上说的声音好听的重要性。其次，从朱老师所教的内容来看，朱老师教的都是我们以后工作中必须学会应用的教学技能。将信息技术与语文教学相结合，方便教师备课、上课，更好地吸引学生注意力，提高语文课堂的趣味性及课堂的教学效率。总的来说，朱老师通过这门课程，教给我们的是实用的教学技能，这些技能在我们以后的教师职业生涯中必不可少。

戴泳洪：听了朱老师的课后，发现现代技术在教学中的运用是如此的普遍，对于教学工作的开展影响是那么的重要。在教学中加入现代信息技术可以让课堂教学摆脱单调的教科书式说教，学生兴趣上来了，整个课堂教学都活起来了，课堂教学更加高效了。在现代化的大背景下，教学工作中处处需要运用到信息技术，而且信息技术对于教师未来的发展同样具有重要意义。

王萌萌：朱艳文老师的课堂不同于传统课堂，主要在机房进行。微课是现在十分热门的一种教学形式，是运用信息技术按照认知规律，呈现碎片化学习内容、过程及扩展素材的结构化数字资源。通过朱老师的课程，我们了解了微课，微课因其教学时间短，主题突出、内容具体，取得了不俗的教学成效。同时，朱老师上课时也会采用微课的形式，给我们营造了一个真实的“微教学情境”，我们在真实、具体、典型案例化的教学情境中实现了教学技能、理论知识的内化。教学技能的实践性与微课的情境性相契合，通过微课来实现教学技能的传授相信可以取得事半功倍的效果。

王维丽：朱艳文老师的《信息技术与语文课程整合》每节课都相当精彩，朱老师比较善于创新且知识渊博，她的课程对于未来将要踏上教师岗位的我们来说具有重要的启示意义，我们身在信息时代，成为一名优秀的语文教师不再只是课堂上能够讲解知识，传达思想，我们也要学会适时地使用教辅，跟上学生的脚步，并走在前面。新时代对教师的要求越来越高，朱老师带领我们制作课件与微课，开拓了语文学习的新局面。另外，朱老师的课堂氛围尤其好，很是亲近同学且易于交流。她是我们身边朴素的老师，也是一位优秀的名师。

葛舒怡：从听朱艳文老师的几次课以来，我体会到了不仅仅是学生，教师也要养成良好的教学习惯。

朱艳文老师的课堂是信息课堂，以讲为主，除了教学内容，我从朱老师在课堂上学习到的还有良好的教学习惯。首先朱老师的课堂没有重复的口头语，这在教师中是不常见的；其次，朱老师的课堂虽以讲为主，但是老师偶尔的教学板书也让我眼前一亮，写的一手好板书。由此，我思考了，一个好的教师，到底应该养成哪些习惯？

习惯难养成，也难改变，因此我认为想要改变教师的教学习惯，首先可以从教师的思想入手。

教师在长久的教学中已经习惯了把自己作为课堂的主角，习惯了主导课堂，忽视学生，对于学生在课堂上的生成性问题往往不予重视，甚至存在着批评学生的现象。因此，我认为教师应该改变传统的思想，把学生当做是课堂的主角，尊重学生，发挥学生的主动性、积极性。在课堂教学活动中要习惯鼓励、表扬学生，保护学生积极发言的行为。

教师不仅仅是教师，还是学生的家长。教师在传统的教学中，一直不会亲近学生，一直保持一种站在三尺讲台上，让学生难以靠近的威严形象。教师应该改变这种形象，走下讲台，走近学生，与学生沟通交流，聆听他们的心声，做学生的知心人。

思想改变了，教学行为也应该随之改变，具体可体现在教师的教学基本功上。

教师应该养成良好的口语表达习惯。教师的口语习惯对学生有着极大的影响，而一些教师在课堂上的口语表达往往是不规范的，仿佛没有“嗯、然后、是不是”这些词，课堂就进行不下去。因此，教师应改变传统的习惯，做到口语表达清晰明了、生动形象，让学生喜欢听，听得懂，听得清。

教师应该养成良好的板书习惯。板书是帮助学生梳理文本内容的图示工具，然而一些教师却没有板书习惯。在课堂教学活动中，教师要认真书写板书，不仅要做到写板书，还要写得好板书，充分提高教学效率。

教师改变传统的不良的教学习惯，养成以上这些教学习惯，师生关系就会更加和谐，课堂气氛就会更加融洽，教学效率也会大大提高。

张璐：朱艳文老师的课堂是新颖的，其课程名称是《信息技术与语文课程整合》，正体现了信息技术现代化的特点。课堂内容安排合理，节奏有序，同时又用新颖的形式带动课堂的氛围，吸引学生的注意力，朱老师在课堂实践环节会走下来观察学生的操作情况，为学生提供详细具体的指导。整节课理论与实际紧密切合，具有很强的实用性。

郑晓颖：这学期朱艳文老师的课程《信息技术与语文课程整合》教授了我许多有关于课件制作方面的方法与技巧。在现代科技高速发展的时代，通过信息技术辅助教学的现象已屡见不鲜，并且都取得了直观有效的教学成果。在学习本课程前，我只是掌握一些最基本的 PPT 制作等计算机二级程度的技巧，而朱艳文老师不仅通过美化 PPT 带我们做出精彩的数字故事，还进一步带我们领略了微课这一短小精悍、颇具实用价值的形式，进行了微课制作的相关学习。我们的学习成果皆以短视频的形式进行巧妙呈现。听朱艳文老师的课，自然流畅，跟得上课堂节奏，也为日后将信息技术辅助于教学的习惯培养与水平提升带来诸多帮助，实在令我受益良多。

裴雨薇：朱艳文老师的课程相比较其他老师的课程，更富有创新性和新颖性，尤其是朱艳文老师会利用微课的形式教学，突破了时空的限制，丰富了教学方法。朱艳文老师会引进一些潮流的教学方式，抓住学生的眼球，有利于教学内容的实施。

李志华：首先，警惕隐性霸权的教学习惯。朱老师把学生当作朋友，每次上课都亲切地用自己制作的漂亮的书签点名，这种新颖别致的点名方式使学生爱上点名，爱上上课。其次，教学设计体现创造性的教学方法。朱老师为我们介绍了融入科大讯飞语音输入、微课教学、数字故事、PPT 制作等富有创新性的现代技术的上课方式与手段。使我们对实际中小学教学现状有所了解，也获得了丰富的教学技能。最后，幽默的教学习惯。朱老师总会在课堂讲解中借助媒体图片等手段，并加以恰当的幽默，使同学们在捧腹大笑中学得技能。

许玮芳：朱艳文老师的《信息技术与语文课程整合》这门课非常有趣，开学就以特别的点名方式——刻有名字的名牌、“逢考必过”的书签，让我对这门课产生了兴趣。这门课主要是教会我们如何更好地运用现代信息技术来丰富教学，教授我们一些技巧和方法，并且通过制作数字故事、微课的课程作业来进行实践操作，这对我们来说非常实用。

施丽蓉：在“互联网 +”时代，我们的语文课堂可以有怎样的变革？以生为本，现代教育技术如何服务于学生的学习？作为新时代的教师，我们应该积极思考如何用“互联网 +”的思维方式和最新的信息技术手段来变革和改进课堂教学，打造智能高效、富有智慧的课堂教学环境，通过智慧的教与学，促进学生个性化成长和智慧发展，让现代教育技术真正服务于学生的学习。

林岳斌：在当下科技不断发展且逐渐运用于教学生活的背景下，有一个关注点不得不提，那就是“科技与人文课堂如何融合”的问题，当然也可以理解为信息技术如何与课程相整合。这里的人文课堂，既包括高校人文社科，也包括中小学语文课堂、历史课堂、政治课堂等。笔者在观察了朱艳文老师及多地现代化课程开发的基础上，认为教师作为其中的主要推动者和实践者，需要做到以下几点，才能更好地促进融合与整合：首先，突破纸媒体本位意识；其次，创新课程开发模式；再次，挖掘自主学习的潜力。但是，融合的“度”是什么，还需要我们进一步进行思考与探索。

庞美美：朱艳文老师的课堂完美诠释了新课程改革背景下综合性、均衡性、选择性的课程观，让我们看到了现代信息技术与语文教学整合视域下更丰富多彩的教学可能性。

首先，现代信息技术能创设丰富的语文教学情境，激发学生的兴趣。图、文、声、像等在语文课堂上的综合应用，能带给学生多种感官的刺激，激发学习兴趣。如 iPad 能适时为学生提供相关图片、影像资料，辅助老师的讲解，使教学内容更加形象生动，富有感染力，完全契合建构主义强调媒体创设情境进行协作学习和会话交流的主张。

其次，现代信息技术打破了语文教学的时间与空间限制，构建起一个基于数字技术的学习者中心环境。现代信息技术能够集合文字、图像、影像、声音、交互行为等要素，构建一个可控且丰富的“数字化教学环境”，为学生提供移动学习终端，支持随时随地获取资源和及时反馈、实时互动。如当下盛行的微课，在学生课前预习、课后巩固、拓展学习的活动中起到了重要作用，弥补了传统语文课堂教学内容受限制、学习有断层种种缺陷，为师生的教学活动提供更高层次的支架。

最后，现代信息技术能促进个性化语文教学，培养学生语文综合能力。一方面，现代信息技术的应用促进了教师教学个性的彰显，语文教师结合教学需要和自身的审美需要，通过对不同功能的媒体进行组合，更容易形成自己的教学风格；另一方面，语文教师依据教材特点和学生情况，能轻松地对丰富的教学资源进行调用和重组，满足不同层次学生的学习需求。如对同一语段的赏析，上中下不同层次的学生可以分别选择直面语言文字、了解写作背景、阅读名家评析三种不同的方式进行学习。在充分尊重学生学习意愿的基础上，让学生进行高效自主学习，这是“以学生为主体”的课堂最充分的体现。

朱艳文老师的课堂打通了学科的界限，让我们看到了前沿的语文教学的面貌，拓宽了我们的视野，实在受益匪浅。

杨慧：朱老师在课上教给我们的内容和技能非常实用，也是即将走上教师岗位的我们所必须的和缺乏的。比如微课的制作、数字故事的制作等，很多都是我们熟知但还不能熟练操作的。朱老师的课程真正做到了将信息技术与语文课程完美地结合在了一起，这种教育理念的创新对于语文教师今后的职业成长有着很大的帮助。

伍慧钊：朱艳文老师的课堂是对现代信息化背景下构建语文教学新模式的探索。在她的课堂上，语文教学形式有了更多的呈现方式，如微课、数字故事。但其背后暗含的是“学生主体”和“自主学习”的教学理念。其主要体现在两方面：

一是信息技术与语文教学的整合，是以“学生主体”为理念基础展开的。微课、数字故事的新型教学形式，实际上是把以教师讲授为主的课堂翻转，鼓励学生先行，通过让学生先有自己的感知和领悟，再来和教师、伙伴讨论和探究问题的课堂新模式，来更好地锻炼和发展学生的思维能力。

二是信息化背景下的新型教学形式有助于更好地实施“自主学习”的教学理念。以往的课堂多是教师讲授为主，一堂课结束后，学生的复习资源只剩下了课堂笔记。但微课、数字故事等数字资源具有长久保存、实时更新、来源丰富的特点，这为学生课前、课后自主学习提供了强有力的支撑。

王欣琪：朱艳文老师上的课叫做《信息技术与语文课程整合》，教我们在语文教学中运用“信息技术”来展开新的课堂教学。以下是我的几点感受：

1. 给予语文教学新的视野

传统语文课堂只有教师、教材、学生，后来衍生了多媒体技术（主要是 PPT 的使用），现在又出现了白板、微课等等。这些教学方式方法的更新重塑，也是教育理念的转变，信息技术使语文课堂更加的丰富多彩，使学生获得了更多知识和乐趣。

2. 解放教师低级劳动力

新的信息技术使教师避免低级重复的教学劳动，比如曾经教师寻找学习资料、查询学习信息，需要很多时间和精力，现在信息技术的进步，使教师可以花更多的时间在关注学生上面。这也代表了教师教育理念的更新、转变，新技术的运用是新时代的号召。

3. 延伸学生知识的广度和深度

多媒体信息技术的运用，使学生获得打开更大知识世界大门的机会，例如在课上播放一小段微课，生动形象的画面更易引起学生思考，可以使学生快速了解知识。

4. 收获语文科研的新方向

目前信息技术在课堂上的运用，是教育理念的更新、转变和重塑最好的体现。很多一线教师已经在研究信息技术和语文教学的融合，开始了语文科研的新方向。

总而言之，在与名师的互动、听朱艳文老师的课中，都能发现教育理念的更新、转变和重塑，这是时代发展的需要，是教育发展的必然。

郑婉婷：这是一个快速发展的信息时代，科技走进课堂，知识可以说话。微课、翻转课堂等新颖的教学形式走进孩子们的学习生活中，同时也走进了传统教师们狭窄的视域通道里。朱老师的课堂，用技巧打开门匣，用奇妙的课堂体验打开思维的桎梏，似温柔一击，却起到了大刀阔斧的改革作用。作为一名 90 后年轻教师，我们应该且必须具有建设开放且富有活力的语文课堂的教学新理念。

王恺：以往我实习上课的时候，觉得应该做好预设的完成度，至于这个预设是不是真的让课堂高效起来，还真没怎么考虑过。朱老师给我留下的最为深刻的印象是，第一次上课她使用赠“铭牌”的方式来认识同学，并自然而然地介绍自己。

《信息技术与语文课程整合》这门课运用这种激趣的导入方式，打消了我们对这门课的疑惑，拉近了师生之间的距离，活跃了课堂的气氛，为接下去的教学开了个好头。这使我意识到，只有“关注学生，以人为本”的课堂，才有可能是有效并高效的。另外，朱老师这门课程本身便向我们传递了一个重要的理念——现代技术应该被广泛运用在教学中。“一块黑板、一支粉笔”的课堂可能很快就要成为过去，我们这些新人更应该与时俱进。

盛艳梅：上了朱老师的课后，我的语文教学理念发生了变化。原本对于语文课使用信息技术只是停留在简单的 PPT 使用上，而上了朱老师的课后，我发现，信息技术原来可以给语文增加如此多的便利和乐趣。譬如制作微课视频、使用平板教学等，可以给学生带来不同的学习感受。使用得当，就能达到事半功倍的效果。信息化的时代背景下，我们的教学也要紧跟时代步伐，积极地让信息技术为语文教学服务。

章勤依：朱艳文老师的《信息技术与语文课程整合》的课，打开了我对于智慧教学在语文课运用中的新大门。本以为，信息技术在语文学科中的运用，不过多媒体课件、音频与视频三者而已，在教学中是“死”的工具。然而，朱艳文老师向我们展示的信息化教育，不仅包括教材多媒体化，甚至有环境虚拟化、管理自动化、活动合作化和学习自主化等等。比如 VR 技术在教学中的运用，使学生能够身临其境，产生环境虚拟化的效果。智慧教学是一种流行趋势，虽然现在我们在教学中运用得很少，尤其在语文课堂中运用更为局限。但是随着不断的探究发现，谁也无法阻挡信息化技术在教学中运用的潮流。教育工作者应当不断更新自己的理念，与时俱进，同时也应当参与其中，共同探究信息化技术在教学中的运用。